Focus on the Belt and Road
Economic Impact and Policy Proposal

聚焦“一带一路”

经济影响与政策举措

赵晋平等 编著

中国发展出版社
CHINA DEVELOPMENT PRESS

图书在版编目（CIP）数据

聚焦“一带一路”：经济影响与政策举措／赵晋平等编著．—北京：中国发展出版社，2015. 11（2016. 8 重印）
ISBN 978-7-5177-0419-5

Ⅰ. ①聚…　Ⅱ. ①赵…　Ⅲ. ①区域经济合作—国际合作—研究—中国
Ⅳ. ①F125. 5

中国版本图书馆 CIP 数据核字（2015）第 252491 号

书　　　名：聚焦“一带一路”：经济影响与政策举措
著作责任者：赵晋平等
出 版 发 行：中国发展出版社
（北京市西城区百万庄大街 16 号 8 层　100037）
标 准 书 号：ISBN 978-7-5177-0419-5
经　销　者：各地新华书店
印　刷　者：北京科信印刷有限公司
开　　　本：700mm×1000mm　1/16
印　　　张：20
字　　　数：287 千字
版　　　次：2015 年 11 月第 1 版
印　　　次：2016 年 8 月第 2 次印刷
定　　　价：48. 00 元

联 系 电 话：（010）68990630　68990692
购 书 热 线：（010）68990682　68990686
网 络 订 购：http：//zgfzcbs. tmall. com//
网 购 电 话：（010）88333349　68990639
本 社 网 址：http：//www. develpress. com. cn
电 子 邮 件：bianjibu16@vip. sohu. com

《“一带一路”区域合作研究》课题组

课题组组长：

赵晋平　国务院发展研究中心对外经济研究部部长、研究员

课题协调人：

罗雨泽　国务院发展研究中心对外经济研究部研究室副主任、研究员

课题组成员：

赵晋平　国务院发展研究中心对外经济研究部部长、研究员

罗雨泽　国务院发展研究中心对外经济研究部研究室副主任、研究员

宗芳宇　国务院发展研究中心对外经济研究部副研究员

陈红娜　国务院发展研究中心对外经济研究部副主任科员

前言 >>> PREFACE

2013年习近平主席提出“以创新的合作模式，共同建设丝绸之路经济带”和“共建21世纪海上丝绸之路”的倡议以来，“一带一路”作为全球最热门话题之一，受到世界多数国家的高度关注和积极响应，正在成为相关区域的广泛共识和务实行动。加快推进“一带一路”区域合作，中国的作用是关键。因此，深刻认识这一区域合作倡议提出的背景，科学把握其内涵，分析和展望“一带一路”合作对区域经济和中国经济的影响，认真谋划中国的必要举措与行动，具有十分重要的意义。

国务院发展研究中心对外经济研究部服务于国家科学决策的需要，紧紧围绕“一带一路”倡议的实施和推进工作开展政策研究，完成了一批有价值的研究报告。我们还利用各种国际国内会议、新闻媒体和公众信息平台，开展“一带一路”区域合作的宣传和政策解读，取得了初步成效。2015年，我们计划用一年左右的时间，专门针对“一带一路”贸易、投资和基础设施互联互通合作的促进政策体系进行深入调查研究，为中国政府的沿线区域合作推进工作提供决策参考和科学依据。本书一方面是为了对前一阶段初步研究成果进行梳理和总结，另一方面是为了对下一阶段的研究提供必要的背景资料和参考文献，在一定意义上看，既是已有研究报告的汇总，也具有参考文献等工具书的特点。

本书主要包括三个方面的内容。第一部分是主报告。笔者主要就“一带一路”区域合作倡议的背景、内涵、可能带来的经济影响进行了分析和讨论，并提出了政策建议。第二部分是专题报告。执笔人从多角度对“一带一路”

区域合作的政策含义进行了深入解读。第三部分是专家观点摘编。编著者在进行了大量文献检索基础上，选出一些观点独到、研究方法可信、具有一定代表性的专家报告编入书中，以备后续研究参考和读者之需。在最后的附录部分，我们编入了国家发展改革委、外交部和商务部于2015年3月28日联合发布的《推动共建丝绸之路经济带和21世纪海上丝绸之路的愿景与行动》，以供读者参考。这是目前公布的最为全面的官方解读文件。

本书能够以这种方式正式出版，首先需要感谢我的三位同事。罗雨泽研究员在“一带一路”区域合作研究方面有许多积累，也是该领域的知名专家，书中收入了他的部分成果；宗芳宇副研究员和陈红娜同志为本书的文献检索、编撰工作付出了辛勤劳动。中国社科院研究生院博士生郑琳、外交学院硕士研究生黄嘉瑜同学也为本书的校审做了大量工作，对她们一并表示感谢。我还要对欣然同意将各自研究成果和文章收入本书的各位专家表示衷心感谢。他们中的多位是相关领域的著名专家，具有很深的学术造诣，有一些也是我多年的好友，像以往一样，他们给予我们十分宝贵的支持。最后我还要对中国（海南）改革发展研究院的相关同志表示感谢。本书的出版和他们的支持与努力是分不开的。我深知，由于时间紧、工作量大，再加上编著者水平有限，本书仍然存在许多的不足和问题，在一些领域还需要开展更加深入的研究。这有待于我们在今后的研究中加以纠正和完善。

赵晋平

2015年6月8日

目录 >>> CONTENTS

主报告　“一带一路”区域合作的内涵、影响与政策举措

专题报告　“一带一路”：正确认识，稳步推进

专家观点

主 报 告

“一带一路”区域合作的内涵、影响与政策举措

赵晋平

2013年，习近平主席先后提出“以创新的合作模式，共同建设丝绸之路经济带”和“共建21世纪海上丝绸之路”的战略构想，受到了国际社会的高度关注和积极响应，正在逐步成为区域各国的广泛共识和实际行动。加快推进“一带一路”区域合作，中国的作用是关键。因此，深刻认识这一区域合作构想提出的背景、科学把握其内涵，分析和展望其对区域经济和中国经济的影响，并认真谋划中国的举措与行动，具有十分重要的战略意义。

第一节　中国发展面临的国际环境

2008年国际金融危机后，世界政治经济格局发生了深刻变化，多极化特征凸现，区域一体化成为全球化的重要驱动力。与此同时，信息网络、新能源、基因工程等多领域技术集聚突破，新一轮技术革命蓄势待发，创新成为国家之间竞争的焦点；全球产业分工加快调整，主要经济体的比较优势面临转换，全球治理和区域合作话语权争夺日益加剧。总体来看，全球经济处于格局演变、动力转换、秩序重塑等三大深度调整的交织期，各种挑战和不确定性因素明显增多。在这一背景下，共建“一带一路”作为推进亚欧非地区发展中国家密切合作和共同发展的重要倡议，正在受到广泛关注和相关国家的积极响应，有望在扩大域内外贸易投资往来、促进地区经济繁荣稳定、形成全球经济增长和结构调整新动力等方面发挥积极影响。

一、全球经济的“新常态”正在逐步形成

国际经济环境的新变化，主要表现在以下几个方面。

一是发达经济体在较长时期内将仅能维持低速增长。据国际货币基金组织统计，发达经济体实际 GDP 平均增速在 2004～2007 年期间曾高达 2.9%，而在 2011～2013 年期间已跌去一半，仅为 1.4%。在刚刚过去的 2014 年，美国的政府债务总额创出了 18 万亿美元的历史新高，欧元区和日本的这一数字预计也会分别超过 12 万亿美元和 11 万亿美元。发达经济体要想真正实现结构调整，走出高负债、低增长的恶性循环，显然还需要相当长的时间。

二是新兴经济体对全球经济增长的贡献率日趋上升。据联合国贸易与发展组织统计，从 20 世纪 90 年代以来，新兴及发展中经济体对全球实际 GDP 增长的贡献率就不断提升，2007 年首次超过发达经济体，达到 51%。受发达经济体的拖累，近几年新兴经济体的增长也出现减速，但仍明显高于前者，对全球增长的贡献率继续提高，2011～2013 年期间平均为 60%。鉴于未来全球新增人口和工业化投资需求都将主要来自新兴市场，其引领世界经济增长的地位将进一步得到巩固。

三是区域经济一体化为全球贸易投资自由化提供了新动力。在包括全部 WTO 成员的多边进程进展迟缓的背景下，主要大国纷纷将区域经济一体化及包括部分 WTO 成员的诸边协定谈判作为加快推进贸易投资自由化的重要手段，如美国主导的跨太平洋伙伴关系协定（TPP）、美国和欧盟之间的跨大西洋贸易与投资伙伴协定（TTIP）、东亚的区域全面经济伙伴关系协定（RCEP）、WTO 框架下的《信息技术协定》扩大产品范围诸边谈判等。

四是技术创新成为国际产业竞争的焦点。发达国家在反思片面强调服务业发展的基础上，纷纷推出"再制造业化"和创新战略，力图继续在全球价值链中占据高增值环节，如欧盟 2020 计划提出的"以知识和创新为基础的智能经济"、德国的工业 4.0 计划、美国的"国家先进制造创新网络"。另一方面，金砖四国也都提出了自己的创新战略，并力图通过扩大海外投资加快提升研发能力和发展高附加值产业。新兴及发展中经济体的对外直接投资年均流量已从 2004～2007 年的 1600 亿美元提高到 2011～2013 年的 3700 亿美元。

五是全球经济治理结构由美国一家独大向多极化转变。新兴经济体和发达经济体实力对比的加速变化推动了全球经济治理结构的变革。除了新兴经济体在现有多边治理机制中的投票权有所增加，二十国集团峰会和金砖国家峰会机制的形成，以及金砖国家开发银行这一具体机构的建立，则具有更重要的意义，因为它标志着以美国为首的七国集团不再是多边经济政策协调的唯一平台。

二、中国经济的全球影响日趋凸显

国际货币基金组织和世界银行2014年发布报告称，按购买力平价计算，中国的GDP预计在2014年超过美国，升至全球第一。购买力平价是建立在诸多理论假设基础上的分析方法，因和现实之间存在较大偏差，其运用广受争议，不足以作为评估一国经济实力的主要标准。根据世界银行公布的数据，2013年中国按汇率计算的GDP为9.24万亿美元，同美国16.8万亿美元的GDP相比存在较大差距。不管怎样，中国的经济地位正稳步上升，世界对中国经济影响力的认知正发生变化，这是无可争议的。面对这种现实，我们应有思想和心理等方面的准备，科学把握我国“新兴经济大国”的全球新定位。

中国成为“新兴经济大国”为世界各国带来发展机遇。2013年，在世界经济复苏缓慢、全球经济增长持续低迷背景下，中国经济仍保持7.7%的增长，经济总量继续扩大，占全球的比重达12.3%。中国经济大国地位持续提升，制造业发挥了重要作用。1990年中国制造业增加值仅相当于全球制造业的约2.6%，2011年上升到约20.7%，成为全球制造业大国。2013年中国进出口贸易额达到4.16万亿美元，超过美国成为全球第一货物贸易大国。同期，中国外资流入达1176亿美元、对外投资规模达902亿美元，分别名列全球第二位和第三位，成为世界跨境直接投资大国；外汇储备保持高位，人民币国际交易地位逐步上升，开始跻身于全球金融大国行列。

中国经济发展提升中国国际地位，也为世界各国带来发展机遇。中国经济成为世界经济增长的主要驱动力。1980~2012年，中国GDP年均增速达到近10%，对世界GDP增长贡献率平均达到13.4%。近年来中国经济增速有所回落，但由于经济规模扩大等因素，对全球经济增长的贡献率依然保持上升势头；在国际金融危机爆发后的几年，中国经济增长对带动世界经济走向复苏发挥了重要作用。2010~2012年，中国经济增量在全球经济增量中的份额提高到25.2%，超过美国的 22.2%。

中国经济发展还改变世界经济的“南北”格局。20 世纪的后 15 年，发达国家占全球经济的比重上升幅度较大，达到近 85% 的水平；21 世纪以来，主要由于中国经济高速增长，发展中国家所占比重上升到 2012 年的 31.8%。中国的发展极大地促进了全球技术进步、产业转移、分工深化，提高了全球资源配置效率。中国强大而持续的商品、服务供给能力，对全球控制通胀和减缓经济波动起到了十分重要的作用。与此同时，不断壮大的中等收入群体使中国成为全球商品和服务的重要消费市场，快速增长的中国对外投资为全球跨境投资活动注入新活力。

三、中国需要为全球提供更多公共产品

根据我们的研究，未来 10 年到 20 年中国潜在经济增长率将回落到年均 6% ~ 7% 的区间。由于全球经济可能继续保持较低增速，中国经济占全球的比重将不断上升，中国在国际贸易、跨境投资、全球金融市场中的地位将进一步提高。预计 5 ~ 10 年内，中国将有望成为世界最大经济体。

即使到那时，中国还是一个发展中的经济大国，因为中国的人均 GDP 只达到世界中上等水平，全球影响力与世界主要发达经济体相比仍存在差距。目前，中国经济仍存在“大而不强”问题：一是在国际分工中仍处于价值链中低端环节，企业创新能力不强；二是在国际商品市场缺乏定价权，服务业和服务贸易发展水平偏低；三是传统劳动力资源优势逐渐减弱，知识、技术和人力资本密集型产业的国际竞争力尚未形成；四是国际经贸规则制定和全球治理参与程度及能力仍不足。长期来看，中国发展前景光明，但也面临诸多严峻挑战和不确定性。

中国需要积极发挥“新兴经济大国”的作用。“新兴经济大国”的全球新定位，内涵主要是发挥与经济发展水平相适应的全球经济大国作用。未来 5 ~ 10 年，世界经济格局将发生重大变化，经济实力在决定一个国家全球话语权中的作用可能有所下降，开放、包容、负责将成为世界上最具影响力国家的基本条件。中国应以更加广阔的视野谋划自身发展与共同发展，努力为全球可持续发展作出新的更大贡献。

可持续发展是我国的核心利益，也是世界经济发展的需要。中国在国内应加快推进经济体制改革和经济发展方式转变，积极化解发展过程中的各种矛盾和风险，努力实现经济持续健康发展；在国际上应更加有所作为，积极发挥“新兴经济大国”的重要作用，努力抢抓国际竞争合作新机遇。为适应这一要求，中国对外经济政策目标应进行必要调整。一是从选择性开放转向全方位开放，努力提升开放型经济水平；二是从贸易大国转向贸易强国，努力成为全球最大市场和主要商品、服务、技术供给基地；三是从主要资本要素输入国转向主要资本输出国，努力提升在全球市场配置战略性资源的能力；四是从货物贸易自由化为主的区域合作转向兼具货物、服务和投资自由化功能的多边、双边制度性安排，努力建设面向全球的高水平自由贸易区网络；五是从国际经济规则和标准的接受者转向主要引领者，全面参与全球和地区治理结构改革，为世界和周边区域提供更多公共产品。

第二节　新时期的对外开放战略

十八届三中全会决定作出了构建开放型经济新体制的总体部署。改革的目标是实现对内开放与对外开放相互促进，引进来与走出去更好结合，促进国内外各种要素跨境自由流动、资源高效配置、市场高度融合，培育参与和引领国际竞争合作新优势，以开放促改革。这是化解各种风险和挑战，应对外部环境和形势变化、提高我国国际竞争新优势的根本方向。

为了进一步明确我国开放型经济发展的目标、主要任务和重要举措，科学制定新时期的中国经济全球战略，建议做好以下五个方面的工作。

一、准确把握我国开放型经济体系建设根本方向

拓展面向未来的全球视野。经历了国际金融危机之后的艰难调整，未来5~10年的世界经济格局将发生重大变化。发达经济体继续徘徊在经济低速增长的边缘；新兴经济体在全球的地位显著上升。推动经济全球化加速发展的力量将主要来自不断改革、创新开放型经济模式的发展中国家。经济实力将不再是决定一个国家全球话语权的唯一要素，开放、包容、厚德、负责将成为世界上最具影响力国家的基本入围条件。2020年，我国可能接近或超过美国，成为全球第一大经济体。这是我国全面提升国际影响力、凝聚和引导全球正能量促进世界经济长期可持续发展的重大战略机遇。为了逐步积累和创造实现"中国梦"的有利条件，我国必须在更加广阔的全球视野下谋划自身发展及其对世界经济发展的贡献，全面推进开放型经济体系建设，努力实现可持续发展机遇的全球共享。这是我国在未来世界经济发展中的基本战略定位。

加强全方位开放体系建设。全方位开放体系是高水平、高质量对外开放的重要基石。未来时期，我国应加快转变对外经济发展方式，推动开放朝着优化结构、拓展深度、提高效益方向转变。应进一步深化沿海地区的对外开放模式创新；推动中西部地区内陆开放型经济的大发展；加速推进沿边地区国家重点开发开放试验区建设；创新开放模式，促进不同地区开放优势互补，形成引领国际经济合作和竞争的开放区域，培育带动区域发展的开放高地；积极探索开放平台的转型升级新途径，将海关特殊监管区域打造成为我国的高端制造中心、物流中心、销售中心、研发中心、维修中心和结算中心，加快在独立关境内建设自由贸易试验区的制度创新；自主降低生产性投入品及大众消费品的进口关税，扩大服务业开放领域，促进产业竞争力的进一步提升，满足国内多样化的消费需求。

二、在全球市场合理配置我国经济发展的战略性资源

今后 5 ~ 10 年，我国仍然是一个发展中经济大国，经济发展继续处于工业化中后期阶段；能源、矿产、资本、技术、品牌、人才始终是促进经济持续较快发展必不可少的战略性资源，全球市场必将成为我国合理配置发展要素的主要渠道之一。

多种方式开发利用海外资源。随着工业化、城镇化的加速发展，能源和矿产资源供需的矛盾将越来越突出，预计在今后的 10 年内，我国能源和大宗固体矿产的消耗仍然处于较快增长时期，并将依次进入高峰消耗阶段。因此，能源和主要矿产资源已经成为制约我国长期持续较快发展的瓶颈。目前，我国企业海外投资的三成左右集中在这些领域，但仍然难以适应保障资源供给和掌握大宗商品定价权的需要。以铁矿石为例，中国钢企和其他企业在国外的矿山投资参股，以此控制铁矿石资源的比重，大约占中国铁矿石进口需求量的 13% 左右；而发达国家，这一比例大约在 60% 以上。今后，我国应在加强国内地质勘查、提高矿产资源利用效率、节约和集约利用资源的同时，综合运用投资、贸易、对外援助等灵活多样的形式，依托全球市场积极开发利用海外资源。

获取全球品牌、技术等战略性资产。根据邓宁的国际投资理论，企业跨境投资的主要目的之一在于获取品牌、技术等战略性资产。我国是全球第一的制造业

大国和出口大国，2012 年出口金额占全球贸易总额的 11.3%。但其中 80% 以上的出口商品是贴牌生产，严重缺乏具有国际竞争力的自主品牌。另一方面，我国的产业技术水平与发达国家之间也存在很大差距，大量的制造能力集中在产业价值链的中低端，核心技术和零部件大量依赖于进口。以 IT 制造业为例，2011 年我国的 IT 组装品出口占全球的 30.7%，显著高于美欧日发达经济体，甚至超过东亚四小龙和东盟主要四国的总和。根据贸易特化系数和产品出口、进口中零部件和组装品各自所占比重，我们可以清楚地看到，中国的 IT 产业在属于产业链中低端的组装品领域具有较强优势，但在处于产业链高端的 IT 核心零部件领域表现为明显的比较劣势。为了提升我国产业技术水平和在全球价值链中的地位，除了加快培育自主品牌、推动自主创新之外，通过跨境并购投资和企业跨国经营，获取重要品牌和技术专利，同样不失为一种十分有效的途径。不能简单地将并购企业是否盈利作为中国企业对外投资成功与否的唯一标准，获得战略性资产对于公司整体发展的战略意义更为重要。近年来，中国吉利集团并购欧洲老牌汽车制造企业沃尔沃、中联重科收购意大利混凝土工程机械制造企业等成功案例，为我们带来了重要启示和信心。

实现资本项目可兑换。推进人民币国际化是提升我国金融大国地位的必要战略举措。我国人民币国际化对全球货币体系的影响将集中表现在三个层面上。一是在国际货币体系的层面上，人民币国际化将改善国际货币体系的构成；二是在国家之间争夺全球货币份额的层面上，人民币国际化将进一步降低美元的国际货币地位；三是在建设国际金融中心层面上，人民币国际化将进一步巩固我国香港地区、上海等金融中心城市在全球金融市场的影响力。因此，我国加快人民币国际化对于强化我国的全球影响力具有重要意义。资本项目开放是实现高水平、高质量对外开放的重大举措，也是实现人民币国际化的基础和必要条件，对于充分吸收和利用全球资本要素具有重要作用。我国国内经济稳定发展，利率市场化稳步推进，汇率弹性日益增大，金融管理制度不断完善，金融产品不断丰富，资本项目开放的内部条件渐趋成熟。目前，资本项目正处于实现完全开放目标的关键时期，即不能松懈，也不宜冒进，应保持好开放节奏，继续放松直至放开资本市场、货币市场、传统信贷、衍生产品、不动产交易、个人资本流动、投资清盘等领域的汇兑管制。

推进人员跨境自由流动和人才引进。人员跨境自由流动是高水平、高质量对外开放的新抓手，也是吸引海外高素质人才的重要手段。另一方面，人员跨境自由流动既是人们收入不断提高后的内在要求，也是国家加强与国际社会坦诚交流、增进互信的重要渠道。今后应进一步提高人员跨境流动的便利化水平，在更多的口岸、对更多国家（或地区）推行72小时过境免签制度；通过外交途径，扩大互免签证（尤其是持因私护照）的国家（或地区）范畴；对于高素质人才的在华定居、就业提供更加便利的制度与政策环境。

三、大力培育我国的跨境贸易投资竞争新优势

加快对外贸易转型升级。转型升级的方向是：坚持出口和进口并重，强化贸易政策和产业政策协调，形成以技术、品牌、质量、服务为核心的出口竞争新优势，促进加工贸易转型升级，发展服务贸易，推动对外贸易平衡发展。完善外贸政策和管理体制是对外贸易转型升级的重点。应大力改革进出口贸易管理体制，减少政府对企业出口活动的直接干预，主要发挥市场的调节作用；在逐渐完善国内市场定价机制的基础上，逐步降低消费品进口关税，减少指定经营的进口商品种类，为扩大进口，促进进出口平衡发展创造制度条件；应加强中央和地方政府外贸管理部门、贸易促进服务组织和同业协会等机构的协调配合，形成外贸服务和促进体系。高效利用外贸促进资源，改善外贸市场环境；应健全贸易预警机制和网络体系建设，扩大预警网络对商品品种、国别区域、贸易救济措施等的覆盖范围，加强各级、各地、各行业预警机构之间的信息沟通，提高贸易预警的及时性和有效性。

提高利用外资综合优势和总体效益。应加快外商投资管理体制改革，逐步减少外商投资审批和核准项目，简化企业注册登记程序，在中国（上海）自由贸易试验区取得经验基础上，逐步实行投资准入前国民待遇和负面清单管理方式。应推动引资、引技、引智有机结合。鼓励外资投向高新技术、低碳绿色环保产业和现代服务行业；鼓励外资在我国设立研发中心，将高附加价值生产制造环节引入中国；鼓励外资以股权投资和创业投资方式促进我国高科技企业的发展，与我

国自主创新政策和结构升级形成良性互动；鼓励外商投资向中西部和东北老工业地区倾斜。完善外商投资的安全审查制度，维护国家经济安全。

加快服务业开放步伐。由于长期保护和服务业发展水平所限，我国服务业明显缺乏国际竞争力，成为中国经济全球影响中的一块短板。服务业实现持续较快发展对产业结构的战略性调整具有重要影响，事关改善民生的发展大局，也是提升我国综合实力的关键因素之一。服务业对外开放取得重大突破就是基本实现国外服务业投资者的国民待遇体制，除了涉及国家安全和公序良俗道德底线的少数领域之外，全面放开服务领域的投资准入限制，提高我国服务业发展的国际化水平。应扩大物流运输、教育卫生、金融、电信、旅游等服务业领域的开放，减少资质和地域等方面的限制，降低外资准入门槛，引进先进的服务业经营模式、经营方式和经营渠道。出台服务业吸收外资的行业导向政策，将研发、信息、金融、物流及供应链、市场营销与专业服务等我国急需发展的生产性服务业列入优先鼓励的范围，加大政策支持力度。

提升对外投资便利化和自由化水平。我国应加快企业走出去步伐，增强企业国际化经营能力，培育一批世界水平的跨国公司。应在市场化经营和企业自主决策的基础上，引导企业开展对外投资。巩固和发展海外工程承包、技术经济合作、对外援助等传统对外经济合作，拓展新的投资领域和方式。鼓励企业通过投资加快技术进步，树立具有世界声誉的产品品牌或者企业品牌，建立和扩展国际生产经营网络，提高我国企业在国际分工中的地位。应当进一步完善对外投资法律和政策体系，尽快制定对外投资法，对海外投资的目标、主体、形式、审批、支持服务政策、企业条件等进行原则规定，并制定相关实施细则，如海外投资企业所得税法、海外投资融资办法等，使我国企业对外投资有法可依，政府管理海外投资和提供服务有章可循。应逐步简化甚至取消对外投资和开展对外经济合作业务的审批或核准程序，探索逐步向备案制过渡的方法和可能性。应加强企业"走出去"的服务体系建设，加强财政金融支持，加强对国际投资环境的研究和信息发布，做好对"走出去"企业的宏观指导和服务，引导对外投资企业积极履行当地社会责任。防范对外投资风险。应积极商签多双边国际投资协定，为企业对外投资创造有利环境，维护我国企业海外投资权益。

四、努力构建我国的互利共赢国际合作体系

打造“升级版”自由贸易区网络。全球范围内的区域经济一体化将继续保持快速发展势头，签署双边或区域多边自由贸易协定正在成为世界上多数国家相互开放和深化合作的主要方式。我国已经在推进自贸区战略领域取得了一些积极成果，但目前仍远远落后于周边各国和美欧日等世界主要经济体，贸易和投资自由化标准尚处于较低水平。中日韩自贸区和区域伙伴协定谈判相继启动，为我国自贸区战略全面升级提供了重要机遇。我国应按照高质量的贸易投资自由化标准，坚持循序渐进、质量优先、突出重点、全面参与的战略方针，加快和周边国家的互联互通建设、促进与主要大国的双边经济紧密化合作、积极参与更大范围的跨区域多边合作进程。通过 2 ~3 年的努力，完成中韩、中澳、中日韩、RCEP 等自贸协定谈判，将我国面向自贸区伙伴的对外贸易覆盖率提升到 40% 以上；同时为启动“两岸三地”、金砖国家经济伙伴关系协定磋商创造条件、做好准备；5 年内择机启动并基本完成中国—加拿大、中国—欧盟双边自贸协定谈判；成功构建“两岸三地”和金砖国家经济伙伴关系体系；2020 年之前实现加入 TPP、完成亚太自贸区正式谈判的跨区域经济一体化进程，基本形成以“两岸三地”为核心、中日韩自贸区为先导、双边自贸区和金砖国家自贸区为基础、东亚 RCEP 和亚太自贸区为依托的高水平自贸区网络，对外贸易覆盖率达到 80% 以上，开放型经济水平得到全面提升。

加强贸易投资便利化合作。在实现进一步贸易投资自由化的条件尚未完全具备时，通过经济合作提高贸易便利化水平，是发挥成员方比较优势和经济合作潜力的必备条件，也会对双边贸易和相互投资产生显著的推动作用。另一方面，贸易和投资便利化作为加强双边和区域经济合作的一个重要基础和良好切入点，也是自贸协定的重要组成部分之一，可以为企业带来实实在在的便利和商业利益，对于确保自由化措施的有效实施同样具有十分重要的作用。

构筑全方位对外经济合作关系。根据“大国是关键、周边是首要、发展中国家是基础，多边是重要舞台”的指导方针，统筹双边、多边、区域次区域开放合作，着力建立全方位、多途径、深层次和广覆盖的国际经济合作体系，实现我国

与伙伴国家（地区）的互利共赢和机遇共享。应当加快"一带一路"、长江"黄金水道"和泛亚铁路为代表的国际大通道建设，继续深化贸易、投资、金融、能源、交通、人文等领域的区域合作，努力实现与周边国家之间的互联互通，共同提高抵御国际经济风险和经济可持续发展的能力。应当高度重视中美、中欧、中日、中俄等重要双边关系，积极推进高层对话、政策协调的机制建设，积极探索和拓展双边经济合作的新模式、新途径，加大商签高水平投资协定和自贸协定的工作力度。加快与金砖国家和广大发展中国家的制度性合作进程，加强基础设施、能源环境、金融、贸易和投资领域的功能性合作力度，实现利益与机遇共享；尤其是对于一些小国和贫穷国家，可通过援助和单方面开放市场等措施，给予必要的帮助，并在双边谈判中采取包容和灵活态度，体现"多予少取"的大国风范，巩固和扩大我国的国际合作基础。

五、有效发挥我国在改革全球治理结构领域的新兴大国主导作用

在全球治理中更加有所作为。国际金融危机揭示了现有全球经济治理的重大缺陷，新兴经济体与发达经济体实力对比的新变化也对全球治理改革提出了迫切要求。国际金融危机爆发后，国际金融监管体系改革快速推进，全球治理发生了新的变化，新兴经济体在现有多边治理机制如世界银行、国际货币基金组织中的份额与话语权有所提升；20 国集团（G20）取代 8 国集团（G8）成为大国经济政策交流对话与协调的新平台，新兴经济体的影响力明显提高；区域一体化加速推进，取代多边机制成为推进经济全球化的主要形式；规则制定成为全球争夺的重要内容，各方围绕制定国际经贸规则主导权的竞争日趋激烈。面对新兴经济体崛起的挑战，发达国家为了维护其既得利益，极力推动新的国际经贸规则的制订，在多边或区域贸易安排中（如 TPP），试图引入竞争中性、劳动标准、国有企业等新的规则，不同国家集团围绕利益分配和规则制定的国际竞争将加剧。新兴经济体在全球经济治理机制中的话语权继续明显上升，但新兴经济体利益诉求分化、协调能力较弱，在重大问题上难以形成一致声音，发达国家主导全球规则制定的局面中期内难以改变。中国作为全球最大的发展中经济体，负有推动全球治理结构改革并发挥新兴大国主导作用的重要责任。我国应采取有所作为的积极

姿态，主动参与国际多边治理机制改革和规则制定，更多关注全球性议题并提出建设性意见，旗帜鲜明地表达发展中国家的利益诉求，倡导开放包容、平等互利的合作理念，主张各国承担与自身能力相适应的国际责任，推动参与各方权责平衡的决策机制建设。

提升参与国际和区域规则制定的能力。为了适应全球治理议题不断增加的形势需要，我国应加大对国际经济社会治理问题的研究，做好参与全球治理的理论和政策准备；大力培养国际公共事务专业人才，主动向国际组织输送高素质管理人员；积极发挥学会、协会、企业等社会组织的公共外交作用，提升民间力量的参与度，增强我方政策主张的认知度和影响力；健全涉外谈判的组织协调机制，加强涉外协商、谈判的事前协调、事中应变调整、事后评估反馈和进一步完善的良性互动机制建设。紧密结合我国外交战略的实际需要，完善对外援助的管理体系和决策机制，逐步提高政策制定的透明度，为落实中央“两个大局”目标提供有效手段。

构筑发展机遇共享的制度与道德体系。提升全球影响力的关键在于自身制度完善和道德魅力。我国应深化对外开放，以开放促改革，推动国内社会经济结构转型升级。提高社会经济政策制定和执行的透明度，创造各类企业公平竞争的市场环境。激励和尊重劳动者的创造性，关注民生，保护劳动者权益。加强环境保护和生态文明建设，实现绿色健康发展。建设先进的社会经济制度和道德体系，营造发展机遇共享的国际合作环境，为国际社会和周边区域提供更多公共产品，引领世界经济社会制度和秩序变革，为世界经济的长期繁荣和稳定作出贡献。

第三节 "一带一路"区域合作倡议的内涵

"一带一路"区域合作构想为新时期我国对外开放提供了重要思路和行动纲领。2015 年 3 月 28 日，国家发改委、外交部和商务部联合发布了《推动共建丝绸之路经济带和 21 世纪海上丝绸之路的愿景与行动》（以下简称：《愿景与行动》），对中国推进"一带一路"区域合作的思路、目标和举措做出了全面、系统阐述，为我们科学把握"一带一路"区域合作的深刻内涵提供了重要依据。根据我个人的理解，这些内涵可以用十个关键词来表现。

第一个关键词是"历史传承"。丝绸之路是古代沿线地区人民为我们留下的珍贵历史和文化遗产，也是一个和平交往的符号和各国友好通商的象征。"一带一路"区域合作构想是对古老丝绸之路精神的继承、发扬和光大，秉持和平发展的理念，坚守友好交往的准则。

第二个关键词是"大国责任"。中国作为新兴的经济大国，需要为全球提供更多公共产品，为世界和区域发展做出积极贡献。这既是大国的责任和国际社会的期待，同时也是中国自身发展的需要。中国的 GDP 在"一带一路"沿线区域经济的比重超过 40%，贸易的比重接近三成，作为区域最大的经济体，积极参与其中和大力推动，对于"一带一路"区域合作具有至关重要的影响。"一带一路"区域合作构想，尤其是共建亚洲基础设施银行的倡议，正是中国担当大国责任的具体体现。

第三个关键词是"开放包容"。"一带一路"区域合作坚持开放的地区主义，并不是排他性的。不论是区域内，还是区域外经济体，都可以成为这一范围广泛区域合作的参与者，并分享合作红利。参与方之间也需要坚持开放原则，积极推进市场融合和要素跨境流动。"一带一路"区域合作将更具包容性，不论是大国还是小国，不论是强国还是弱国，都有平等参与的机会和条件，也不会按照所谓的意识形态等各类标准划圈划线、采取区别对待的政策。

第四个关键词是“合作共赢”。“一带一路”区域合作首先由中国提出，并得到沿线区域各国的高度关注和积极响应。毫无疑问，包括中国在内的所有参与方都会成为这一合作的受益者，从中分享区域合作与发展的红利。中国可以通过扩大面向沿线各国的贸易和投资，为自身经济可持续发展和结构调整拓展新的空间、形成新的发展动力；沿线各国也可通过巨大的中国市场和吸收来自中国企业的投资，为自身经济和就业增长带来更多机会。这一点在区域各国之间已经取得了广泛共识。

第五个关键词是“内外兼修”。“一带一路”沿线有一个明确的边界，主要是指古老丝绸之路沿线的 65 个国家，包括中国在内，全部是发展中国家。如何强化沿线国家，就是“区域内”成员之间的合作，是“一带一路”重要的目标，但另一方面，“一带一路”区域合作是开放的，加强与“区域外”国家之间的合作同关系同样十分重要。任何一个区域外的成员只要具有积极愿望，同样具有参与并分享红利的机会。亚投行意向创始国的构成，彰显了“一带一路”区域合作的开放性和全球属性。57 个国家中既有沿线国家，也有欧洲、大洋洲、美洲和非洲国家，遍及五大洲。今后成员还存在着继续扩大的可能性。

第六个关键词是“陆海统筹”。以陆地和海洋国际大通道为重要载体，建设连接沿线各国的经济走廊，促进区域内外要素资源流动，这是“一带一路”区域合作的重要作用之一。从中国来看，拥有 1. 8 万公里的海岸线，广阔的海洋将我们与世界主要国家和地区紧密联系在一起，为我们扩大对外开放和国际交往提供了重要通道，今后也将在中国推动“一带一路”区域合作中发挥重要作用。另一方面，中国还有 2. 2 万公里的漫长陆上边界线，与周边 14 个国家陆地相连。陆地通道是我们加强与周边各国经济合作的宝贵资源。统筹利用陆海通道对于便利和深化沿线国家区域合作具有重要意义。

第七个关键词是“东西双向”。中国过去 30 多年在向东开放方面取得了显著进展，东部地区充分利用沿海地缘优势，整合国际国内要素资源，加强与世界主要国家之间的贸易和投资关系，取得了率先发展的巨大成就。但是，广大的中西部地区作为"大后方"，远离国际大市场，对外开放和经济发展长期落后于东部地区，成为我国地区经济结构失衡的主要原因之一。"一带一路"区域合作将为我国向西开放带来重大机遇。向西我们将面对一个人口更多、发展潜力更大、内容更加广泛的国际大舞台，广大的中西部地区，尤其是西部沿边地区将由开放的大后方转变为开放的前沿，有助于提升这些地区整合国际国内要素资源的能力和经济发展水平，形成东西双向的全方位开放格局。

第八个关键词是"经贸先行"。"一带一路"区域合作涉及的领域非常广泛，包括外交、经济、社会、文化、旅游等方方面面的交流和合作，贸易投资合作是其中重要的切入点。经贸合作不仅符合沿线各国的实际愿望和诉求、最容易达成共识，也是建设区域利益共同体的重要基础和纽带。经贸先行有利于让区域内各国人民尽早获得实实在在的好处，增强区域成员加强深度合作的信心和决心。

第九个关键词是"设施联通"。基础设施落后是制约"一带一路"沿线国家经济发展和贸易投资增长的重要因素之一。加强基础设施互联互通，有利于改善基础设施条件，便利贸易投资和人员往来，而且可以创造出基础设施建设的巨大市场需求，为各国企业提供重要商机，促进沿线经济发展和市场繁荣。设施联通是"一带一路"区域合作的重中之重，亚投行的成立将为实现这一目标提供有效政策支持手段。

第十个关键词是"市场作用"。"一带一路"区域合作构想首先是由中国领导人提出，并在相关各国取得共识基础上逐步成为沿线各国的积极行动。毫无疑问，政府在推进合作方面负有不可推卸的责任，需要更好地发挥引导和推动作用，加强和完善政策支持手段，提供有效的公共服务和安全保障，需要完善市场竞争环境，维护正常的市场竞争秩序，为企业通过竞争获得收益提供良好的制度环境。但是，政府不能包办一切，更不能代替企业进行贸易和投资决策。在"一带一路"区域合作中，市场的作用是决定贸易投资增长的关键因素，企业的参与和实际行动最为重要，也将成为评判区域合作成功与否的重要标志之一。

第四节 “一带一路”沿线区域的贸易和投资合作

“一带一路”建设的核心目标是促进各国的经济发展、区域稳定和繁荣。加强贸易投资合作是实现这一目标的重要途径。

一、“一带一路”相关国家的跨境贸易投资活动在推动经济增长中的作用日趋凸显

这一区域的贸易投资活动具有以下突出特点。一是跨境贸易和投资增长明显快于全球平均水平。根据世界银行数据①计算，1990～2013年期间，全球贸易、跨境直接投资年均增长速度为7.8%和9.7%，而“一带一路”相关57个国家同期的年均增长速度分别达到13.1%和16.5%；尤其是国际金融危机后的2010～2013年期间，丝路地区的对外贸易、外资净流入年均增长速度分别达到13.9%和6.2%，比全球平均水平高出4.6和3.4个百分点（参见表1），对于带动全球贸易投资复苏发挥了较大作用。二是丝路各国经济增长对跨境贸易投资的依赖程度高于全球平均水平。据测算，丝路国家平均的外贸依存度2000年为32.6%；2010年提高到33.9%；2012年达到34.5%，远高于同期24.3%的全球平均水平（参见表2）。这表明这些国家跨境贸易在推动本地经济增长方面具有重要作用。三是区域整体保持了较强的贸易竞争力。从区域贸易竞争力指数来看，1990年这一区域对外贸易整体实现盈余，贸易竞争力指数达到2.1%；2000年这一指数提高到12.5%，优势有所扩大；2010年，受国际金融危机带来的外部经济因素

① 数据来自世界银行数据库。因资料所限，汇总了包括中国、俄罗斯、土耳其、蒙古和东盟10国、南亚5国、中亚5国以及西亚、中东欧等共57个主要国家的数据。

影响，这一指数有所回落，下降到9.5%，随后几年保持了10%左右的水平，整体外贸盈余持续稳定。四是这一地区具有吸引外国跨境投资的较强优势。1990年，丝路地区的外国直接投资净流入相对于GDP的比例是1.5%，低于1.8%的全球平均水平；2000年差距仍然存在，2010年以后，这一地区的引进跨境直接投资能力指数开始超过全球平均值，2013年直接投资净流入占GDP比重达到6.3%，不但高于全球平均1.9个百分点，而且比2000年也有了较大幅度提高。跨境直接投资净流入增长对这一地区的经济增长的带动作用明显加强。

表1　　世界与丝路区域增长形势比较

年份	GDP年均增长（%）			贸易年均增长（%）		外资流入年均增长（%）	
	世界	丝路区域		世界	丝路区域	世界	丝路区域
		增长（%）	贡献率（%）				
1990～2000	2.8	3.7	17.8	21.0	17.4	6.4	11.3
2000～2010	2.6	6.7	44.3	1.5	18.9	9.0	14.8
2010～2013	2.4	4.7	41.3	2.8	6.2	9.3	13.9
1990～2013	2.7	5.1	33.7	9.7	16.5	7.8	13.1

注：GDP为2005年美元不变价统计；贸易和投资额为现价美元统计。其中贸易额为截止到2012年数据。

数据来源：世界银行数据库。

表2　　贸易和外资依存度比较

年份	贸易依存度（%）		贸易竞争力指数（%）		外资净流入/GDP（%）	
	世界	丝路区域	世界	丝路区域	世界	丝路区域
1990	15.7	17.5	-2.0	2.1	1.75	1.48
2000	19.7	32.6	-2.9	12.5	7.96	4.70
2010	23.9	33.9	-0.6	9.5	4.71	6.96
2011	25.8	35.6	-0.5	10.2	5.16	7.07
2012	25.3	34.5	-1.1	10.1	4.23	6.04
2013					4.41	6.30

注：贸易依存度=贸易额/GDP；贸易竞争力指数=（出口-进口）/贸易额。均为现价美元计算。

数据来源：世界银行数据库。

丝路区域贸易和投资增长促进了相关国家和地区整体经济增长，同时也对推动世界经济增长做出了贡献。根据世界银行GDP（2005年美元不变价）统计的计算结果表明，1990～2013 年期间，丝路区域整体 GDP 年均增长速度达到 5.1%，相当于同期全球平均增幅的 2 倍。即使在 2010～2013 年因国际金融危机影响全球经济复苏缓慢期间，丝路年均增速也达到 4.7%，高出全球平均 2.3 个百分点。受到整体增长较快和经济总量持续扩大的影响，丝路地区经济增长对全球经济增长的贡献率明显提高，2010～2013 年期间高达 41.2%，即这一时期全球经济增量中有四成以上来自丝路地区（参见表 1）。

二、推进“一带一路”相关国家之间贸易投资合作还需要克服诸多困难

加强这一区域内各国之间的贸易和投资合作目前仍然面临着一些困难和问题。

首先，区域内多数国家的经济发展水平较低，现有市场需求规模有限。根据 57 个主要国家的统计计算结果显示，2013 年人均 GDP 水平低于 1 万美元（世界平均水平是 10500 美元）的国家有 35 个。这些国家的人口总数达到 39.5 亿人，占全球的 55.3%，但 GDP 仅占全球的 20%；人均 GDP 为 3862 美元，仅相当于这一区域平均水平的 76.5% 和全球平均水平的 35.7%（参见表 3）。

表 3　　丝路国家人均 GDP 分组比较

按照人均 GDP 分组	国家数	人均 GDP（美元）	人口总数		GDP	
			万人	比重（%）	亿美元	比重（%）
2 万美元以上	10	35470	6426	0.90	22793	3.04
1 万～2 万美元	12	13178	33649	4.72	44342	5.92
1 万美元以下	35	3862	394788	55.34	152482	20.36
丝路主要国家	57	5050	434862	60.96	219617	29.32
世界		10500	713333	100.00	749000	100.00

数据来源：世界银行数据库。

其次，这一区域的高水平经济一体化建设明显滞后。虽然丝路地区人口众多、距离相近，具有深化彼此之间经济关系的有利条件，但由于经济发展水平差异巨大、地缘政治复杂等原因，缺乏以本地区成员为主、具有广泛代表性的多边自贸安排和有效合作机制，制约了区域内合作的深度和广度。

第三，这一地区的区域内贸易比重相对较低。和欧盟、NAFTA 以及东盟等在区域一体化方面取得实质性进展的地区相比，一带一路相关国家面向区域内国家的出口和进口在全部对外贸易中的比重比较低。过度依赖于外部市场，受到区域外经济波动冲击的风险较大，同时有可能加剧区域内经济体之间的恶性竞争，压低区域整体的贸易收益水平。

第四，区域内大多数地区基础设施和实际需要相比存在较大差距。包括中国国内沿边地区、中亚地区在内，由于地广人稀、经济发展水平较低等原因，交通、通讯等基础设施与欧洲、亚洲人口密集地区相比还存在较大差距。

第五，贸易往来存在较多壁垒和障碍。如新欧亚大铁路途经多个国家，轨距不同，换轨操作费时耗力，各国口岸合作机制尚未形成，通行便利化程度不够，物流成本偏高，一些国家的港口设施落后，增加了相互商品和服务流通的困难程度。

第六，非经济因素的干扰和不利影响仍然存在，地区各国之间的战略互信有待于进一步加强。在日趋复杂和竞争激烈的国际经济背景下，沿线国家应建立命运共同体意识，消除彼此之间的疑虑和猜忌，认同加强经济贸易投资和人员往来促进区域经济社会稳定繁荣的合作目标，把合作共赢作为造福于各国人民的根本需要。

三、加强政策沟通和基础设施互联互通建设是促进贸易投资合作的重要保障

相关国家首先应深入开展交流和对话，在广泛达成共识的基础上，加强相互之间的政策沟通，努力消除贸易和投资合作中存在的问题和障碍，为促进人、财、物等生产要素的跨境有序流动、高效配置以及市场融合创造良好的政策环境。其次应着力深化和完善区域内已有多边、双边合作机制，支持和鼓励区域成员之间选择定期或不定期对话协商、签署贸易或投资协定、建立双边或次区域自由贸易区等多种方式推动区域经济深度合作的尝试。上海合作组织成员和观察员涵盖了丝绸之路经济带上的许多国家，具有广泛的区域代表性和凝聚力，可在推动经济带合作方面发挥有效作用；中国和东盟合作机制为本地区提供了重要政策沟通平台，并形成了实质性一体化合作框架，应借助中国—东盟自贸区升级版建设，为区域内成员之间的高水平贸易投资制度性合作机制建设提供示范和经验借

鉴。第三是加强区域内主要大国之间的协调合作和引领作用。中国、印度、俄罗斯和土耳其都是区域内乃至全球具有重要影响力的国家。按照2013年统计计算，四国的经济总量占这一地区经济的65.7%（参见表4）；外国直接投资净流入占67.9%；贸易额比重也在40%以上。尤其重要的是，这些大国还是区域内其他成员的主要出口市场和跨境直接投资流入的主要来源。四国本身的发展与合作事关区域整体的发展大局和未来前景。这些国家应更多以开放的态度处理和地区国家之间的经济关系，承担推动地区发展的重要责任。第四是相关各国共同推动基础设施互联互通建设。基础设施互联互通是加强沿线国家合作的空间载体和必要条件。道路通才能人缘通、货源通和财路通。中国和许多亚洲国家共同倡导建立亚洲基础设施投资银行和丝路基金，通过相关国家共同出资的方式，有望为本地区基础设施投资互联互通建设提供重要的金融支持。

表4　区域大国的地位

年份	丝路国家GDP占世界比重（%）	区域大国GDP占丝路区域比重（%）				
		中国	俄罗斯	印度	土耳其	CRIT计
2000	12.9	28.3	6.1	11.2	6.3	51.9
2010	25.0	36.6	9.4	10.6	4.5	61.1
2011	27.0	38.0	9.9	9.8	4.0	61.7
2012	28.3	39.9	9.8	9.0	3.8	62.5
2013	28.5	43.2	9.8	8.8	3.8	65.7

注：GDP为按照现价美元计算数据。
数据来源：世界银行数据库。

四、中国在“一带一路”贸易投资合作中将发挥更加积极有效的作用

经过改革开放36年来的努力，中国已经成为全球排名第二的经济大国。中国发展受益于经济全球化的良好外部环境，同时也为推动世界经济发展做出了贡献。在今后一个相当长时期内，中国需要继续通过持续发展解决自身存在的问题和不足，跨越所谓的中等收入陷阱，良好的外部环境至关重要。另一方面，随着中国经济大国地位的逐步上升，中国需要在世界经济发展和全球治理中承担更多与自身发展水平相适应的责任，实现与世界各国的共同发展。在“一带一路”

建设中发挥更加积极有效作用就是这种包容式发展的重要内容之一。中国应充分发挥自身优势，在促进“一带一路”贸易投资合作和基础设施互联互通建设方面做出贡献。一是加快中国与南亚、西亚、中亚和中东欧等区域国家商签自由贸易协定和投资协定的进程，尽快完成中国—东盟自贸区升级版谈判，促进双边和区域经济一体化进一步深化发展。二是鼓励和支持中国企业到周边国家开展跨境直接投资，并和东道国合作建立生产园区，为投资企业创造良好经营环境。三是加大沿边地区跨境经济合作区建设，为跨国贸易投资合作提供重要平台。四是联合地区各国通过出资设立亚洲基础设施投资银行、丝路基金等开发开放政策性金融机构，争取国际资本进入等方式为互联互通建设提供必要的资金支持。五是促进来自一带一路相关国家的进口，满足自身生产和消费需要的同时，为其他成员提供巨大的商品和服务市场。据测算，未来 5 年内，中国的累计进口将超过 10 亿美元规模，如果其中一半左右来自“一带一路”相关国家，将会为这一地区提供超过 5 万亿美元的出口机会。六是通过国内东中西部联动和城市之间的深度合作，加强和提升资源要素整合运营能力，为打造“一带一路”国际大通道创造有利条件。

促进“一带一路”相关国家的贸易和投资合作，智库交流和对话应当先行。我们将以这次会议为契机，在加强相关国家之间的联合研究、交流与研讨方面进一步加大工作力度，为“一带一路”建设提供重要的智力支持。

第五节 “一带一路”区域合作的经济影响

一、中国与沿线国家之间的经贸关系迅速发展

中国和沿线国家之间保持了密切经济关系。根据商务部公布的数据，过去十年，中国对沿线其他国家的跨境贸易年均增长速度达到19%，远高于对全球贸易平均增长水平。同期，中国对这一地区的跨境投资年均增长速度高达46%，也明显快于对全球的平均增长水平。2013年，我国对沿线区域其他国家的贸易、投资占比分别提高到1/4和16%。尤其是工程承包占比超过50%。按照这一比例计算，我国目前对沿线区域的年度贸易额已经达到一万亿美元左右，其中出口超过5000亿美元，按照20%的增速计算，一年新增出口超过1000亿美元；每年新增投资也预计将超过100亿美元。其中蕴含者巨大的商业机会。这表明“一带一路”沿线区域作为中国外贸和对外投资、工程承包合作伙伴的重要性日趋上升，加强与沿线区域国家之间的经贸合作，对带动我国跨境贸易和投资增长具有重要作用。

二、对中国经济具有五个方面的影响

“一带一路”区域合作对中国经济的影响归纳起来有以下五个方面。

一是成为中国经济增长的新动力。在新常态背景下，中国需要拓展新的经济发展空间，培育新的增长动力。加强沿线区域合作，将为中国企业带来更多的贸易、投资和工程承包等商业机会，促进出口和海外投资要素所得增长，在带动国内生产总值增长的同时，提升中国的国民产值和国民收入水平。

二是经济结构优化升级的助推器。通过东西双向开放，在巩固和拓展东部沿海地区开放型经济发展成果的同时，为西部和中部地区扩大对外开放创造有利制

度与政策环境，支持和鼓励内陆、沿边城市充分利用自身地缘、资源优势发展对外贸易和跨境投资，促进当地经济增长。这将有助于改变目前我国地区经济结构失衡问题。另一方面，区域合作将为中国企业"走出去"提供重要机遇，随着部分产业加快向沿线区域布局，境外加工有利于带动国内材料、装备制造业和金融、物流、电信、技术研发等现代服务业市场需求增长；部分传统产业转移也可以为国内产业结构调整腾出更大空间，促进生产要素和资源向高端制造业和现代服务业流动，推动产业结构升级。

三是能源和资源供给安全保障。我国是一个自然资源相对匮乏的国家，石油、天然气等能源和重要矿产资源大量依赖于进口，其中"一带一路"沿线区域的一些国家是主要进口来源地。通过加强沿线区域国家之间的经济合作，有利于稳定和保障供给来源，借助陆地大通道，提高运输通道安全和运送效率。一方面满足中国经济社会发展对能源和资源的需求，另一方面为输出国带来经济和就业稳定增长的机会，获得更多互利双赢的区域合作成果。

四是培育中国跨国公司的重要平台。改革开放30多年来，我国已经成长起来一大批具有较大规模和较强国际竞争力的龙头企业，目前近100家中资企业（含港台企业）入选全球500强榜单，仅次于美国，居全球第二。这是中国企业实力逐步增强的表现。但总体来看，中国企业大而不强的问题仍然十分突出，主要表现在全球市场整合资源的能力偏低，技术水平和产品附加值水平较低，缺乏市场定价权和经贸规则、标准制定权等方面。"一带一路"区域合作将为中国企业"走出去"创造更多机遇，在沿线地区，我国的许多企业具有技术、品牌和市场营销优势，有利于充分利用当地的劳动力等资源优势，形成跨境生产网络，提升跨境整合要素资源的能力和国际化经营水平。这些都是成长为一个跨国公司的必要充分条件。同时，中国企业还可以利用已有的国际合作网络条件，加强和发达国家跨国公司之间的战略合作关系，通过跨境并购或联手投资等方式提升资本运作和全球要素资源的整合能力，逐步成长为具有全球影响力的跨国公司。

五是构建互利共赢的区域合作网络。"一带一路"沿线国家和人口众多，地域范围广阔，基本分布在我国的周边和周边战略延伸地带，战略地位十分重要。加强与这些国家的经济合作，有助于营造良好的周边环境，构建互利共赢的合作网络，为我国和地区经济繁荣与可持续发展奠定牢固基础。长期以来的区域合作经验表明，沿线国家也普遍具有加强合作关系的强烈愿望和积极性，尤其是对中国企业到当地投资持欢迎态度。区域合作网络的建立，在为中国经济发展创造良好外部环境的同时，也能够为区域各国人民带来实实在在的好处。

三、区域合作将为提升我国全球价值链地位提供重大机遇

全球价值链是全球最为重要的产业分工合作方式，参与方的利益分配取决于各自的参与程度和所处环节。我国虽然是全球第一制造业和货物贸易大国，但由于产业技术和出口附加值水平偏低等因素影响，在全球价值链中尚处于中低端位置，获取的增加值相对有限。全面提升全球价值链参与水平是中国经济转型升级的一项长期任务。"一带一路"区域合作将为实现这一目标提供重大机遇。

表 5　　1995～2011 年主要经济体贸易增加值（百万美元）

经济体	1995	1997	2002	2007	2011
澳大利亚	64647	74570	71599	164382	279366
加拿大	157038	174918	216112	362095	406304
中国	140429	176699	295123	981027	1574422
印度	45646	54224	53392	104955	185519
日本	444479	419169	397477	639976	729821
韩国	111846	120385	132661	282878	362168
墨西哥	59343	80960	114488	191991	236528
俄罗斯	75464	80347	94751	301264	450607
台湾地区	84566	94251	101025	148512	176671
美国	631998	739893	724546	1205849	1455191
APEC	1815458	2015416	2201174	4382927	5856597
欧盟	1446908	1441411	1638287	3121108	3311507
其他	1052642	1097784	1479482	3295503	4156781
世界	4315009	4554611	5318943	10799538	13324886

资料来源：张亚雄等：《国家自然科学基金会 2014 年应急项目研究报告》，2015 年 5 月。

表 6　　1995~2011 年 APEC 主要经济体中制造业 GDP

产业	1995	1997	2002	2007	2011
制造业（亿美元）	31270. 1	31568. 7	32357. 6	49139. 2	67905. 3
所占比重（%）	100. 0	100. 0	100. 0	100. 0	100. 0
低技术制造业（亿美元）	9930. 7	9981. 5	10510. 0	13763. 0	19703. 6
所占比重（%）	31. 8	31. 6	32. 5	28. 0	29. 0
中低技术制造业（亿美元）	8072. 0	8188. 5	7813. 0	14049. 8	19232. 7
所占比重（%）	25. 8	25. 9	24. 1	28. 6	28. 3
中高技术制造业（亿美元）	8988. 6	9040. 8	9687. 0	14260. 6	18742. 4
所占比重（%）	28. 7	28. 6	29. 9	29. 0	27. 6
高技术制造业（亿美元）	4278. 9	4358. 0	4347. 7	7065. 8	10226. 6
所占比重（%）	13. 7	13. 8	13. 4	14. 4	15. 1

资料来源：张亚雄等：《国家自然科学基金会 2014 年应急项目研究报告》，2015 年 5 月。

表 7　　1995~2011 年 APEC 主要经济体中制造业出口贸易总额　单位：亿美元

产业	1995	1997	2002	2007	2011
制造业	15509. 3	17371. 9	19347. 1	40346. 5	53124. 4
所占比重（%）	100. 0	100. 0	100. 0	100. 0	100. 0
低技术制造业	3214. 6	3488. 8	3704. 9	6484. 8	8746. 0
所占比重（%）	20. 7	20. 1	19. 1	16. 1	16. 5
中低技术制造业	2541. 8	2846. 8	3052. 1	7774. 6	11342. 7
所占比重（%）	16. 4	16. 4	15. 8	19. 3	21. 4
中高技术制造业	5678. 3	6439. 8	7165. 7	13976. 7	17705. 5
所占比重（%）	36. 6	37. 1	37. 0	34. 6	33. 3
高技术制造业	4074. 6	4596. 5	5424. 4	12110. 4	15330. 2
所占比重（%）	26. 3	26. 5	28. 0	30. 0	28. 9

资料来源：张亚雄等：《国家自然科学基金会 2014 年应急项目研究报告》，2015 年 5 月。

1. 提升全球价值链参与水平是我国经济转型升级的迫切需要

全球价值链参与水平是指一个经济体参与全球产业分工的程度和获益水平。贸易增加值核算为评估全球价值链参与水平提供了重要方法（参见表 5~表 7）。我国的贸易增加值核算结果具有以下值得关注的特点：一是单位出口的国内增加值含量偏低。2012 年我国每 1000 美元一般贸易出口的国内增加值含量为 792 美元，但由于加工贸易单位出口创造的国内增加值仅有386美元，导致总出口增加值含量下降到640美元的较低水平。二是技术密集型产业部门出口带动的国内增加值较小。一般来说，由于加工工艺复杂、产业链条长等原因，技术密集型产品附加值水平较高，但我国机械设备等技术密集型产业部门单位出口国内增加值含量明显低于劳动密集型产品，其中，电子计算机、电子视听设备、仪器仪表等单位出口增加值含量仅达到400美元左右，低于平均水平30%~50%[①]（参见表8~表11）。三是我国对主要发达经济体单位出口国内增加值含量远低于其对华出口所获取的增加值。2012年，我国对美国、欧盟和日本每出口1000美元创造的国内增加值仅为589美元、631美元和599美元。从对方进口含有其国内增加值则达到860美元、790美元和760美元．分别比我出口增加值含量高出46.0%、25.2%和31.9%。

上述结果表明，我国在全球价值链中的地位还比较低，在产业分工中处于非核心技术领域等中低端环节，获取的总体收益相对有限，全球价值链参与水平与发达经济体存在较大差距。

我国经济正在进入增速换挡、结构优化和动力转换的关键时期。在全球价值链上的新目标，就是要从原来附加价值和技术含量低的位置向高附加价值和技术含量高的位置移动，以形成新的增长动力、促进经济结构优化升级，实现由要素投入型增长驱动向创新驱动型增长的转变。全面提升我国全球价值链参与水平，是实现上述目标的迫切需要。

表8　1995~2011年APEC主要经济体间的中间产品进出口额及比重

指标	1995	1997	2002	2007	2011
中间产品进出口额（亿美元）	13261.2	16069.6	17148.1	36289.9	53689.4
进出口总额（亿美元）	22421.8	26745.3	30232.6	57087.4	80523.6
中间产品占进出口总额比重（%）	59.1	60.1	56.7	63.6	66.7

资料来源：张亚雄等：《国家自然科学基金会2014年应急项目研究报告》，2015年5月。

① 中间投入品进口和出口比重能够很好反映一国产业在全球价值链中所处位置。就IT制造业而言，零部件往往是附加值水平较高的加工环节，进口的中间产品比重偏低说明在产业分工中处于中低端位置（参见表8~表11）。

表 9　1995 ~ 2011 年 APEC 主要经济体中各国（或地区）间的中间产品进出口额及比重

经济体	指标	1995	1997	2002	2007	2011
AUS	中间产品进出口额（亿美元）	457.2	620.2	535.6	1409.3	2992.3
	进出口总额（亿美元）	677.6	913.3	824.6	1974.1	3924.2
	中间产品占进出口总额比重（%）	67.5	67.9	65.0	71.4	76.3
CAN	中间产品进出口额（亿美元）	1832.3	2157.7	2430.3	4085.0	4746.9
	进出口总额（亿美元）	3079.3	3632.7	4208.4	6723.5	7545.4
	中间产品占进出口总额比重（%）	59.5	59.4	57.7	60.8	62.9
CHN	中间产品进出口额（亿美元）	1013.6	1309.1	2049.1	6975.3	12637.0
	进出口总额（亿美元）	1819.2	2206.4	3620.2	11029.2	18847.0
	中间产品占进出口总额比重（%）	55.7	59.3	56.6	63.2	67.1
IDN	中间产品进出口额（亿美元）	460.7	563.8	452.0	756.2	1676.0
	进出口总额（亿美元）	640.0	775.2	634.8	992.3	2140.0
	中间产品占进出口总额比重（%）	72.0	72.7	71.2	76.2	78.3
JPN	中间产品进出口额（亿美元）	2446.8	2666.0	2328.8	4490.1	6241.9
	进出口总额（亿美元）	4237.8	4488.2	4206.9	7123.8	9492.7
	中间产品占进出口总额比重（%）	57.7	59.4	55.4	63.0	65.8
KOR	中间产品进出口额（亿美元）	1134.4	1359.5	1302.7	3195.2	4991.5
	进出口总额（亿美元）	1683.0	1938.8	2017.2	4331.7	6634.3
	中间产品占进出口总额比重（%）	67.4	70.1	64.6	73.8	75.2
MEX	中间产品进出口额（亿美元）	744.2	1104.5	1462.5	2653.2	3383.6
	进出口总额（亿美元）	1165.5	1785.0	2575.7	4055.7	5290.2
	中间产品占进出口总额比重（%）	63.8	61.9	56.8	65.4	64.0
RUS	中间产品进出口额（亿美元）	140.0	169.0	179.0	741.3	1500.1
	进出口总额（亿美元）	219.8	251.7	268.1	1178.9	2285.4
	中间产品占进出口总额比重（%）	63.7	67.1	66.8	62.9	65.6
TWN	中间产品进出口额（亿美元）	931.2	1122.0	1138.6	2358.2	3081.0
	进出口总额（亿美元）	1508.9	1738.9	1763.4	3068.7	3946.7
	中间产品占进出口总额比重（%）	61.7	64.5	64.6	76.8	78.1
USA	中间产品进出口额（亿美元）	4100.8	4997.8	5269.4	9625.9	12439.2
	进出口总额（亿美元）	7390.4	9014.8	10113.2	16609.6	20417.5
	中间产品占进出口总额比重（%）	55.5	55.4	52.1	58.0	60.9

资料来源：张亚雄等：《国家自然科学基金会 2014 年应急项目研究报告》，2015 年 5 月。

表10　1995～2011年APEC主要经济体中各国（或地区）间的中间产品出口额及比重

经济体	指标	1995	1997	2002	2007	2011
AUS	中间产品出口额（亿美元）	271.7	387.8	330.7	939.0	2120.7
	出口总额（亿美元）	363.0	497.5	427.4	1098.9	2363.5
	中间产品占出口总额比重（%）	74.8	78.0	77.4	85.5	89.7
CAN	中间产品出口额（亿美元）	1028.7	1183.1	1373.0	2401.7	2693.4
	出口总额（亿美元）	1695.8	1961.9	2389.5	3721.7	3895.9
	中间产品占出口总额比重（%）	60.7	60.3	57.5	64.5	69.1
CHN	中间产品出口额（亿美元）	389.6	525.5	855.3	3015.0	5317.1
	出口总额（亿美元）	970.6	1225.6	1998.4	6358.6	10179.1
	中间产品占出口总额比重（%）	40.1	42.9	42.8	47.4	52.2
IDN	中间产品出口额（亿美元）	242.7	300.8	268.2	480.8	967.0
	出口总额（亿美元）	348.2	431.5	396.0	613.1	1181.7
	中间产品占出口总额比重（%）	69.7	69.7	67.7	78.4	81.8
JPN	中间产品出口额（亿美元）	1304.9	1352.4	1284.2	2507.2	3173.5
	出口总额（亿美元）	2309.1	2367.3	2411.3	4013.3	4793.1
	中间产品占出口总额比重（%）	56.5	57.1	53.3	62.5	66.2
KOR	中间产品出口额（亿美元）	552.6	671.5	625.6	1632.3	2596.3
	出口总额（亿美元）	850.7	987.5	1090.8	2271.1	3571.7
	中间产品占出口总额比重（%）	65.0	68.0	57.4	71.9	72.7
MEX	中间产品出口额（亿美元）	327.6	451.5	600.9	1284.0	1623.4
	出口总额（亿美元）	595.0	894.6	1331.9	2092.0	2676.9
	中间产品占出口总额比重（%）	55.1	50.5	45.1	61.4	60.6
RUS	中间产品出口额（亿美元）	102.3	116.7	119.6	461.4	1077.0
	出口总额（亿美元）	122.0	136.1	137.9	485.7	1148.8
	中间产品占出口总额比重（%）	83.8	85.7	86.7	95.0	93.8
TWN	中间产品出口额（亿美元）	458.5	574.0	681.8	1405.6	1864.5
	出口总额（亿美元）	824.4	934.4	1072.5	1779.7	2331.1
	中间产品占出口总额比重（%）	55.6	61.4	63.6	79.0	80.0
USA	中间产品出口额（亿美元）	1951.8	2471.6	2434.8	4017.9	5411.9
	出口总额（亿美元）	3132.1	3936.2	3860.6	6109.5	8120.2
	中间产品占出口总额比重（%）	62.3	62.8	63.1	65.8	66.6

资料来源：张亚雄等：《国家自然科学基金会2014年应急项目研究报告》，2015年5月。

表 11　1995～2011 年 APEC 主要经济体中各国（或地区）间的中间产品进口额及比重

经济体	指标	1995	1997	2002	2007	2011
AUS	中间产品进口额（亿美元）	185.5	232.4	205.0	470.2	871.6
	进口总额（亿美元）	314.6	415.8	397.2	875.2	1560.7
	中间产品占进口总额比重（%）	59.0	55.9	51.6	53.7	55.8
CAN	中间产品进口额（亿美元）	803.6	974.5	1057.3	1683.3	2053.5
	进口总额（亿美元）	1383.5	1670.8	1818.8	3001.8	3649.5
	中间产品占进口总额比重（%）	58.1	58.3	58.1	56.1	56.3
CHN	中间产品进口额（亿美元）	624.0	783.6	1193.8	3960.3	7319.9
	进口总额（亿美元）	848.7	980.8	1621.7	4670.6	8668.0
	中间产品占进口总额比重（%）	73.5	79.9	73.6	84.8	84.4
IDN	中间产品进口额（亿美元）	218.0	263.1	183.8	275.4	709.0
	进口总额（亿美元）	291.9	343.7	238.8	379.2	958.3
	中间产品占进口总额比重（%）	74.7	76.5	77.0	72.6	74.0
JPN	中间产品进口额（亿美元）	1141.9	1313.6	1044.6	1983.0	3068.4
	进口总额（亿美元）	1928.7	2120.9	1795.7	3110.5	4699.6
	中间产品占进口总额比重（%）	59.2	61.9	58.2	63.8	65.3
KOR	中间产品进口额（亿美元）	581.7	688.1	677.1	1562.9	2395.2
	进口总额（亿美元）	832.3	951.3	926.4	2060.5	3062.7
	中间产品占进口总额比重（%）	69.9	72.3	73.1	75.9	78.2
MEX	中间产品进口额（亿美元）	416.5	653.0	861.6	1369.2	1760.1
	进口总额（亿美元）	570.5	890.5	1243.8	1963.7	2613.4
	中间产品占进口总额比重（%）	73.0	73.3	69.3	69.7	67.4
RUS	中间产品进口额（亿美元）	37.8	52.4	59.4	279.9	423.1
	进口总额（亿美元）	97.9	115.7	130.2	693.1	1136.6
	中间产品占进口总额比重（%）	38.6	45.3	45.6	40.4	37.2
TWN	中间产品进口额（亿美元）	472.7	548.0	456.8	952.6	1216.6
	进口总额（亿美元）	684.5	804.5	690.9	1289.0	1615.6
	中间产品占进口总额比重（%）	69.0	68.1	66.1	73.9	75.3
USA	中间产品进口额（亿美元）	2149.0	2526.2	2834.6	5608.0	7027.2
	进口总额（亿美元）	4258.4	5078.6	6252.7	10500.1	12297.3
	中间产品占进口总额比重（%）	50.5	49.7	45.3	53.4	57.1

资料来源：张亚雄等：《国家自然科学基金会 2014 年应急项目研究报告》，2015 年 5 月。

2. “一带一路”区域合作将为提升我国全球价值链参与水平提供重大机遇

国际经验表明，提升全球价值链参与水平需要“双管齐下”。一是通过学习和技术创新，在生产工艺、功能、产品等方面向更高附加价值的环节提升，如从低端加工制造环节向核心零部件制造和研发环节转移，或通过产业升级实现从低端的价值链条向高端价值链条跃升。二是通过面向后发经济体的跨境产业延伸和布局调整，在更大空间范围内配置资源，运用自身掌握的品牌、关键技术、销售渠道等核心资源，构建新的全球价值链，为国内结构调整腾出空间的同时，占据区域价值链运营管理的主导权，依托区域生产网络提升自身在全球价值链中的地位。20 世纪 70 年代日本在加强国内技术创新和产业升级的同时，通过实施“（贸易）黑字还流”和发展援助计划，推动大规模海外投资，强化了与东亚发展中经济体之间的贸易投资关系，利用所谓“雁行模式”的东亚价值链实现了自身全球地位的提升。90 年代以来韩国借助面向发展中国家投资形成的全球生产网络，也在提升其全球价值链参与水平方面取得积极进展。

随着我国加快经济发展方式转变，创新驱动将成为新常态的主要特征之一。在此基础上，如何实现产业布局调整、构建新的区域生产网络，事关提升全球价值链参与水平的战略大局。“一带一路”区域合作将提供重大机遇。

首先，我国在“一带一路”沿线具有相对较强的价值链领先优势。我国目前处于工业化后期阶段，与仍处于工业化初、中期阶段的沿线多数国家相比，具有较为成熟的产业体系和较强价值链获益能力。如根据贸易增加值核算结果，我国对东盟、印度单位出口的国内增加值含量分别达到 661 美元和 695 美元，高于平均水平。通过加强区域合作和面向沿线地区的投资布局，可占据区域生产网络的高端环节，并利用市场、技术、资金等优势，构建由我国掌握核心环节的价值链，依托区域生产网络提升我国全球价值链参与水平。

其次，“一带一路”区域合作将促进国内生产制造向价值链高端环节移动。通过对沿线投资，转移部分国内已经或即将失去比较优势的产业环节，在土地、资源和人才等要素稀缺及成本上升的背景下可为发展高端产业腾出空间。企业集中于高端制造和服务环节的投资、研发，将有效促进国内产业结构升级。另外，海外投资和基础设施建设将有效带动国内设备、零部件需求增长，尤其是拉动金融、电信、物流、研发等生产性服务国内需求和出口持续扩张，提升国内商品附加值水平。如我国单位服务出口带动的国内增加值比货物贸易高出36.6%，其中电信服务、金融保险和计算机信息服务更是高出45%~53%。

第三，"一带一路"区域合作有助于推动人民币国际化和金融业开放创新。金融服务是全球价值链上的高端环节，"一带一路"建设将扩大人民币的使用范围，加快人民币国际化进程。同时，亚投行（AIIB）、丝路基金以及其他金融机构将为"一带一路"建设提供各类政策性和商业性金融服务，我国金融国际化服务能力和竞争力将因此得到提高。

第四，"一带一路"区域合作将为我国贸易投资提供持续增长动力。一带一路沿线区域是我国重要的贸易和投资伙伴，近10年来相互贸易增长对我国全部贸易增长的贡献率平均保持在25%以上，区域合作的持续扩大和加强，将为我国对外贸易、投资和工程承包带来新的增长动力，对继续提高我国的国际市场份额产生积极影响。

3. 加强"一带一路"沿线价值链合作需要多措并举

一是培育国际竞争新优势，提升区域生产网络治理能力。在传统竞争优势逐步减弱的背景下，能否形成以技术密集型和高附加值商品生产、出口为主要特征的国际竞争新优势，对于提高我国在区域生产网络中的治理能力至关重要。当前深化改革和扩大开放的一系列重大举措有利于形成新的创新驱动力，一定要抓紧落实和切实推进。建议把优化结构和产业技术升级放在优先位置，重点推进新技术、新材料、新产品研发和创新；逐步放开服务业投资准入限制，营造开放、透明和高标准的营商环境，引进跨国公司的先进技术、管理和人才，加快培育国际竞争新优势，保持在沿线区域的产业和技术领先地位，改善区域价值链治理结构，在区域生产网络建设和运营中发挥引领作用。

二是深化沿线经贸合作，逐步构建区域自贸区网络。促进沿线命运共同体建设，经贸合作必须先行。近期内可利用现有区域双边和次区域合作机制，加强成员间政策沟通和协调，消除贸易投资往来中存在的各种制约因素，提高贸易便利化水平；中长期可逐步拓展政策对话覆盖范围，形成具有广泛代表性的政策沟通协调机制。建议将与沿线国家商签自贸协定作为今后一段时期我国自贸区战略的重点目标，逐步构建覆盖沿线多数国家的自贸区网络，并根据不同对象的发展水平和可接受自由化程度采取不同标准的谈判策略，深化相互之间的制度性合作，降低区域跨国价值链的治理成本。

三是促进国际产能合作，引导传统产业加快沿线布局。沿线地区普遍具有承接我国产业转移的积极愿望，国内企业面临跨境整合要素资源和拓展市场空间的巨大压力。建议在加强绿色投资和防控商业风险等政策引导基础上，实行普遍的对外投资备案制，对面向沿线投资企业提供必要的融资、外汇、财税政策支持，对企业境外投资、生产所需的零部件、设备和技术出口在通关、退税等环节采取鼓励性措施。应加强和沿线国家的投资合作，全面签署投资保护协定并选择具备条件的国家商签包含准入前国民待遇和负面清单管理方式的投资自由化协定，提高中资企业在投资东道国的投资便利化、自由化水平和合法权益保护力度。

四是推进沿线贸易投资人民币结算，加强跨境金融服务能力建设。建议通过签署货币互换协议、建立跨境本币结算安排等方式，进一步扩大沿线地区人民币使用和流通，加大人民币清算结算、银行间拆放、货币兑换交易、市场定价机制等基础能力建设，逐步建立和完善各国货币与人民币直接挂钩的汇率形成机制。鼓励商业金融机构"走出去"。在沿线地区设立经营网点，为中资企业提供投融资、清算、汇兑和保险服务。

五是扩大沿线国际发展援助，增加全球治理公共产品。国际发展援助是改善区域发展环境、强化援助方与受援方相互合作关系的重要手段。我国在对外援助亟待根据"一带一路"战略需要做出新的调整。建议适度增加对外援助的预算规模，新增部分主要用于面向沿线发展中国家基础设施建设领域。应做好援助工作的顶层设计，和亚投行、丝路基金的政策性融资、商业贷款等合理搭配组合，提高中方企业的项目参与比例，加强项目评估、考核和督导工作。

第六节 政府的作用与政策举措

推进"一带一路"区域合作，需要更好地发挥政府的作用。提供积极有效的政策支持和良好公共服务，既是政府责任的重要体现，也是促进贸易投资持续发展的必要举措。政府的作用主要包括以下三个方面的内容。

1. 引导和推动

一是要做好科学规划和统筹安排。"一带一路"区域合作是一个庞大的系统工程，涉及众多国家和许多领域，需要做好统筹规划和科学布局。中国已经公布的《愿景与行动》，开启了一个良好的开端。但这还是远远不够的，今后还需要在基础设施互联互通、贸易和投资合作、促进政策体系建设等领域深入研究和谋划行动计划，并通过和相关国家的沟通和协调，扩大地区共识，加强各国战略、规划和行动计划的相互对接。为推进"一带一路"区域合作创造良好政策环境。二是完善区域合作机制。在不宜进行全覆盖区域合作机制化建设的条件下，可通过商签双边战略对接合作协议的方式，加强相互沟通和政策协调。在现有双边或此区域多边合作机制中应嵌入"一带一路"区域合作的议题，更好发挥这些机制的协调推动作用。作为制度性合作的重要内容之一，在区域范围内逐步推进商签双边或次区域多边自贸协定、投资协定等一体化化进程，进一步深化我国与地区之间的经贸合作关系，并为促进更大范围的区域经济一体化机制建设积累经验、创造条件。三是加快对外投资管理制度改革。促进中国企业对沿线地区的直接投资是我国推进"一带一路"区域合作的重要内容之一，也是区域各国的迫切期待。但目前我国的对外投资管理制度还存在很多不相适应的问题和制约因素。三中全会《决定》对我国构建开放型经济新体制做出了重大战略部署，对外投资管理制度改革的方向已十分明确。近期来看，加快由核准制向备案制全面过渡的改革进程、为企业对外投资提供便利环境就是其中的重要内容之一。四是做好外交服务工作。随着中国企业走出去、人员来往的不断扩大，外交服务的重要性日趋上升。政府不仅要通过加强与相关国家之间的外交关系，保持对话交流和沟通协调渠道，营造良好合作氛围，而且要加强外交领事工作，引导中国企业和人员遵守所在国法律和公序良俗，提供有效的领事服务，保护在外企业、公民的合法权益。近期来看，扩大区域内国家之间的签证免签范围，简化人员往来的护照、签证申领程序等便利化措施应当成为外交服务工作的着力点之一。五是打造综合信息服务平台。为企业提供有关区域各国经济状况、投资环境和政策变化等基本信息是政府引导和推动我国与区域各国之间贸易投资合作的一项重要内容。应充分利用公众媒体传播手段，尤其是互联网门户网站，做好政策宣传和公共信息发布工作。

2. 政策支持

企业的贸易和投资活动需要政府的政策支持，主要有以下四个方面的内容。一是财税政策支持。通过必要的财税政策改革，形成有利于企业“走出去”的税收环境和激励机制。加快与区域各国避免双重征税协定的商签工作，力争在较短时间内实现全覆盖。二是加强货币金融合作。扩大货币互换协议、跨境本币结算清算合作协议的国别范围，提升货币金融国际合作水平，营造有利于金融机构开展跨境金融和人民币业务的制度环境。建立区域性、开发性和政策性金融机构，为基础设施互联互通、贸易和投资活动提供必要的金融支持。建立亚投行、丝路基金等机构已经在这一领域迈出了重要一步，今后的工作是提升这些机制的功能和效率。三是要为开展跨境贸易和投资活动的企业提供有效金融支持。其中包括贴息等政策性贷款、贷款担保、出口和投资信用保险等。帮助企业解决开拓资金不足和融资难、融资贵问题。四是鼓励股权投资和债券融资等金融创新，进一步拓展投资资金来源。

3. 服务和安全保障

一是建设境外或跨境经济技术合作区、产业园区，为中资企业提供基础设施和产业配套服务。根据商务部统计，目前我国在境外以各种形式设立的经济技术合作区或产业园区已超过100多处，在我国一些沿边地区也建设了一批跨境开发开放合作区，为中资企业落户当地创造了良好的基础设施和配套服务。今后应在总结经验的基础上，针对境外合作区存在的一些问题，进一步完善和创新合作区建设、管理模式，同时加快在“一带一路”沿线区域布局，逐步扩大覆盖范围，为中国企业“走出去”，尤其是在当地形成具有较大规模和较强产业配套能力的产业集群创造有利条件。二是更好地发挥行业协会、商会等各种中介组织的作用，促进跨境中介组织服务体系和网络建设，提升这些组织在宣传政策、发布信息和联系政府、服务企业等方面的综合能力。地方政府也应为当地企业在“一带一路”沿线区域的跨境贸易投资提供必要的公共服务和政策支持。三是做好人才培训工作。为了满足“一带一路”区域合作对国际化人才的巨大需求，政府应当承担全社会人力资源开发提供公共培训服务的重要责任。一方面在基础教育和职业技术教育领域增加涉及沿线区域的基础知识和技能教育；另一方面通过职业培训，为企业提供实用型人才，提升走出去的人力资源开发水平。四是加强风险预警和安全保障工作。随着企业“走出去”步伐持续加快，面对的各种风险也将不断增加。其中既有所在国政权更迭、政策变化等政治风险，也有不同国家法治环境下的法律风险，还有战争、恐怖袭击、灾害灾难等安全风险以及合作伙伴违约、破产所带来的商业风险。政府应当做好风险提示和预警服务，并建立有效的应急处置机制，加强中国企业合法权益、在外国民生命财产的安全保障。

全面推进“一带一路”沿线区域合作，除了上述三个方面的措施之外，最根本的举措是按照三中全会决定要求，进一步深化改革和扩大开放，加快构建开放型经济新体制。通过“苦练内功”，打造符合国际规范、稳定、透明和可预见的营商环境，有效聚集和整合国际国内要素资源，为中国经济社会可持续发展提供新动力，实现互利共赢的区域合作目标。

从地方层面来看，关于如何对接“一带一路”区域合作的问题备受关注。我们认为，“一带一路”国内段的着力点应当集中在以下四个方面。

第一，着力构筑东中西部联动发展新模式。“一带一路”合作框架下的东西双向开放格局，将为我国广阔的中西部地区带来开发开放和直接对接国际市场的新机遇。但是，由于我国中西部地区的资本、技术和高端人才等要素资源相对匮乏、相邻国家产业发展水平普遍较低，难以有效提升陆海大通道的国际化水平和要素资源的整合能力。必须走东中西部联动的途径，打通贯穿东西、连接沿线国家的经济走廊，促进我国东部地区的资本、技术和人才资源与西部地区的资源、地缘优势相结合，带动跨境贸易和投资活动快速发展。因此，要做到我国和“一带一路”沿线国家之间的贸易畅通、资本融通，首先要实现国内跨区域要素资源整合和联动发展。以对内开放支撑对外开放，以对外开放倒逼对内开放，对内开放和对外开放相互促进，形成全方位开放新格局。如果说过去的地方发展靠的是在引资竞争中脱颖而出，是“独奏”模式，今后必须依靠协同联动的地方经济发展新模式，奏出“交响乐”。

第二，着力建设贯通南北东西的交通大网络。促进“一带一路”区域发展需要做到“五通”，对接“一带一路”国际经济走廊，需要构筑立体式交通大通道。大通道建设包括硬件和软件两个方面，一方面要加快空港、铁路、道路和港口建设，提供便捷快速的物流条件；另一方面要加大政策协调和沟通，打破地区之间，尤其是不同行政区划之间的政策瓶颈和制约，实现“大通关”、“大物流”。目前珠三角、长三角地区初步实现的“通关一体化”模式就是大通道软件环境建设的重要成果，今后需要进一步延伸和扩大。

第三，着力打造国际贸易投资合作和开放新高地。建设对接国际市场的经济走廊，不仅需要保障资源要素有序流动的大通道，而且需要散布其间的资源要素聚集“枢纽”和开放高地。在国内沿线地区打造综合保税区等海关特殊监管区域，有助于形成局部的贸易投资便利化和自由化环境，聚集和吸纳国内外要素资源，带动当地开放型经济发展，成为大通道上的“加油站”和“蓄水池”。我国的特殊经济区域改革创新已经进入了新的阶段，以上海、天津、广东和福建自由贸易试验区为代表的开放型经济新高地建设正在全面展开。这些试验区在借鉴国际经验的同时取得了新突破。根据目前的方案，试验区将在已有海关监管区的开放平台基础上进一步向非监管区扩展，试点推进服务业开放、投资准入前国民待遇、负面清单管理、资本项目可兑换等深度开放工作。这些试验是对现有特殊监管区的局部领域先行先试开放模式的新突破，也是对国际园区模式的重要创新，符合我国新时期深化改革和扩大开放的根本要求。随着试验区经验逐步在全国范围内逐步复制和推广，将进一步促进国际国内要素资源的有序流动，为对接"一带一路"经济走廊、实现经济和社会可持续发展提供新的动力。

第四，着力推动国内产业布局调整。新常态下，我国面临着产业结构调整的巨大压力，传统的相对比较优势逐步减弱，以高新技术和全球品牌为代表的新的竞争优势尚未形成，通过产业布局调整，将一些在东部地区已经失去国际竞争力的企业和过剩产能转移到劳动力资源丰富、劳动力成本较低的中西部甚至"一带一路"沿线区域，将有助于继续保持我国产业的全球市场份额，减缓国内过剩产能和资源环境压力，并且通过跨地区或跨境产业链条关系，带动东部地区和国内设备、关键材料和零部件市场需求和出口增长，有利于促进产业结构优化升级。因此，地方政府要改变过去重"引进来"，轻"走出去"的传统观念，鼓励和支持在当地一些企业"走出去"，在中西部和周边国家投资布局，培育源自当地的跨国企业。还可将腾出来的土地、人才等要素资源用于新技术、新产业的开发投资，促进当地企业的国际化经营和产业结构优化调整。

案例研究 1
着力打造丝绸之路经济带东向开放“桥头堡”

为了贯彻落实习近平总书记提出的建设“丝绸之路经济带”战略构想，谋划我国东西双向开放战略的新思路、新策略，国务院发展研究中心课题组赴连云港、兰州、乌鲁木齐、霍尔果斯等城市开展了深入调研。结果表明，为了全面提升丝绸之路经济带的国际化水平，促进沿线国家和地区经济转型升级，当务之急是加快经济带向我国沿海地区的战略延伸，建设东向开放的重要门户和“桥头堡”。连云港地处东部沿海与欧亚大陆桥交汇点，具有贯通东西、承接南北的独特区位优势和便捷、经济的陆海综合运输优势。在连云港设立自由贸易港区，通过特殊经济区域开放模式创新打造东中西部共享开放平台，对于促进丝绸之路经济带繁荣发展，具有重要作用。

一、设立连云港自由贸易港区的战略意义

自由贸易港区是我国特殊经济区域开放平台的升级版，具有境内关外、自由贸易园区和港口联动的特定属性。按照国际惯例，区内可实行高水平的贸易和投资自由化制度，为国内外企业提供开展进出口货物保税加工、交易、仓储、运输、展示、国际中转以及投资金融、商贸、航运等服务业的政策环境。我国已批准设立的保税港区属于自由贸易港区的一种有益探索，在监管模式与政策创新上积累了一定经验，但与国际水准相比，在服务业开放、金融创新和投资管理制度改革等方面仍然存在很大差距，难以适应我国实施新时期改革开放重大战略的需要。连云港目前尚未建立保税区、保税港区等海关特殊监管区域，创新开放模式

设立连云港自由贸易港区，战略意义十分重要。

第一，设立连云港自由贸易港区，有利于促进亚欧大陆桥的国际大通道建设，实现丝绸之路经济带向沿海地区的战略延伸，助力我国的东西双向开放与国际合作格局大调整。改革开放以来，以东部沿海地区为先导和龙头的对外开放战略，为我国借力海洋大通道、汇集国际国内生产要素资源、实现经济起飞发挥了无以替代的重要作用。东部沿海地区具有的国际市场网络、生产、技术、资本和人才优势可以为我国内陆地区加快发展提供宝贵资源和动力源泉。丝绸之路经济带是我国向西开放，进一步加强与中亚地区经济合作，巩固我国石油、天然气等能源供给安全的重要通道和载体，但区域内国家和地区经济相对落后，国际化水平偏低，生产、技术、资本和高端人才等较为匮乏。如何实现经济带与我国沿海地区以及东亚地区经济的战略衔接至关重要。连云港地处我国东部海岸线中端，位居东西铁路大动脉的东部起点，享有新亚欧大陆桥东方"桥头堡"之称，是横跨陇海、兰新沿线东中西部地区和中亚国家的丝绸之路经济带最便捷、最经济的出海口之一。哈萨克斯坦有关机构在前期考查比较基础上，决定在连云港建立场站用于本国过境货物集散、分拨，2013 年 9 月 7 日在到访的习近平总书记亲自见证下，与连云港签署了战略合作框架协议。乌克兰等其他大陆桥沿线国家也表示了相同愿望，充分印证了连云港作为欧亚国家东向出海口的战略定位。设立连云港自由贸易港区，打造国际水准的国际物流中心和国际合作平台，聚集于此的各种要素、资源，向东可延伸至日、韩等国，向西则可辐射欧亚大陆桥沿线地区和国家，对于连接欧亚两大州陆海国际大通道建设、提升丝绸之路经济带的国际化水平和吸纳发展能力具有积极作用。从长远来看，继长江黄金水道之后，丝绸之路经济带形成的我国第二条东西国际经济走廊，有可能扩展成为横跨东北亚、中亚、欧洲大陆的全球最大经济板块之一。连云港的枢纽作用也将进一步提升。

第二，设立连云港自由贸易港区，有利于发挥陆铁大动脉和国际航运大港的综合运输优势，打造东中西部共享开放平台，带动我国内陆地区经济加快发展。缺乏直接参与国际合作的开放平台，始终是我国中西部地区扩大对外开放的主要制约因素之一。依托快速、便捷的陆路运输大通道和港口，打造面向内陆地区的国际要素流动渠道和开放平台，对于促进我国东中西部地区经济联动发展具有重要战略意义。连云港具备较强的铁路、公路和水上运输等综合运输集散功能，其中铁路运输是港口货物陆地运输的主要方式，运量大约占全部吞吐量的六成左右，远远高于国内其他大型港口；连云港是我国北方距离国际海运主航道最近的大型港口，海域水深，海岸陆域等条件较好，具有建设深水大港并逐步成长为国际枢纽港的潜力和竞争优势。连云港目前拥有包括集装箱、散粮、焦炭、煤炭、矿石等各类码头泊位35个，其中万吨级以上泊位30个。与160多个国家和地区的港口建立通航关系，开辟了至世界各地集装箱和货运班轮航线40多条。连云港的经济腹地广阔，港口对中西部经济的辐射带动作用明显。以连云港为东起点的陇海兰新铁路沿线11个省（区）面积达360多万平方公里、GDP总额为9.3万亿元，大约分别占全国的三分之一和五分之一。辐射区域既有我国粮、棉、油主要产地，也有煤、石油、天然气、盐、铝，锌，铁等矿产资源最为富集的地区；纺织、机械、汽车、医药、化工等产业基础较为雄厚，配套能力较强。连云港八成以上的国际贸易货源来自江苏以外的内陆地区，尤其是铁路沿线中西部地区，承担了腹地国际贸易大平台的重要功能。2011年6月，国务院批准在连云港市设立国家东中西区域合作示范区，进一步明确了连云港作为服务中西部地区对外开放重要门户的战略地位。依托较发达的陆海综合运输体系，加强制度创新设立自由贸易港区，连云港有条件在促进我国内陆地区对外开放和东中西部经济联动发展中发挥更加重要的作用。

第三，设立连云港自由贸易港区，有利于全面提升苏北地区开放型经济水平，聚集高端产业发展要素，培育我国东部沿海新的经济增长极。珠三角、长三角和环渤海地区是我国东部沿海的三个重要经济增长极，在经历了三十多年的经济长期持续快速增长之后，劳动力等要素成本高企、土地和环境制约加剧日趋严峻，面临加快产业结构调整、转移和升级、培育国际竞争新优势的巨大压力。苏北地区位于长三角、环渤海两大经济板块的边缘地带，受到的辐射作用十分有限，经济实力和产业竞争力相对薄弱，沿海港口优势未能得到有效发挥。原因之一在于缺乏开放模式创新和区域中心城市的龙头带动作用。连云港的劳动力等要素成本明显低于其他沿海城市，拥有可用于各类产业开发的100多平方公里海滨滩涂，具有较强临港特色加工产业基础和进出口商品深加工能力，依托欧亚大陆桥沿线腹地产业支撑，借助海上国际大通道带来的广阔市场，完全有可能为苏北地区经济板块隆起并打造我国东部沿海地区新的经济增长极发挥龙头和带动作用。根据长三角和珠三角地区经济快速发展的成功经验，设立连云港自由贸易港区，打造升级版的开放模式创新平台，承接国内外产业转移和要素汇集，是实现苏北地区崛起的必要条件之一。

第四，设立连云港自由贸易港。有利于深化特殊经济区域改革创新，探索港口城市扩大国际合作的新模式、新途径，为我国全面参与高水平区域经济一体化进程积累经验。我国目前存在保税区、出口加工区、保税物流园区、保税港区和综合保税区等多种形式的海关特殊监管区域。这些区域对于提升所在城市及其周边地区的对外开放水平、促进我国对外贸易尤其是出口持续增长，发挥了举足轻重的作用，但随着国际国内市场环境出现的新变化，特殊监管区域自身存在的管理模式多样复杂、政策兼容性较差、企业可选择性和便利化程度偏低等种种局限性也日趋显现，难以适应新时期我国积极主动开放战略的创新需要，亟待予以整合升级，打造特殊经济区域的升级版。另一方面，加快实施自贸区战略是我国进一步提升开放型经济水平的重大战略举措。当前全球经济格局出现了新的变化，TPP、TTIP 和日欧 EPA 等发达经济体主导的区域经济一体化机制建设相继启动，对已有的区域贸易自由化进程，尤其是新兴经济体的区域合作战略带来了较大冲击和挑战。我国的自贸区战略也面临着如何进一步提高自由化水平、实现自贸区战略全面升级的巨大压力。在短期内我国无法直接参与 TPP 等高水平区域经济一体化进程，关键在于缺乏市场全面开放的足够经验和充分准备，即使在加快我国参与的 RCEP、中日韩自贸区等东亚合作机制建设进程中也面临着如何提高自由化质量与水平的谈判压力。为此，特殊经济区域开放模式的升级版，应采取积极主动开放的战略举措，在区内按照高水平区域经济一体化的自由化标准先行先试，为提高自贸区战略的自由化质量和水平积累经验、做好准备。中国（上海）自由贸易试验区的设立已经具有这一战略层面的目标定位。连云港目前正在筹建综合保税区，为按照新的标准和要求创新开放模式提供了难得机遇。设立连云港自由贸易港区，既可在发挥综合保税区开放型制度优势的基础上叠加国际水准的自由贸易港区政策，实现特殊经济区域开放模式创新；还可根据我国升级版自贸区战略的需要，增加服务业开放等更高水平贸易投资自由化试验内容。从经济规模、产业互补性和国际影响等方面综合来看，为了应对TPP等发达国家主导区域经济一体化机制的冲击和挑战，中日韩自贸区谈判尽快取得实质性进展尤其具有关键作用。连云港与日本、韩国隔海相望，地缘相近，长期以来保持密切贸易往来和经济合作关系，也是日本、韩国在华企业较为集中的地区之一。连云港建立自由贸易港区，可以借助当地与日韩之间长期经济合作的稳定基础，扩大三国合作的平台，为推进中日韩自贸区谈判提供必要经验和实际案例。这将有助于通过中日韩自贸区的突破，加快我国力推的东亚经济一体化进程，带来长远的区域合作红利。

执笔：赵晋平

案例研究 2
新疆开放型经济体制创新的意义和主要思路

新疆地处丝绸之路经济带国内段的最前沿，是连接我国与中、西、南亚和欧洲地区国际大通道的关键节点。推进新疆的开放型经济体制创新，事关我国加快向西开放、促进丝绸之路经济带建设的战略大局。

一、新疆开放型经济体制创新的重要性

推进丝绸之路经济带建设是新形势下我国开辟向西开放国际大通道、增强与相关国家政治互信和经济合作关系、维护能源和矿产资源供给安全的重大战略部署。新疆在其中具有独特的战略地位和作用。

一是我国连接中、西、南亚和欧洲的重要陆地大通道。新疆与中亚、西亚和南亚国家均有陆地通道和口岸相连，是由我国东海岸直通大西洋东岸欧亚大铁路的必经之地。新疆阿拉山口年度过货量高达 2500 万吨以上，位居全国陆地口岸之首，成为能源等大宗商品进口和工农业产品出口的重要门户。

二是加强周边睦邻友好合作的战略前沿。新疆与俄罗斯、哈萨克斯坦、阿富汗、印度和巴基斯坦等八个国家陆地接壤，边境线长达 5600 公里，占我国陆地边境线总长度的 1/4。境内有 13 个民族，其中 10 个民族跨境而居，民俗民风、语言文化相同，便于民间交往和合作。乌鲁木齐已成为中亚国家政商各界购物旅游、求学医疗甚至长期居住的首选地之一，具有区域中心城市的实力和发展潜力。

三是我国与中亚国家经贸往来的集散中心。新疆对外经贸具有明显的地缘特征，面向相邻国家的进出口贸易额占全疆的 80% 以上，尤其是与中亚国家之间

具有长期经贸往来的历史传统，目前双边贸易占比超过74%。我国和中亚国家的双边贸易超过四成是由新疆完成的。特别是对中亚的出口，新疆占了67%，集散中心的作用十分突出。在新疆投资注册的外商投资企业中，1/5来自独联体和欧洲国家，对相互经贸往来的带动作用日趋凸显。

四是具有加快发展的潜力。新疆目前仍是我国经济欠发达地区，2013年人均GDP比全国低11.2%，边境州市的差距更为悬殊，如和田地区人均GDP仅为全国平均的1/5。以开放促发展、促兴边富民和周边和睦，新疆具有巨大发展潜力，对提升丝绸之路经济带国内段的整体经济实力和辐射作用也将产生重大影响。

二、存在的主要问题和制约因素

除经济社会发展基础较弱的影响之外，新疆开放型经济发展的瓶颈主要表现在以下几个方面。

一是可有效覆盖的国际市场规模较小。新疆外贸市场的有效覆盖范围主要集中在中亚地区。2013年中亚五国人口规模不到6000万，经济总量仅为3363.7亿美元，再加上地广人稀，基础设施落后①等原因，市场容纳空间较为有限。到达欧盟市场，则由于欧亚大通道尚存在铁路轨距不一、换装能力有限、大通关协调机制尚未形成等薄弱环节，运输成本偏高，制约了中欧陆上通道的贸易往来。

二是国际贸易投资合作的特殊区域建设明显滞后。喀什常住人口仅50万，霍尔果斯常住人口不到2万，均远离天山北坡经济带②，两地在建跨境经济合作区缺乏较强腹地经济支撑和综合产业配套能力。2011年获批的阿拉山口综保区面临同样问题。开放口岸对本地经济的拉动作用未得到充分体现，经由新疆各处口岸向西出口商品中，仅有两成左右属于新疆当地产品。跨境合作以边境贸易等简单贸易方式为主，如2013年霍尔果斯中哈国际边境合作中心完成3亿美元的

---

① 以信息基础设施为例，根据世界银行数据，2012年，哈萨克斯坦、吉尔吉斯斯坦、乌兹别克斯坦、塔吉克斯坦、土库曼斯坦的固定宽带互联网普及率（户/百人）分别为9.72、2.62、0.72、0.08和0.03，均与我国12.97户/百人的水平有较大差距。

② 乌鲁木齐市是天山北坡经济带的中心，而喀什距乌鲁木齐市1588公里，霍尔果斯距乌鲁木齐市639.6公里。

跨境贸易，仅相当于当地边境小额贸易额的 2%。

三是中心城市的要素资源积聚作用未能得到有效整合和利用。乌鲁木齐是新疆的政治、经济和文化中心，享有欧亚大陆桥国内段西方桥头堡之称，具有较强的产业基础和综合配套能力。全市 GDP 和工业增加值占新疆的 1/4 左右。进出口贸易和实际利用外资占比超过四成，对带动新疆开放型经济发展具有举足轻重的影响。但是目前当地尚未建成具备综合开放优势的特殊经济区域，缺乏整合国际国内贸易投资要素的空间载体和手段，限制了产业、服务配套能力的有效配置。

三、开放型经济体制创新的主要思路

为突破丝绸之路经济带国际大通道建设的瓶颈，建议借鉴沿海地区特殊经济区域改革创新的经验，建立以乌鲁木齐等中心城市为依托的新疆亚欧经济合作试验区（以下简称亚欧合作试验区），探索沿边开放的新模式、新经验。

亚欧合作试验区应具有以下五个方面的功能。一是西部边疆省份对外开放的综合试验区。试验区建设应加快政府职能转变，推进贸易、投资、信息、交通、金融等全方位国际合作，逐步积累适合可复制、可推广的开放经验，有效提升新疆和西部地区的开放型经济水平。二是亚欧国际大通道的重要枢纽。亚欧合作试验区应以铁路、公路、民航和管道场站建设为基础，完善海关、质检、税务、工商等便利化服务体系，打造多式联运的一体化综合交通枢纽，成为亚欧国际大通道上各国经贸往来、科教文卫等各种资源的汇聚之地。三是深化中国—中亚经济合作的先行先试平台。亚欧合作试验区可通过跨境合作中心和特殊经济区域功能的互联互通，提高双边贸易投资便利化、自由化水平，为实现区域经济一体化目标积累经验。四是我国特殊经济区域创新发展示范区。亚欧合作试验区具有自由贸易园区的特定属性，但又不同于单一的海关监管区。区内既包括以面向国际市场为主要功能的"境内关外"或跨境货物贸易自由化园区，也应包括以服务业准入开放和综合配套服务功能为主的非监管区域，目的在于培育特殊经济区域的综合开放新优势，为开放平台建设提供经验借鉴和示范作用。五是面向中、西、南亚和欧洲的现代化国际商贸中心。亚欧合作试验区可借助全方位的开放功能，为已具备较大影响力的"亚欧经济合作博览会"提供务实合作平台和丰富内涵；

博览会也将为试验区提供展示平台和吸纳各方要素的机遇。两个平台的有效结合，将为打造具备信息中心、物流中心、订单中心、结算中心和服务中心等综合功能的国际商贸中心创造有利条件。

四、推进亚欧合作试验区建设的必要举措

第一，做好亚欧合作试验区的统筹布局和规划。建议按照“一区四园”的分类管理模式组建亚欧合作试验区。一是以乌鲁木齐出口加工区（待转为综合保税区）为基础设立自由贸易园区，实施海关监管。二是整合空港物流园和国际铁路物流园，设立保税物流园区。三是以中心城市功能区为依托，设立服务业开放园区，对教育培训、医疗、金融、文化旅游和信息服务等服务领域开放投资准入进行先行先试。四是整合头屯河经济技术开发区和高新技术产业开发区，设立综合产业配套园区。从中期来看，可将霍尔果斯跨境合作中心和阿拉山口综合保税区纳入，进一步扩大亚欧合作试验区开放功能和辐射效果。

第二，积极推进试验区管理体制改革。一是放宽外资准入，对外资实行准入前国民待遇和负面清单管理模式，由审批制改为备案制；二是简化工商登记程序，实行先照后证和注册资本认缴等制度；三是允许区内货币限额内自由兑换，从逐笔个案监管逐渐转向交易主体的综合监管；四是赋予海关特殊监管区内企业一般纳税人资格，便于其统筹开展国际和国内贸易；五是提升海关便利化水平，整合海关、工商、税务等监管和服务，实施“单一窗口”管理和联网申报。

第三，扎实推进服务业开放的先行先试。一是降低医疗、旅游、金融、教育培训和信息服务等准入门槛，鼓励国外银行在区内设立独资或合资银行机构，组建联合产业投资基金；二是适当放宽离岸金融管制，鼓励离岸金融中心和人民币跨境支付结算中心发展；三是推进旅游投资便利化，加强与中亚、欧盟合作联合开发运营旅游资源；四是对国外医疗、教育专家等高级人才提供签证和居留便利。

执笔：赵晋平、罗雨泽

案例研究3：促进海上丝绸之路建设的必要举措

日前，我们就海上丝绸之路建设问题赴海南省进行调研。调研结果表明，海南、广西的北部湾沿岸地区与东盟国家隔海相望，距离较近，具有活跃海上通商、人员往来的有利条件。但实际的贸易规模十分有限，当地经济与民生发展长期落后。受"以（海）水为边"地缘条件制约、无法全面享受现行沿边经贸政策便利是其中不容忽视的原因之一。适度拓展边贸政策实施范围，允许部分特定地区开展"跨海"边民互市贸易，是进一步加快沿海欠发达地区开放与民生发展、促进海上丝绸之路建设的必要举措。

一、边境贸易对于促进沿边开放与经济增长发挥了重要作用

20世纪90年代以来，我国在沿边地区实施了鼓励当地企业以"边境小额贸易"方式开展跨境贸易、允许边境居民通过"边民互市区"进行限量商品交易的特殊政策。目前，黑龙江、新疆、内蒙古等重要边疆省区，边贸占当地进出口总额的比重分别超过30%、50%和60%；云南、广西也达到20%左右。边境贸易成为沿边地区扩大国际经济合作和贸易往来的主要途径之一。

边贸有力促进了沿边地区经济和居民收入增长。2008~2012年期间，丹东、珲春、绥芬河、黑河、额尔古纳、二连浩特、满洲里、瑞丽、东兴等九大重点边贸城市的GDP年均增长率平均比所在省（区）增长率高出1.2个百分点，城镇居民人均可支配收入增长同比高出2个百分点。2012年，这些城市GDP和人均收入增长则分别比全国平均水平高出5.9和4个百分点。

二、边贸政策向北部湾沿岸欠发达地区延伸是促进海上丝绸之路建设的必要举措

长期以来，我国的边贸政策主要适用于陆地边境省区。1996 年以后，将边境小额贸易政策适用范围延伸至海南省，边民互市贸易政策并未作相应调整。海南和广西北部湾沿岸地区仍然无法充分利用对越近距离跨海贸易的有利条件，明显制约了当地经济与民生发展。

海南岛处于海上丝绸之路的重要节点，与越南及其他东盟国家经贸合作区位优势明显。但目前对越边境贸易规模很小，2012 年仅 3 亿美元左右。海南省东方市位于海南岛西南端，是黎族等少数民族聚集区域，与越南中南部地区隔海相望，海上直线距离仅 126 海里，历史上作为海南主要对越通商口岸，具有边民往来便利条件，对外贸易和经济发展与广西、云南主要陆路口岸基本处于同一水平。但近 20 年来，受单一小额贸易政策所限，差距迅速拉大。2012 年，东方市口岸对越边贸额 1.3 亿美元，不到广西东兴口岸的 1/20；当年东方市人均 GDP 仅为 2.8 万元，比海南省和全国平均水平分别低 12.5% 和 26.3%，比广西东兴低 33.6%。

和边境小额贸易便利企业的属性相比，互市贸易惠及民生的特点尤为突出，对于促进相邻地区民间人员跨境往来与交流合作的作用十分明显。在沿海欠发达地区，适度拓展现有边贸政策，允许发展互市贸易，不仅有利于降低当地与近邻国家之间的贸易和投资成本、促进双边经济与民生增长，而且有利于充分利用口岸和近距离跨海物流优势，发挥桥头堡作用，扩大海上丝绸之路建设的辐射效果。

三、准确把握互市贸易政策拓展的合理范围与条件

边贸政策实现由陆地边境地区向特定沿海地区延伸，必须准确把握合理的地域范围和适用标准。基于边贸“兴边富民”宗旨和国际通行规则，适合开展边民互市贸易的特定沿海地区应具有以下条件：一是经济发展明显滞后；二是隔海

相邻国家（地区）属于较贫穷发展中国家，并且距离较近；三是我国与相邻国家之间海上边界线明确划定，双边关系稳定；四是具备良好的口岸基础设施和物理围网监管条件。

调研结果表明，海南岛西侧和广西北部湾沿岸地区均符合上述前三项标准。结合以下特点来看，东方市先行先试的条件较为成熟。

一是具有与内陆边境地区相似的地缘优势。东方八所港与越南最近港口距离仅 150 海里，出入港船只 8 成以上为越南籍；中越北部湾海域划界已完成，边民往来便利，跨海航运便捷通畅，运输成本较低；双方相邻地区经济发展滞后，具有扩大双边贸易和人员往来的强烈愿望。

二是形成了较为完善的边贸服务与管理体系。东方市借助边境小额贸易管理经验，建立了较为成熟的边贸促进和服务体系，为拓展边民互市贸易做好了必要准备。市政府在深入广西、云南等互市区调研基础上，结合自身特点，制定了较为完整的互市贸易发展规划，明确了边民身份认证、海上运输船舶信息管理、港口客货保税通道、互市交易场地监管和边检、检验检疫服务等整套方案。东方市和越方签署了口岸协议，就共建互市贸易区达成了一致意见，并列入中越经济合作委员会第二、第三次工作组会议纪要。

三是适应互市贸易需要的基础设施和监管体系基本建成。东方市的边贸设施建设取得明显进展，八所港保税码头和全封闭通道、联检大楼、互市贸易区、联检区域网络信息平台和视频监控网络系统均已建成。八所海关、检验检疫局、边防检查站、海事局等口岸查验执法部门已全部进驻联检楼，具备了封关运行的必要条件。

四、积极探索沿边跨海经济合作平台建设新模式

建议按照以下"三步走"策略推进我国沿边跨海合作模式创新工作。

第一，重新调整与边贸政策相关的沿边地区界定标准和范围。建议相关部委在梳理现有政策基础上，对与边境贸易管理相关的沿边地区界定标准重新进行调整，适度扩大范围。"扩边"工作可改变以往做法，以沿边市、县为单位划定。鉴于海南和广西北部湾沿岸地区的地缘、经济和人文历史等方面的特殊性，应将

其纳入沿边范围。

第二，切实将边境贸易政策拓展至具备条件的沿海欠发达地区。边境小额贸易政策已先行在海南省沿海地区实施。边民互市贸易区建设的政策性很强，需要较为完善的口岸基础设施和围网监管条件，可在已具备成熟条件的海南省东方市依托八所港口岸先行试验。建议由国家发改委和商务部牵头，组织相关职能部门人员和专家，深入当地开展实际调研，在对互市区进行评估论证基础上，制定科学、合理和可操作的试点工作方案。

第三，选择若干具备条件的地方发展沿边“跨海经济合作区”。在东部沿海地区发展自由贸易园（港）区和边境地区发展跨境经济合作区，是我国深化改革开放的重大举措。建议在沿边跨海互市区试验基础上，进一步探索向具备综合开放功能的跨海经济合作区整合升级的新途径，着力打造海上丝绸之路的岸上“桥头堡”，全面提升沿海欠发达地区对外开放水平。

执笔：赵晋平　罗雨泽

参考文献

[1] Borchert, Ingo, Batshur Gootiiz and Aaditya Mattoo (2012), Guide to the Services Trade Restrictions Database, World Bank Policy Research Working Paper (WPS6108).

[2] Borchert, Ingo, Batshur Gootiiz and Aaditya Mattoo (2012), "Policy Barriers To International Trade in Services: New Empirical Evidence", World Bank Policy Research Working Paper (WPS6109).

[3] Hoekman, Bernard. (1996), "Assessing the General Agreement on Trade in Services", in Martin and Winters (eds.), The Uruguay Round and Developing Countries, Cambridge University Press, Cambridge.

[4] Roy, Martin (2011), "Services Commitments in Preferential Trade Agreements: An Expanded Dataset", WTO Staff Working Paper, ERSD-11-18, November.

[5] UNCTAD, World Investment Report, 2013-2014.

[6] Word Bank, Global Investment Trend Monitor, 2015.

[7] Word Bank, IIA Issues Note, 2015.

[8] 陈楠平，刘旸．“一带一路”：中国外交新观念．交通建设与管理，2014（5）

[9] 储殷，高远．中国“一带一路”战略定位的三个问题．国际经济评论，2015（2）

[10] 樊瑛副．中国服务业开放度研究．国际贸易，2012（10）

[11] 樊莹．中国参与区域经济一体化的战略利益及特点．国际经济合作，2005（3）
[12] 冯巍，程国强．国际社会对"一带一路"倡议的评价，国务院发展研究中心调查研究报告，2014年第88号（总4587号）
[13] 巩胜利．21世纪：美国新战略"三大"规则－TPP、TTIP、PSA之后的全球贸易新规则．国际金融，2013（3）
[14] 黄益平．中国经济外交新战略下的"一带一路"．国际经济评论，2015（1）
[15] 李向阳．构建"一带一路"需要优先处理的关系．国际经济评论，2015（1）
[16] 隆国强．一带一路：开放包容的区域合作新构想．新常态下的中国经济背景报告，2015年中国发展高层论坛
[17] 陆建人．亚太地区双边自由贸易协定及其影响．经济研究参考，2003（14）
[18] 罗雨泽．加快丝绸之路经济带陆上大通道建设，国务院发展研究中心调查研究报告（择要），2013年第174号（总第2168号）
[19] 倪月菊．"经济北约"重塑国际贸易格局．人民日报，2013－07－25
[20] 阮宗泽．中国需要构建怎样的周边．国际问题研究，2014（2）
[21] 阮刚辉．境外经贸合作区要融入"一带一路"．浙江经济，2014（7）
[22] 孙志燕．深化"丝绸之路经济带"沿线国家政策沟通的若干建议，国务院发展研究中心调查研究报告（择要），2014年第158号（总第2355号）
[23] 肖林．海陆统筹共进，构建"一带一路"．太平洋学报，2014（2）
[24] 薛力．"一带一路"倒逼中国外交决策改革．新华月报，2015年4月号
[25] 薛力．中国"一带一路"战略面对的外交风险．国际经济评论，2015（2）
[26] 薛敬孝，张伯伟．东亚经贸合作安排：基于可计算一般均衡模型的比较研究．世界经济，2004（6）
[27] 赵晋平等．亚太经济伙伴关系协定：经济影响与对策．北京：中国经济科学出版社，2013
[28] 赵晋平．加快建设丝绸之路经济带东向开放"桥头堡"．国务院发展研究中心调查研究报告（择要），2013年第174号（总第2168号）
[29] 赵晋平，罗雨泽．促进海上丝绸之路建设必要举措，国务院发展研究中心调查研究报告（择要），2014年第4号（总第2201号）
[30] 赵晋平．科学把握新兴经济大国的全球新定位．人民日报，2014－11－03
[31] 赵晋平．一带一路建设：贸易投资合作是关键．中国经济时报，2014－11－04

专题报告

“一带一路”：正确认识，稳步推进

罗雨泽

近年来，作者在跟踪研究“一带一路”及参与相关文件、政策起草和评估过程中，形成了一些观点和认识，有些已整理出来，发表在各媒体、期刊上。这些文章构成了一个比较完整的体系，有对“一带一路”建设的思考，有对其意义的认识，有对存在疑虑的释疑，也有对推进策略和行动措施的建议。正确认识“一带一路”，以及在宏观视角明确其推进原则，对其建设推进大有裨益，故收集整理，按发表时间汇编于此，并添加注释，以飨读者。

专题一　丝绸之路经济带建设

——从通道到走廊

本文为兰州“丝绸之路经济带国际研讨会”发言稿，旨在强调，丝绸之路经济带建设的成败在于能否真正实现互利共赢，而互利共赢的关键则是通过相互开放、加强合作实现沿线经济的繁荣。目前，新亚欧大陆桥中亚段产业还不够发达，业态不够丰富，市场也有待开发，大通道的建设要辅以节点城市合作、产业园区合作、机构企业合作，要血脉通畅，也要筋脉强健。

丝绸之路经济带建设成败的关键在于，能否通过相互扩大开放和彼此加强合作使沿线经济活动实现繁荣。

亚洲地区政治社会相对稳定，国际关系比较和谐，基础设施不断完善，为经济增长创造了良好的外部环境。尤其是金融危机后，中亚、东南亚等发展中国家保持较快增长，欧洲经济圈和亚太经济圈之间的“瓶颈”和“薄弱地带”正在不断改善，丝绸之路迎来复兴繁荣的重大机遇。

2013 年习近平主席适时提出共建丝绸之路经济带，旨在进一步推动地区合作，发挥各自优势，提升互利共赢，实现该地区的长期稳定、繁荣和可持续发展。在“五通”中，实现道路连通、建设经济合作大通道是基础和前提，但这不是最终目的。更重要的是，要繁荣沿线经济活动，带动沿线经济发展，将之建设成为运输顺畅、产业聚集、贸易繁荣、内涵丰富的经济走廊，使之成为贸易之路、合作之路、交流之路、和谐之路。

沿线各国应坚定互信，扩大共识，加强发展规划协调，深化各领域交流与合作，创新开放模式，互助共建各类特色经济园区，凝智聚力，共同推进该地区国际竞争力的提升和经济长期可持续增长，最终实现丝绸之路的伟大复兴和各国经济的共赢繁荣。

2014 年 6 月 27 日在中国兰州“丝绸之路经济带”国际研讨会上的发言

专题二　共建"丝绸之路经济带"

——重塑繁荣之路

本文是应媒体之约，就国内外有关"丝绸之路经济带"的一些质疑发表的个人评论。

注重继承历史文化遗产并发扬光大，人类文明才能持续进步。"丝绸之路"这张历史名片之所以能够持久不衰，反映出人类对和谐交往、繁荣稳定的向往。而今大国竞争、地区对抗、民族冲突、宗教矛盾仍广泛存在，仍有不少人面临贫穷饥饿、灾难瘟疫、恐怖主义的折磨和威胁。拆除藩篱，打破分割，加强合作，重塑繁荣，是大势所趋，也为时代需要。

充分利用现有机制，强化沟通，增进互信，求同存异，发挥各自优势，互帮互济，将地理毗邻优势、经济互补优势转化为务实合作优势、持续增长优势，才是造福沿线区域人民的首要战略。

一年前，习近平主席在哈萨克斯坦纳扎尔巴耶夫大学发表重要演讲，提出共建"丝绸之路经济带"的重大合作倡议，引发广泛共鸣，影响深远，意义重大。

2100 多年前，我国西汉时期的张骞深入大漠，两赴西域，排除万难，开辟了陆上丝绸之路，经过后人的持续努力，形成横跨东西、绵延 7000 多公里的欧亚非三大人类文明发展中心商贸往来、文化交流、政治合作的大通道，构筑起各国各族人民真诚相待、互学互鉴、共同进步的大舞台，促进了四大文明古国以及古罗马、古希腊文明的交流融合，推动了世界三大宗教的传播扩散，在人类发展史上具有重要影响。虽历史久远，但城邦相依、驼铃声声、炊烟袅袅、商贾使节络绎不绝的和谐、繁荣景象仍历历在目。

而今，陆上丝绸之路建设和发展又迎来了重大发展机遇。和平与发展成为世界共同的向往，平等相待、相互尊重成为处理多双边关系的基本准则，扩大开放、加强合作、实现共同发展成为国家及国际治理的主流观念；应对气候变化、保护环境、实现低碳绿色发展形成了广泛共识，为丝绸之路的复兴和重向繁荣提供了很好的条件；沿线国家政治社会相对稳定，国际关系比较和谐，基础设施不断完善，经济持续增长。尤其是金融危机后，中亚国家保持较快增长，欧洲经济圈和亚太经济圈之间的“瓶颈”和“薄弱地带”正在不断改善。

现代“丝绸之路”业已展现出较强活力。1971 年正式确立的第一条亚欧大陆桥（西伯利亚大陆桥）是世界上最著名的国际集装箱多式联运线之一。1990 年开始运行的东起江苏连云港、西出新疆阿拉山口直通荷兰鹿特丹的新亚欧大陆桥，已成为亚欧之间最为便捷、最为经济的国际过境集装箱运输陆路通道之一。沿线贸易不断增长，如 2013 年中国与中亚五国贸易额已突破 500 亿美元。

顺势而为，把握机遇，推进“丝绸之路经济带”建设符合沿线各国的共同利益，条件也已成熟：首先，沿线国家之间经济发展程度相近，经济互补性强，相互依存度高，如基础设施是大多数沿线国家比较薄弱的环节，而中国在基础设施建设上积累的丰富经验将有助于提升区域互联互通水平。加强合作、共同发展是人心所向。其次，形成于两千多年前的古丝绸之路，极大地促进了沿线各国之间的经济交流和人员往来，开创了古代国际交流合作成功模式，形成了深厚的积淀，留下了宝贵的精神财富。第三，中亚地区政治总体稳定，区域关系不断改善，已建立密切的经贸关系和亲密的战略伙伴关系，中国与中亚等国签署了广泛的经贸合作协定、投资保护协定等，为进一步深化合作奠定了坚实的基础。

推进“丝绸之路经济带”建设，合作共赢的潜力巨大。“丝绸之路经济带”地域辽阔，覆盖 40 多个国家，总人口近 30 亿，有着丰富的矿产资源、能源资源、土地资源和历史古迹旅游资源，被称为 21 世纪的战略能源和资源基地。受多种因素制约，尤其是合作机制不够完善，沿线国家经济合作基本上还处在“互通有无”的商品贸易层次上，相互间投资合作还不够多，产业分工还有待深化，资源配置效率还存在较大改善空间，在世界经济格局中连接欧亚的地缘经济优势尚未充分显现。

好事多磨，不塞不流。只要沿线各国秉承“相互尊重、平等协商、互利共赢、携手发展”的基本原则和发展理念，立足现实，着眼长远，充分利用亚洲合作对话、亚信峰会、上合组织等现有对话机制和合作平台，加强沟通，增进互信，求同存异，发挥各自优势，互帮互济，将地理毗邻优势、经济互补优势转化为务实合作优势、持续增长优势，就一定能使现代“丝绸之路”重现历史繁荣，并焕发出新的蓬勃发展活力。

目前，“丝绸之路经济带”建设已进入实施阶段，需要密切合作、携手共建的领域很多，内容也非常广泛。但万丈高楼，起于垒土。习主席演讲中阐述的政策沟通、道路连通、贸易畅通、货币流通、民心相通（简称“五通”），既为“丝绸之路经济带”建设指明了方向，也提供了务实的切入点。应将“五通”有机结合起来，以政策沟通为主要抓手，道路连通为基本载体，贸易畅通为核心内容，货币流通为重要工具，民心相通为长期保障，繁荣沿线经济活动，带动沿线经济发展，将之建设成为运输顺畅、产业聚集、贸易繁荣、内涵丰富的经济走廊，有力推动该地区走上和谐稳定、携手并进、生态环保、可持续发展的共同繁荣之路！

原载于2014年9月19日人民网

专题三
加强周边合作平台建设，引导制造业就近转移

“一带一路”共建，强调互利共赢，一方面是指一方推进“一带一路”建设能够为他方带来经济效益，另一方面是指也要给自身带来收益，否则就不平衡、不可持续。

我国作为“一带一路”的倡导者，既要大力推进，造福沿线各国人民，又要与自身发展紧密结合起来，服务于我国新常态下的市场开拓、经济增长和结构优化。

我国传统比较优势经过长期弱化，中低端劳动力密集型产品竞争优势与周边国家相比，已不具明显优势，目前向外转移趋势显现。我们不能视而不见，任其一转了之。因为制造业是实体经济的重要基础，是创新的源泉和商业转化的前站，发达国家正汲取教训，实施再制造化战略。同时，我们也不能违背经济规律，坚决阻止。

我们应本着安全、可控、可用的原则引导制造业转移，而周边国家是比较理想的选择，它们处于工业化的加快发展阶段，有承接产业的积极性；同时，离我国本土较近，一方面转移后可保留产业链、供应链联系，另一方面，人员、资产安全更有保障。随着“一带一路”建设推进，基础设施联通性将得到较大改善，运输成本将大幅降低，经济可行性进一步增强。

我国要素低成本优势正在弱化，制造业向东南亚等周边国家转移趋势显现。在此情况下，充分利用沿边工业区、跨境工业区等政策性平台的承载作用，引导

制造业就近转移，在周边国家布局，打造以我国为中心、向外渐次分布的跨国生产运营网络，既是我国制造业转型调整的重要方向，也是推进“一带一路”建设的重要举措。

一、我国制造业就近转移的意义

制造业向外转移，会导致产业空心化，对出口和就业产生较大冲击。但若能顺势而为，主动布局，实现就近转移，则可趋利避害，化危为机，减轻负面影响，对经济发展和周边稳定发挥积极促进作用。

一是有利于巩固提升制造业国际竞争力。制造大国就近向周边布局，可以为我国企业赢得新的发展空间，避免产业链协作成本大幅上涨，确保核心制造能力，并能充分利用邻国优势。两国优势的结合可以把“蛋糕”做大，覆盖产业转移带来的损失。2008 年后，美国鼓励制造业“回流”，但与墨西哥的“合作”却在加强。位于美墨边境的马奎拉多拉出口加工区，将美国的设备、技术、资金和墨西哥廉价的劳动力有机结合起来，已成为美国汽车、电器、服装及其他众多产品的延伸制造基地。

二是便于防控跨境投资运营的政治社会风险。越南排华事件在一定程度上表明，完全基于市场的自发、无组织转移模式在保障中资企业权益方面存在重大缺陷。跨境经济合作区及境外经贸合作区具有国家主权担保性质，且运营者和承建者一般实力较强，与当地政府交往的经验丰富，与单个企业相比，能够提供更有效的安全保护。

三是有助于避开和化解针对我国的贸易抵制。随着我国经济大国地位的不断提升，针对中国的贸易保护和治理权竞争加剧。据英国经济政策研究中心“世界贸易预警”项目监测，2008 年以来，全球 40% 的贸易保护主义措施是针对中国。将部分制造业环节就近向相邻发展中国家布局，可以利用其配额宽松和普惠制待遇较高等优势，有效规避贸易摩擦。

四是有助于“一带一路”建设的务实推进。美、日等发达国家在加快推进 TPP 和 TTIP 的同时，强化了对我国周边国家的拉拢，如对缅甸大规模减免债务，加大援助力度，合作开发迪洛瓦经济特区等，与我国推进“一带一路”形成竞争态势。基于地缘优势，制造业就近向周边布局，可以尽快做实经济合作，增强利益绑定，在大国博弈中争得主动。

二、推进制造业就近转移的有利条件

（1）周边发展中和转轨国家经济呈现快速增长。2003～2013 年期间，与我国陆地接壤的 12 国平均经济增长率约是世界经济增长率的 2 倍，占世界 GDP 的份额由 3.2% 上升为 6.4%；2008 年金融危机后，我国海上发展中邻国经济增长也较快。2008～2013 年期间，与我国隔海相望的印度尼西亚、马来西亚、文莱、菲律宾四国，平均经济增长率也比世界经济增长率高出近 1 个百分点，占世界 GDP 的份额由 1.5% 上升为 2.0%。

（2）我国已与周边国家建立起密切的贸易联系。2013 年，我国与中亚五国贸易额突破 500 亿美元，我国分别是哈萨克斯坦、土库曼斯坦的第一大贸易伙伴，乌兹别克斯坦、吉尔吉斯斯坦的第二大贸易伙伴，塔吉克斯坦的第三大贸易伙伴；我国与东盟贸易额达到 4436.1 亿美元，我国是东盟最大的贸易伙伴。此外，我国也分别是俄罗斯和蒙古国的第一大贸易伙伴，印度的第二大贸易伙伴。

（3）“一带一路”共建倡议营造了良好的外部合作环境。我国提出的“一带一路”合作构想，得到中亚、西亚、东南亚、南亚等许多周边地区国家和一些欧洲国家的积极响应。从实际推进层面来看，已经取得了一些积极成果，和俄罗斯、哈萨克斯坦、土库曼斯坦及东盟等初步达成了一些合作意向。

（4）沿边地区新一轮开放的活力已经显现。对新疆、甘肃、广西、云南、吉林等边疆省份进行的调研结果表明，各地对依托“一带一路”，创新开放模式，深化同邻国的经贸合作持有强烈愿望和积极性。如新疆正积极研究设立亚欧经济合作试验区，广西正加快推进凭祥—同登、东兴—芒街等中越跨境经济合作区建设，云南国家级边境经济合作区已获国务院批准，同时在积极推进瑞丽—木姐、磨憨—磨丁等跨境经济合作区以及缅甸皎漂、老挝万象等境外经贸合作区建设。

三、存在的问题与政策建议

制造业就近向周边布局，需要发挥沿边开放和双边合作等政策性平台的引导作用。建议针对目前政策性开放合作平台建设存在的问题，采取相应举措。

第一，出台边境工业园区和跨境经济合作区建设指导意见。广西、云南等地的调研结果表明，我国沿边地区开展边境工业园区、跨境经济合作区建设的积极性很高，邻国进一步加强合作的意愿也很强，不少企业计划将生产向边境工业园区和跨境经济合作区迁移。但目前出现各地一哄而上的苗头，且采取的政策不规范、不统一、不合理。应加强规划，因势利导，合理布局，明确政策，尽快出台指导意见，充分发挥沿边地区开放前沿和制造业周边合作结合部作用，同时避免重复建设、恶性竞争和低效转移。

第二，明确新时期境外经贸合作区建设发展定位。自 2006 年始，我国已批准建设了 19 个境外经贸合作区。由于设立的主要目的是促进企业“走出去”，建设模式基本上是国内产业的“平行移植”，与国内产业发展联动不够，与国家制造强国发展战略更是缺乏衔接，在利用当地资源服务我国制造升级方面的作用还比较弱。应结合“一带一路”大通道建设需要，进一步明确境外经贸合作区的功能定位，做到有所侧重，充分融入我国主导的制造、服务价值链，并对其布局选址进行指导，完善政策支持体系，强化其在我国全球生产、全球销售中的战略支点作用。

第三，与相关国家建立合作区双边协商和投资保障机制。跨境经济合作区及境外经贸合作区建设涉及他国，目前沟通磋商主要停留在双边地方政府或承建企业层面，而沿边地区开放事权和境外合作事权在国家层面，地方政府和企业处理与周边国家合作事项协调难度较大。建议就跨境经济合作区和境外经贸合作区建设推进事宜，与相关国家建立多层次、常态化和务实性的双边沟通机制，及时解决建设和发展中存在的问题。

原载于 2014 年 9 月 25 日《中国经济时报》

专题四 实现亚太梦不以山海为远

2014 年亚太峰会在北京召开，开幕式上，习近平主席做了重要讲话。

本文发表在《人民日报》的专题评论，指出，“一带一路”是应各国人民对和平与发展的向往，面向沿线乃至世界各国提供的一项重要公共产品，对全球新秩序的形成是个宝贵的福音。呼吁各国摒弃成见，打消顾虑，积极参与进来，携手共建和平、和谐、富裕、繁荣的美好未来。

11 月 9 日，习近平主席在亚太经合组织工商领导人峰会开幕式主旨演讲中表示，中国愿意同各国一道推进“一带一路”建设，并宣布将推动亚洲基础设施投资银行及早投入运作。这必将进一步推动亚太区域经济一体化进程和全方位互联互通，为创造和实现亚太梦想奠定重要基础。

在本届 APEC 确定的议题中，推动区域经济一体化、加强全方位互联互通和基础设施建设这两大议题，都与“一带一路”密切相关。同时，“一带一路”又是新形势下中国追求与世界共赢的重大举措，其所强调的“政策沟通”和“民心相通”，也与本届 APEC 会议聚焦“共建面向未来的亚太伙伴关系”，有着共同的目标和追求，那就是大范围地实现国际关系的长期和谐稳定与经济发展的持续繁荣。这无疑对全球新秩序的形成是一个宝贵的福音。

和平与发展是中国与全世界各国人民共同的向往。中国作为东方文明古国，正继承和发扬丝绸之路精神，致力推动公正合理、均衡普惠、和睦和谐、包容发展的世界新秩序形成。习近平主席在中亚、东盟等不同场合的演讲中，都把“合作”“共建”“友好”作为关键词，无不在传递“亲诚惠容”的善意和诚意。

中国反对“国强必霸”的陈旧逻辑，坚持走和平崛起道路，主动承担大国责任，本着“计利当计天下利”的“天下为公”思想，从各国互助互济发展的实际需要出发，提出平等协商、相互尊重、携手共建现代丝绸之路和全球新秩序。呼吁以更具包容的态度、更加理智的方式处理彼此之间的关系，倡议各国以“沟通”澄清“误解”，以“包容”对待“分歧”，以“合作”消除“障碍”，以“共赢”凝聚“共识”，面向未来建设开放包容、平等友好、真诚相待、互利共赢的伙伴关系，对一些区域仍处于动荡之中的当今世界无疑注入了一股强大的正能量。

明以正道，并予笃行。中国正以实际行动践行自己的开放包容、和平发展理念。具有广泛参与度的亚洲基础设施投资银行已签署政府间谅解备忘录；包含一系列推动“丝绸之路”建设措施的“一带一路”规划业已完成；习主席又宣布中国出资400亿美元，成立丝路基金。在先行担负起推动地区与全球和平发展使命的同时，中国欢迎APEC大家庭成员乃至其他更多的地区和国家参与到和谐、健康国际新秩序营建上来。“志合者，不以山海为远”，中国正以大国胸襟、无比开放包容的态度，期盼与各国携手共进、齐心协力谱写世界发展和人类文明进步的新篇章。

原载于2014年11月10日《人民日报》第9版

专题五 积极稳妥推进基础设施互联互通

设施联通是“一带一路”建设的优先领域，一是对经济增长和国际合作促进作用大；二是需求较为迫切，容易达成共识；三是合作内容边界较为清晰，可操作性较强。

但基础设施联通也面临较多困难和问题，如国外存在战略猜忌，国内存在着盈利质疑，国际协调难度大，商业周期又长等。本文建议在操作层面应确立一定的规则和机制，规范合作行为，降低风险，提高收益，确保设施联通的顺利推进。

基础设施，作为经济活动的不可或缺的重要载体，其重要性不言而喻。世界银行曾发布报告称，基础设施即使称不上经济增长的火车头，也至少可以称作促进其发展的车轮。但由于基础设施具有外部性强、投资量大、运营风险高等特点，在大多数国家，长期存在基础设施建设滞后的问题。

跨境基础设施联通，除了存在国内基础设施建设苛刻的技术经济特性外，而且涉及不同主权国家，政府之间协调以及权责划分和利益分配难度更高，因此存在“久推不进”的现象。世界银行于20年前就提出了加强基础设施建设，亚洲开发银行也早在八年前呼吁各国加强基础设施建设。时至今日，基础设施建设还远远不能满足经济增长的需要。据亚洲开发银行估计，2010～2020年期间，仅亚洲基础设施投资需求就高达8万亿美元。

2008年全球性金融危机爆发后，世界发展不平衡又缺乏深度合作导致的问题和弊端暴露无遗。一些国家去杠杆化后导致消费乏力和投资资金短缺，而资金盈余的国家因缺乏渠道和机制保障又无法使资金投向危机国。开放一体的经济，封闭孤立的政策，两者的不匹配以及强有力合作平台的缺乏大大降低了应对危机的效果。

世界经济要恢复强劲增长，必须同舟共济，共克时艰。为此，无论是去年秋提出的共建“一带一路”，还是今年秋作为东道主的APEC领导人峰会，中国都强调开展更广泛、更具包容性的共赢合作。基础设施作为经济活动的主载体，其互联互通也被提到了非常重要的位置，一系列重大措施和行动都是为之实施和展开，比如中国发起成立的亚洲基础设施投资银行、金砖国家开发银行、上合组织开发银行以及丝路基金，都是不遗余力地推动设施联通，为深化经济合作提供物质基础和技术条件。

中国积极承担大国责任，意图撬动世界经济，使之尽快实现复苏并重归持续稳定增长通道。正因如此，共建“一带一路”和APEC加强互联互通的倡议甫一提出便得到众多国家的积极响应。但与此同时，也存在一些误解和挑战需要澄清和应对。

首先，部分国家还存在战略猜忌。认为中国提倡共建“一带一路”是为了对抗美国主导的TPP和TTIP，加强互联互通是为了扩大自己的战略腹地和势力范围，一些媒体甚至宣称基础设施互联互通后会加大异国军事入侵的风险，危及国家安全。实际上，这些揣测是站不住脚的。中国主张的是开放的区域主义，欢迎任何有意愿的国家和国际组织参与，不是搞封闭集团。中国帮助邻国进行基础设施建设没有政治目的，不附加任何条件，比如铁路建设并不要求与中国同轨同距，在运营环节也不会要求超出资本权益之外的主导权。另外，中国也是贸易投资便利化、自由化的有力推动者，目前国内在通过建设自由贸易园区主动探索扩大开放的路径和模式，对外在积极推进高水平自由贸易网络建设，近期已与较大、较为发达的经济体韩国和澳大利亚结束了自贸区实质性谈判，也在积极与美国、欧盟商谈高标准的双边投资协定。

其次，国内对中国投入“一带一路”建设也存在一些质疑。中国仍是发展中国家，有近1.3亿人口生活在贫困线以下，中西部基础设施建设资金缺口也比较大，为何还将资金投向国外，并且对投资回报也不看好。这是对“一带一路”的建设推进机制缺乏了解造成的。中国倡导的是合作共建，强调的是互利共赢，并不是单方行为；中国倡导成立的亚洲基础设施投资银行、金砖开发银行资金来源都是多元化的，新宣布设立的丝路基金也不排除采取 PPP 模式，并且投向也包括中国在内，即使投向其他国家，也是采取商业运作的方式，有盈利要求，投资项目会有所选择，也会注意通过创新投融资模式来分散风险并满足各方的回报要求。

第三，沿线各国基础设施建设协调存在一定难度。各国经济发展水平、经济活动布局、人口地理分布密度存在较大差异，基础设施建设的侧重点有所不同。比如对于地域辽阔、人口密集的国家，客货运输量大、运输距离远，进行铁路运输符合技术经济要求，而对一些地广人稀、制造业发展滞后的国家，运输量比较分散，公路和民航运输技术经济性可能更强。在安排不同类型基础设施建设优先顺序时就会出现分歧。

第四，跨境基础设施投资涉及国家多、投资回收期长，易受政治因素影响。建设难，维护更难。若相关国家不能从大局出发，从长远利益考虑，很容易出现背离合约的行为，即使这种行为是局部的或者是某一方面的，也会影响到整个项目的建设和运行。鉴于各国均有自己的法律，大多数国际仲裁机构相对国家主权比较弱势，对这种违约行为缺乏充分制裁的能力，跨境设施联通保障问题更为严峻。

基础设施互联互通，毫无疑问，是多方共赢的。沿线各国应正视困难和挑战，一方面要深刻认识增强设施互通的重要性，立足长远和全局利益，坚定合作信念；另一方面要加强沟通，增进战略互信，协力消除合作障碍，减少制度成本。

除了要达成广泛战略共识外，在操作层面还应确立一定的规则和机制，规范合作行为。

一是制定共同行动蓝图。建议沿线国家成立设施互通联合工作组。各国从自身和地区发展需要出发，提出基础设施互联互通重点工程项目建议，经联合国工作组磋商、筛选出重点工程项目，建立项目库，并按重要性、紧迫性、条件成熟度确定建设优先顺序。对资金需求规模进行估算，并与金融机构对接，初步确立融资方案。

二是建立信誉约束机制。联合工作组要对合作中可能出现的问题、风险进行研究和评估分析，提出应对预案。建立合作信誉档案，根据早期合作成效调整后续合作策略，对合作较好的成员方进行奖励，而对不遵守约定的成员方给予信誉降级处理，增加违规、违约成本，提高合作主体的自律性。

三是创新投融资模式。创新和推广 PPP 模式，充分发挥国际性开发性金融机构的融资平台功能和对投资的引领撬动作用，为企业和私人投资提供资金配套、风险担保和信用支持等，在融资端调动社会资源，增强资金供给能力，在投资端分散风险，提升项目经营的风险承受和防控能力。

四是由易到难、务实推进。首先从需求比较迫切、建设难度小、营利性强的项目入手，争取早见成效，发挥示范效应的同时，增加资金储备，为设施互通的持续推进提供源源不断的动力。

与来有为合著，原载于 2014 年 12 月 4 日《中国经济时报》

专题六
立足打造命运共同体，扎实推进“一带一路”合作

本文是土耳其伊斯坦布尔“共建‘一带一路’：历史启示与时代机遇国际研讨会”的背景文章。

文章阐明了命运共同体、责任共同体、利益共同体和发展共同体这四个共同体之间的区别与联系。并指出，“一带一路”合作与打造命运共同体高度相关，充分体现了共同体的理念和本质，是与沿线国家形成休戚与共的命运共同体的根本途径。

对应不同层次的共同体和“一带一路”共建内容，文章提出了具体的政策建议。

“一带一路”战略，是新时期我国统筹陆海开放，协调东西开放，深化与丝绸之路沿线国家经贸、人文、科技、生态等多领域合作交流的形象概括，是对2100多年来丝绸之路精神的传承与发扬，是在新形势下中国与沿线各国共同倡导和提供的一项重要全球公共产品。

习近平总书记提出的“一带一路”合作倡议，得到了沿线各国的高度重视和积极响应。在11月的亚太经合组织会议期间，他又阐释了互联互通和“五通”的新内涵，提出了深化“一带一路”合作的新战略举措，从而把“一带一路”与区域经济合作更加紧密地结合起来。

“一带一路”合作，之所以能够形成广泛的战略共识和越来越多的国际支持，从根本上讲，是因为它所强调的互利共赢、平等合作、共同发展等理念，与

沿线各国渴望和平与发展的诉求高度契合，与团结协作、共同应对全球性挑战的时代要求不谋而合，是人类命运共同体意识的具体体现。扎实推进“一带一路”战略合作，应以打造休戚与共的命运共同体为终极目标，在互利合作中实现共同发展繁荣。

“共同体”一词，就本义而言，是指人们在共同条件下结成的集体。共同体真正为人熟知并成为国际关系领域的重要概念，是在20世纪50年代以来的欧洲一体化进程中，特别是1965年欧洲经济共同体的成立。此后，共同体逐步成为一种较高形态的区域经济合作形式，一体化程度介于关税同盟和经济联盟之间。

目前，世界范围内以共同体形式存在的区域合作组织，主要有欧亚经济共同体、南部非洲发展共同体、西非国家经济共同体等。应该说，经济共同体是“共同体”在区域经济合作领域机制化、平台化的制度安排，是共同体的一种表现形式，但并不仅限于此。特别是，随着近年来经济全球化的深入发展和国际秩序、治理格局的调整重塑，人类面临的共同挑战和外部性问题日益增多，你中有我、我中有你、密不可分的相互依存关系不断加强，更加需要人类携起手来联合应对全球性挑战。因此，对共同体的理解和认识也应超越区域经济合作的范畴，回归其团结、联合、合作、共赢的本质，从而在更高层面、更深层次促进人类共同发展进步。

正是基于这些战略思考，党的十八大报告提出了人类命运共同体的概念，倡导在追求本国利益时兼顾他国合理关切，在谋求本国发展中促进各国共同发展，建立更加平等均衡的新型全球发展伙伴关系。

此后，习近平总书记反复强调共同体理念，先后提出与东盟等周边国家、非洲、拉美、阿拉伯国家打造命运共同体，与法国、德国、欧盟等打造利益共同体等，要让命运共同体意识落地生根。

“一带一路”合作与打造命运共同体高度相关，充分体现了共同体的理念和本质，是与沿线国家形成休戚与共的命运共同体的根本途径。

首先，“一带一路”合作建立在沿线各国谋求经济发展的共同利益诉求基础之上，这是共同体形成的基本前提。没有共同的目标和利益诉求，就无法形成紧密的共同体。“一带一路”涉及60多个国家、44亿人口，国情相似、发展阶段相近，利益交集点多面广。历史上，依托陆海丝绸之路，这些国家之间经济联系密切，人员往来频繁。近现代以来，受资源禀赋、产业分工、地缘政治等因素制约，许多沿线国家在现代化进程中明显落伍。据世界银行统计，2012 年，沿线国家人均国民总收入尚不到世界平均水平的一半，多数属于低收入国家，还有 9 个最不发达国家。这些国家基础设施落后、产业发展滞后、对外开放程度不高、社会发展水平较低，加快经济社会发展、实现国家现代化的愿望十分迫切。“一带一路”合作旨在通过多领域的务实合作，在实现各自发展利益的同时，寻求最大的利益契合点，努力推动沿线各国不断提高发展能力，促进经济社会全面发展，共同提升在全球产业分工和经济格局中的地位，携手完成国家现代化的历史伟业，这是形成休戚与共的命运共同体的前提条件。

其次，“一带一路”合作所强调的平等开放、互利共赢的理念，是共同体的生命力所在。坚持相互尊重、平等协商、互利共赢，是共同体的生机和活力所在。沿线国家经济互补性较强、合作潜力巨大，已形成了一系列合作机制安排，如东盟、欧亚经济共同体、南亚区域合作联盟、海湾合作委员会等。这些合作机制发展程度不一，但总体上还处在“互通有无”的层次，相互投资合作还不够多，产业分工有待深化，合作层次亟待提升。更重要的是，不同机制间的联系、沟通还不顺畅，缺乏更大范围、更高层面的合作安排，制约了相关国家作为一个整体在世界经济格局充分发挥横贯东西、连接亚非欧的地缘优势。“一带一路”合作坚持开放的区域主义，不搞封闭性集团，不针对第三方，鼓励沿线国家各尽所能，优势互补，利益共享，从而将区域合作提升到新的战略高度。同时，“一带一路”合作强调互相尊重、平等协商，各国可就各项合作事务开展平等的对话协商，坚持求同存异，凝聚共识，自愿参与，公平公正、真诚友善地制定合作规则和处理相关事务，这也真正体现了共同体的实质内涵，是其生命力所在。

再次，“一带一路”合作是沿线各国积极应对共同挑战、优化全球治理的有益探索，这是共同体存在价值的具体体现。共同体的存在和有效运作，必须基于成员共同的目标，能够解决共同面临的实际问题。当今世界，随着世界多极化、经济全球化、社会信息化的演进，引发了全球政治经济格局的深刻变革，带来了日益复杂的全球外部性问题，气候变化、粮食安全、核安全、反贫困等旧的治理问题尚未解决，网络安全、海洋权益、反恐怖主义、疾病控制等新的治理问题层出不穷。但与此同时，现有全球治理机制趋于弱化，权威性、有效性和治理效率有待提升，呈现碎片化趋势，治理能力与现实需求的差距扩大。“一带一路”合作是沿线各国针对全球治理中存在的现实问题而进行的积极探索，它将有助于相关国家携手应对气候变化、生态恶化、贸易投资保护、贫困问题、极端主义等现实威胁，共同提供一项新的全球公共产品，是对现有全球治理机制的补充和完善。这也为沿线国家提供了深入合作的制度基础，充分体现了共同体的价值。

应该说，共同体是一个存在不同层次的概念。第一层次的共同体是基于共同的利益形成的，可称为利益共同体。第二层次的共同体还强调权责对等，在实现利益的同时承担相应的责任，可称为责任共同体。第三层次的共同体追求在互利合作中实现共同发展，强调战略协同、规则统一、风险分担、收益共享，可称为发展共同体。第四个层次的共同体，也是最高境界的，就是实现了同气相求、密不可分、命运与共，也就是命运共同体。“一带一路”合作应秉承共同体的理念，务实合作，循序渐进，一步步推动沿线各国从紧密相连的利益共同体，逐步向休戚与共的命运共同体不断迈进。建议从以下方面考虑。

首先，着力推进基础设施互联互通。设施联通是深化经贸合作、加强人员往来的前提条件，也是沿线国家经济社会发展中需要着力补上的短板。一是有关国家应加强沟通，实现基础设施规划的对接衔接，着力打通断头路和交通瓶颈，构建有机联系的综合交通运输网络。二是加快签署公路、铁路、航空运输便捷通关合作协定，统一海关、检验检疫等通关要求，简化沿途手续，提升跨境运输衔接效率。三是创新基础设施投融资机制，发挥亚洲基础设施投资银行、丝路基金的先导性作用，同时还要充分利用现有国际组织的资金和技术援助，通过共建共享加快基础设施薄弱环节建设。

其次，着力提升工业化、现代化发展能力。打造命运共同体，一定要牢牢把握沿线国家对发展的强烈诉求，不仅要从一般意义上的经贸往来、产业投资角度来推进合作，也应从帮助这些国家形成现代化的产业体系、提升经济的自主发展能力方面考虑。一是在经贸合作中要体现正确的义利观，优化贸易结构，促进贸易平衡，特别是针对最不发达国家要适当让利，帮助其培育优势产业。二是扩大对外直接投资，结合沿线国家产业发展的实际情况，拓展我国具有竞争优势的轻工业、食品工业、矿产品加工业、装备制造业、机电产业等的对外投资，直接惠及当地就业和经济发展，通过深化供应链、价值链合作，帮助其融入全球分工体系。三是加强教育培训、技术交流等合作，联合设置技术创新、孵化、交易中心，共同建设高科技产业园等，帮助其提升科技水平和创新能力。

再次，着力深化人文交流、实现民心相通。以丝绸之路精神为纽带，深化与沿线各国的人文交流合作，努力实现民心相通，使命运共同体意识落地生根。可进一步加大互派留学生、联合办学、举办大型文体活动的力度，通过联合开发文化旅游产业、联合防控传染病等方式，使不同文化能够充分地交流融合，实现相互理解、相互认同。还应深化地方、智库、媒体、社会组织等不同渠道、不同层次的沟通交流，不断巩固和扩大与周边国家和睦相处的社会和民意基础。

第四，着力构建生态环保协作机制。“一带一路”沿线的生态环境十分脆弱，水资源短缺、土地荒漠化、海平面上升的生态问题严重。同时，许多国家仍处于工业化、城镇化快速发展阶段，人类经济活动对资源环境的压力仍在不断加大，一些国家也因为水资源问题而产生了尖锐的矛盾。生态环境是人类安身立命的物质基础。“一带一路”合作应着力推进沿线各国生态环保领域的协调协作，在共同推进节能减排、开发清洁能源、发展节水农业、开展联合科考和资源勘探等方面深化合作，在跨界河流水资源开发利用、生物多样性保护、海洋生态监测、极端气候预报等方面建立协调机制，共同保护人类美好家园。

与王辉合作，原载于2014年12月5日《中国经济时报》

专题七　“一带一路”：筑牢和平发展的经济纽带

本文从世界和平与人类文明发展进步的角度出发，分析了“一带一路”对推动和谐、稳定、均衡、普惠国际秩序重塑的重要意义。

文章第一部分指出，共建“一带一路”是沿线各国的务实选择，发展潜力巨大，有着良好的合作基础，开放包容的架构适应沿线各国经济发展现状。

文章第二部分和第三部分重点谈了共建“一带一路”面临的主要问题，并提出了有针对性的政策建议。

当今世界正发生复杂深刻的变化，世界经济格局多极化特征凸现，旧的秩序被打破，新的秩序尚未建立，在各种危机的冲击和影响下，贸易保护、经济制裁、局部摩擦时有发生，网络攻击、极端主义、武装冲突仍对社会和谐、人类文明构成极大威胁。历史告诉我们，只有秉持开放包容、共同发展的理念，国与国之间才能和睦和谐，地区才能和平稳定，国家才能长治久安，人民的福祉才能不断改善。“一带一路”借鉴传承“丝绸之路”这一和平共赢历史符号，致力通过沟通交流，管控好历史遗留的矛盾和分歧，增进战略互信，消除贸易投资合作障碍，发挥各自优势，寻找共赢发展的最大公约数，在发展中解决各种问题，筑牢和平发展的经济纽带，进而推动和谐、稳定、均衡、普惠国际秩序的重塑。

一、共建“一带一路”是沿线各国的务实选择

1. “一带一路”沿线经济有着较大的发展潜力

一方面，“一带一路”人口众多，经济发展水平还较低，尚有较大发展空

间：2013 年，“一带一路”沿线其中 57 国总人口达 43.5 亿，占全球的 61.1%，但人均 GDP 仅为 5050 美元，不到世界平均水平的一半；另一方面，“一带一路”沿线国家经济呈现出良好发展态势，诸多经济增长指标好于全球。如表 1 所示，除贸易增长率在 1990～2000 年期间“一带一路”低于全球平均水平外，“一带一路”各指标在三个时期均高于世界平均水平。

表 1 “一带一路”与世界总体比较（%）

	经济增长率		贸易增长率		投资增长率	
	世界	一带一路	世界	一带一路	世界	一带一路
1990～2000	2.8	3.7	21.0	17.4	6.4	11.3
2000～2010	2.6	6.7	1.5	18.9	9.0	14.8
2010～2013	2.4	4.7	2.8	6.2	9.3	13.9

数据来源：世界银行。

尤其是金融危机后，中亚、东南亚等发展中国家保持较快增长，欧洲经济圈和亚太经济圈之间的“瓶颈”和“薄弱地带”正在不断改善（见图 1），丝绸之路迎来复兴繁荣的重大机遇。

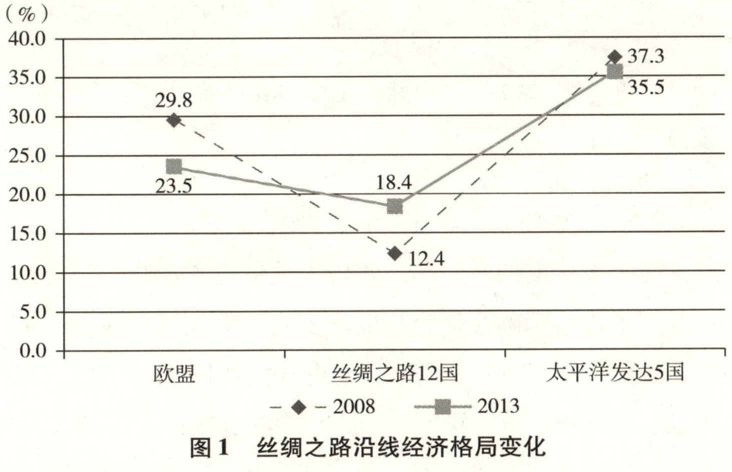

图 1 丝绸之路沿线经济格局变化

注：这里的丝绸之路 12 国为中亚五国、东盟五国、俄罗斯和中国；太平洋发达 5 国为美国、日本、韩国、加拿大、澳大利亚。

数据来源：国际货币基金组织。

2. 共建“一带一路”是适应沿线国家发展水平的合作机制

新兴经济体群体崛起，全球治理权更加分散，超级大国的主导权弱化。在利益协调困难的情况下，多边谈判受阻。发达国家转向推进更高水平的自由贸易区、更具优势的服务贸易领域以及深入国内经济监管政策的投资协定等区域机制建设上，希望通过建立更高水平的自由贸易区和投资协定来提升其影响力。

丝绸之路沿线主要国家多为发展中或转轨国家，一些刚加入 WTO 不久，目前适应更高水平区域机制的难度还比较大。如俄罗斯 2012 年 8 月 22 日正式加入 WTO，也门 2013 年刚获得批准，哈萨克斯坦有望今年加入，乌兹别克斯坦、阿富汗、伊朗等尚在 WTO 之外。

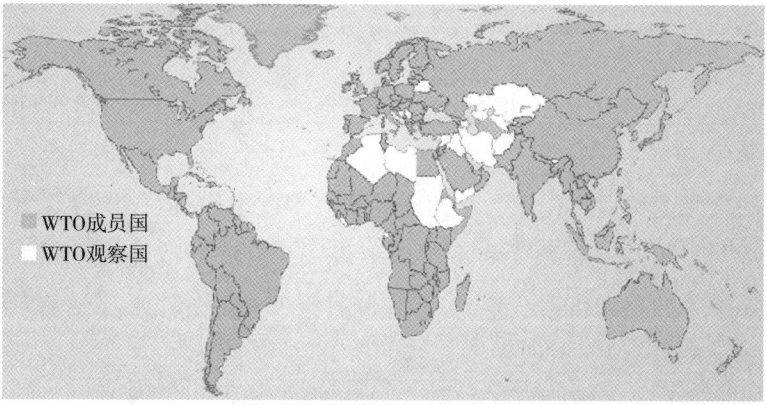

图 2　WTO 成员国与观察国分布

资料来源：WTO。

3. 共建“一带一路”有着良好的合作基础

一是形成于两千多年前的古丝绸之路极大地促进了沿线各国之间的经济交流和人员往来，开创了古代国际交流合作成功模式，形成了深厚的积淀，留下了宝贵的精神财富。“一带一路”甫一提出，就得到沿线国家的积极效应，目前表示积极参与的国家、地区已达 60 多个。二是大多数沿线国家均为发展中国家，经济发展程度较为相近，产业互补性强，合作发展潜力大。据海关总署初步测算，2014 年我国与“一带一路”国家或地区进出口双边贸易值接近 7 万亿元人民币，占同期我国外贸进出口总值的 1/4，增长 7% 左右，是我国进出口总体增速的三倍。作为合作的重点领域，基础设施互联互通是大多数沿线国家比较薄弱的环节，而中国在基础设施建设上积累的丰富经验将有助于提升区域互联互通水平

（见图3）。第三，大部分沿线国家政局稳定，与我双边关系不断改善。中国与中亚等国签署了广泛的经贸合作协定、投资保护协定；中俄全面战略协作伙伴关系建设进入新阶段，致力将中俄全面、平等、互信的战略协作伙伴关系提升至更高水平；中国与东盟贸易合作走过了“黄金十年”，正在倾力打造中国－东盟自贸区升级版，走向“钻石十年”。

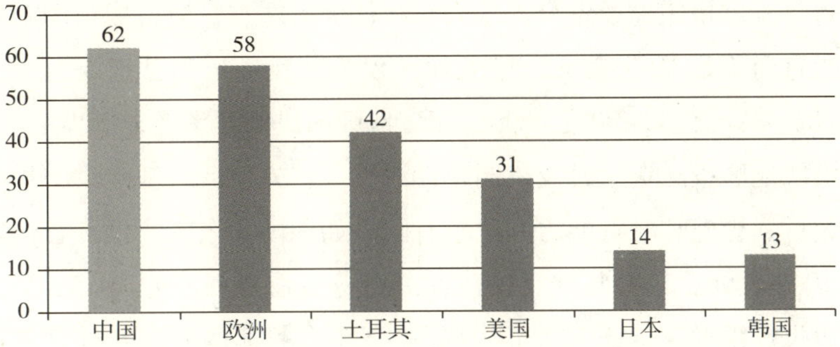

图3 2014年全球250大国际承包商部分国家入围数

数据来源：美国《工程新闻纪录》（ENR）。

二、共建“一带一路”面临的困难和挑战

一是仍存在较高的政治风险。“一带一路”建设是项长期系统工程，不仅需要相关国政府之间达成战略共识，而且需要相邻地区政局稳定。该地区部分国家之间尚存在领土争端，一些国家内部政局也缺乏稳定性，部分地区仍是武装摩擦和冲突的高发地。

二是政策和制度缺乏协调性。该地区不少国家法律不健全、不稳定，自由贸易区建设水平较低，国与国之间仍存在较多贸易投资壁垒，如实施较为严格的许可证准入制度等；海关程序和文件不统一，基础设施建设标准和规范不一致，交通物流运输信号存在差异等等，都对该地区的贸易自由化和投资便利化形成了严重阻碍。

三是各国经济发展的侧重点不同。由于各国经济发展水平、经济活动布局、人口地理分布密度存在差异，发展重点可能不同。以陆上交通运输基础设施建设为例，我国货物运输量大、运输距离远，进行铁路运输符合技术经济要求，而中

亚国家地广人稀，制造业基础薄弱，运输量比较分散，公路和民航运输更符合其目前发展的经济性要求。

四是多数国家建设资金缺乏。据亚行估计，2010～2020年期间，仅丝绸之路沿线亚洲8国[①]基础设施建设所需的投资累计就达5.7万亿美元。我国周边大多数国家经济相对落后，缺乏必要的基础设施投资资金，据亚洲开发银行估算，目前东盟每年基础设施建设资金需求为600亿美元左右，但由成员国筹集的基础设施基金投资尚不足10亿美元；中亚地区仅哈萨克斯坦和巴基斯坦两国所需的基础设施投资累计就达2490亿美元，而该地区国民储蓄率低于世界平均水平。

五是沿线地区投融资平台及机制建设滞后。首先，针对基础设施投资的双边合作基金数量、规模和融资能力都比较有限，如中国和东盟的投资合作基金一期募资规模10亿美元，东盟基础设施建设资金募资总规模不到10亿美元；其次，现有的多边投资机构重点任务在于“扶贫”，正在筹建的亚洲基础设施投资银行和新设立的丝路基金提供的资金有效地补充了资金供给，但与总需求相比差距仍然悬殊；第三，区域和国内的资本市场尤其是债券市场不发达；第四，国际流行的BOT（建造—经营—移交）、TOT（转交—运营—转交）、PPP（公私合伙或合营）等非官方资金利用方式采用很少。

三、政策建议

为使沿线各国发挥各自优势，提升互利共赢，实现该地区的长期稳定、繁荣和可持续发展，应将“五通”有机结合起来，以政策沟通为抓手，道路连通为基础，贸易畅通为载体，货币流通为工具，民心相通为长期保障，硬件、软件和人员流动三位一体，协调推进，繁荣沿线经济活动，带动沿线经济发展，将之建设成为运输顺畅、产业聚集、贸易繁荣、内涵丰富的经济走廊，使之成为韧实的和谐国际关系纽带，为此，提出以下建议。

1. 加强对话沟通，增进政策协调

充分利用现有合作对话平台，如APEC领导人峰会、亚洲合作对话、亚信峰

---

① 即中国、哈萨克斯坦、巴基斯坦、印尼、马来西亚、泰国、菲律宾、越南。

会、上合组织等，就加快自由贸易区建设、联合反恐、建设跨境运输通道、签署和落实运输便利化协定等地区重大合作问题展开磋商，增强沿线各国经济发展规划和政策的协调性，提高贸易自由化和投资便利化水平；并根据发展与合作需要，持续完善全方位、多层级的沟通机制，共同建立和维护稳定、和谐、友善的发展环境。

2. 深化金融合作，共建投融资平台

“一带一路”沿线国家储蓄投资水平存在差异，而且分布具有不一致性。通过共建投融资平台，扩大不同货币互换规模，提高结算效率，不但可以缓解重点建设项目的资金瓶颈，而且可以促进资金在该区域的有效配置，实现较高回报。沿线各国应积极参与亚洲基础设施投资银行和上海合作组织开发银行建设，探讨设立一批多双边共同开发合作基金，联合打造共商、共筹、共建、共营、共享的投融资体系和机制，有力支撑实体经济合作。

3. 相互扩大开放，联合建设经济合作区

经济合作大通道建设必须与经济发展布局有机结合起来，才能解决基础设施经济效益实现问题，实现可持续发展。跨境产业合作区、境外经济贸易合作区等特殊经济园区，边界清晰，易于管控，可作为沿线各国开展优势互补合作的试验区和先导区。中国自 2006 年开始，已与东道国合作建立一批境外经济贸易合作区，目前数量还不够多，规模也比较小，在其发展中还存在诸多问题需要通过加强合作来解决。沿线各国可考虑相互扩大开放，联合推进跨境产业合作区、境外经济贸易合作区建设，采取更为便利化的贸易投资措施，沿交通运输大通道建设一批经济发展支点，对沿线国际合作与经济发展发挥以点带面作用。

表 2　　中国部分境外经济贸易合作区分布

	亚洲	非洲	美洲	欧洲
分布国家	巴基斯坦、柬埔寨、泰国、印度尼西亚、越南、韩国	阿尔及利亚、埃及、埃塞俄比亚、毛里求斯、尼日利亚、赞比亚	墨西哥、委内瑞拉	俄罗斯

资料来源：中华人民共和国商务部。

4. 发挥智库优势，有力促进相互沟通

随着互联网的广泛普及和社会信息化水平的不断提升，以及全球化和区域一体化的深入推进，相关利益主体的参与度和影响决策的因素都在不断加强增多，政府决策面临的形势愈加复杂，更加需要以智库的深入研究为基础。如果沿线国家智库之间先行做好充分的沟通交流，将有助于消除误解，减少政府误判，降低冲突风险，也有助于提前消除政策合作障碍，弥合分歧，加快合作进程；此外，智库专家对社会舆论也有着较强的影响力，智库之间加强合作、加深理解，对民心相通也可发挥示范引领作用。

原载于《中国发展观察》2015 年第 1 期

专题八 一带一路互联互通先要“心通”

“一带一路”提出后，得到大多数沿线国家的支持，但也有国家存在顾虑。针对存在的顾虑，本文提出，除了要加强沟通外，我们自身还应注意做事的方式，要尊重对方的意愿，把握好做事的节奏，尽量与对方的步调一致和淡化单边色彩，保持和谐的氛围，并调动合作伙伴的积极性。

“一带一路”战略构想提出后，经过一年多的深入讨论和高层推动，取得了显著成效，在世界范围内形成了高度共识。目前，“一带一路”得到沿线60多个国家和地区的积极响应，亚洲基础设施投资银行意向创始成员国增至24个，丝路基金设立几将完成，地方政府和相关企业热情高涨，推进实施的条件基本成熟。

善为事者，必善为人；善为人者，必善制心。“一带一路”战略的顺利推进，需要处理好建设过程中纷繁芜杂的各种关系，最终实现打造命运共同体的远大理想。在此过程中，中国除了要积极提供区域公共产品、主动承担国际责任、务实推进沿线经济互利共赢发展，还应注意做事方式，多做换位思考。互联互通，先要做到“心通”。

互联互通是设施硬件、制度软件和情感紧固件三位一体的综合工程，需要搭配合理、相互协调，谨防“孤立独行”。过去，我国企业对外投资存在的主要问题之一就是相互之间缺乏协同配合，甚至偶发恶性竞争。“一带一路”是合作之路、和谐之路、互惠之路，应该成为中国跨国公司走向良性发展的福地。去年，中国力推高铁与核电等重大装备走出去，总计签下价值总额不少于1400亿美元的大单。未来，相关企业应围绕这些重大项目的落地和实施，在政策沟通、贸易畅通、设施联通、资金融通、民心相通这“五通”中寻找适合自己扮演的角色，发挥所长，进而形成以优势产品为龙头、关联服务相配套、人员交流为保障的“立体化走出去”。

其次，实现“心通”要和风细雨，不要狂风暴雨。中国人做事性子急、讲效率，不怕吃苦受累。在国内建设中，正是这种品质创造了深圳速度、浦东奇迹，为世界所惊叹。但“一带一路”合作涉及多方，政府体制、办事效率、社会文化存在较大差异，若以在国内猛打猛拼的方式去做国际合作，效果未必好。若节奏过快，合作伙伴觉得是被拖着走，于和谐不利。中国具有承担更多国际义务和更大国际责任的实力，但也应遵循经济规律和国际惯例，注意与合作伙伴步调一致，不要仓促行事，一心求快。比如，在机制设计和具体操作上应尽量淡化单边色彩、重视调动合作伙伴的积极性和主动性、设置统一的原则和条件，等等。

互联互通，也要把握好尺度，否则过犹不及。首先，在合作伙伴选择上不要过于集中，选择条件好的国家和地区优先推进。当然，“一带一路”是开放性、包容性的合作框架，也要照顾全局。其次，在竞争关系处理上要有节有度，在过去一些国际工程招投标中，国内一些公司出价不到对手一半的情况时有发生，虽是基于劳动力和设备低成本优势，但往往让对手质疑我方是不正当竞争，甚至会被贴上“低端”“劣质”的标签，不利于品牌形象打造。

中国经济总量已居世界第二位，而且还在蒸蒸日上，在“一带一路”建设中，我们要多考虑别国感受。这既是中国一贯奉行的“国不分大小、强弱、贫富一律平等”的国之大同理念，也是“满招损，谦受益”的历史古训。唯其如此，才能既让合作伙伴感受到中国作为大国的责任担当，又能感受到大国的文明底蕴。

原载于 2015 年 1 月 26 日《人民日报》第 5 版

专题九 “一带一路”：是区域的，也是全球的

——简评何立峰在中国发展高层论坛2015年会上的演讲

本文是对中国发展高层论坛演讲嘉宾演讲的评论。突出强调了以下几个观点：一是“一带一路”致力于建立一个更高水平的区域乃至全球性的合作平台；二是“一带一路”是一项系统工程，它不仅是物质上的、制度上的，也是精神上的，需要同时做好硬件、软件和情感紧固件；三是基础设施互联互通是切入点和突破口；四是推进的原则和方式是开放的、包容的。

文章最后指出，“一带一路”是中国深刻总结历史经验教训、全面深入分析国际形势后推出的具有区域特点但具有全球意义的重大合作倡议，是中国承担大国责任主动提供全球公共产品的重要体现。

3月22日，国家发展和改革委员会何立峰副主任就“深化互联互通，推进‘一带一路’”做了精彩演讲。我认为，何立峰副主任讲的以下几点比较重要，同时也谈一下个人理解。

第一，从历史和全球化相结合的视角看待“一带一路”。“一带一路”既是古老的，也是年轻的。说它古老，其已经有两千多年的历史，两千多年来，沿线各国人民不畏艰难险阻，披荆斩棘，在自然条件极其恶劣、技术手段极其落后的情况下，开拓出了不同国家互通有无、众多民族密切往来、各种文明交相辉映的和谐共赢之路，并给我们留下了丰富的文化遗产；说它年轻，今天已经是一个全新的时代，交通运输技术非常先进，航空运输、快轨高铁、高速公路大大缩小了空间距离和时间距离，广泛覆盖的信息网络和先进的信息技术可以瞬间联系你

我，全球化也使我们的命运交织在一起，可以说我们也更有条件、更有需要建立一个更高水平的区域乃至全球性的合作平台。但是我们看到，"一带一路"建设还面临着各种各样的困难，如宗教、文化、社会矛盾纵横交织，地缘热点和冲突不断。这种困难不是自然条件造成的，而是各国缺乏政治互信、存在利益分歧造成的，在这种情况下，沿线各国共建"一带一路"更加需要传承和发扬古丝绸之路的和平友爱精神。

第二，"一带一路"建设是一项系统工程。它不仅是物质上的、制度上的，也是精神上的。只有基础设施、制度规章、人员交流三位一体，"五通"齐头并进，才能合作上愉快，机制上顺畅，经济上共赢，模式上可持续。做好了硬件、软件和情感紧固件，地理空间、物流空间、制度空间和心理空间才能浑然成为一体，激发出无穷潜力。

第三，基础设施互联互通是切入点和突破口。中国有句俗语，"要想富，先修路"，基础设施是大范围、宽领域、高效率合作的基础。"一带一路"主要覆盖亚欧非三大洲，连接亚欧两大经济圈，中间是基础设施发展的薄弱地带，边缘也有落后的经济合作"飞地"，经济合作成本还比较高。沿线国家已经有能力解决这些问题，只要把资源整合起来，一起努力，我们不会输于古人。中国发起筹建亚洲基础设施投资银行就是这个目的，目前进展顺利，发起成员国已经有 30 个左右，表明大家对加强合作推进基础设施互联互通存在共识。

第四，推进的原则和方式是开放的、包容的。2008 年金融危机以来，世界经济复苏缓慢，至今仍面临诸多不稳定、不确定因素，2014 年，主要经济大国又出现了政策分化，增添了新的不确定性。经济上的低迷和萧条，带来了诸多政治、社会的不稳定，一些局部地区冲突未平，而另一些地区冲突又起，暴露出全球维护和平发展秩序公共产品的紧缺，彰显出推进"一带一路"的重要性。"一带一路"虽为中国发起，但中国是本着开放包容、互利共赢的理念，坚持共商、共建、共享的原则，欢迎任何国家、国际组织、企业及私人团体参与进来，相互尊重，平等协商地推进各项合作。

中国这个拥有 5000 多年文明发展史的大国，既经历过长期的和平与繁荣，也经历过战争的摧残和折磨，因此对"和平"的意义有着更深理解，对"包容"

的重要性有着更深刻认识。因此，中国反对“国强必霸”的陈旧逻辑，坚持走和平崛起道路，积极和美国构建新型大国关系，努力与周边国家共同建设稳定和谐的区域秩序，致力于推动世界走出近500年来崛起大国与守成大国热战、冷战的历史宿命。“一带一路”，是中国深刻总结历史经验教训，全面深入分析国际形势，推出的具有区域特点，但具有全球意义的重大合作倡议，是中国承担大国责任主动提供全球公共产品的重要体现。

“风气扬帆正当时，四海同心筑新梦。”我们呼吁沿线各国增进共同体意识，以更具包容的态度、更加理智的方式处理彼此之间的关系，倡议各国以“沟通”澄清“误解”，以“包容”对待“分歧”，以“合作”消除“障碍”，以“共赢”凝聚“共识”，凝智聚力构建开放包容、真诚相待、友好互助、互利共赢的国际新秩序，齐心协力推进“一带一路”建设，为世界的和平稳定、发展繁荣注入强大的正能量。

记者范思立采访整理，原载于2015年3月23日《中国经济时报》

专题十　开放包容　合作共赢

——智库专家眼中的“一带一路”愿景与行动

“一带一路”愿景与行动发布后，光明日报在第一时间对国内一些专家进行了集中采访。在采访中，作者主要谈了两个观点，一是“愿景与行动”的提法与“一带一路”目前建设的阶段相契合，也比“规划”更符合国际惯例；二是基础设施建设是“一带一路”重点工作，目前资金缺口还比较大，应尽快构建跨境投融资大平台、大机制，用全局思维、系统思维设计基本框架。

几天来，一幅明代手绘长卷《丝绸之路大地图》，成为博鳌亚洲论坛文展区最“热”的展品。中外嘉宾纷纷驻足观赏，顺着这条数百年前的“丝绸之路”心驰神游。

更牵动人心的“丝路”，则从历史深处高蹈而来，成了博鳌论坛会场内的最大焦点。有媒体形容：听每场讨论，“一带一路”四个字无时不在。

3 月 28 日，各界期盼已久的国家级规划——《推动共建丝绸之路经济带和 21 世纪海上丝绸之路的愿景与行动》公布，国内外对“一带一路”的关注愈加升温。

从提出倡议到开展探索，从寻策问计到制定规划——在“一带一路”的演进过程中，中国智库从未缺席。

今天，“一带一路”——这条举世最长、最具发展潜力的经济大走廊已呈现出清晰格局。如何理解其定位与内涵？怎样与沿线各国共同打造政治互信、经济融合、文化包容的利益共同体、命运共同体、责任共同体？智库专家们审思明辨，开始了更为深入的思考研究。

造福各国人民的伟大事业——绘就“共同体”美好蓝图

“尊敬的主席阁下……哈萨克斯坦愿积极参与‘一带一路’建设。”3 月 28 日，哈萨克斯坦总理马西莫夫在博鳌用中文发表演讲，诚挚表态赢得全场掌声。

时间回溯到 2013 年 9 月。在对哈萨克斯坦的访问中，习近平主席首次提出“建设丝绸之路经济带”的构想。20 多天后，在印尼国会演讲中，他又发出了共建“21 世纪海上丝绸之路”的倡议。

穿越历史风烟，对接时代呼唤，“一带一路”战略构想巍然问世。

“为什么提出‘一带一路’？是出于负责任的大国心态，也是因为当时的特殊背景。”国务院发展研究中心对外经济研究部研究员罗雨泽指出，2008 年国际金融危机后，国际经济和政治格局发生重大变化，经济多极化特征凸显，部分大国间摩擦增多，甚至有学者宣称国际秩序回归“旧常态”。何以实现永续和平，使国际秩序走出“角逐—对抗—战争”的“修昔底德陷阱”？唯有加强沟通合作，增进互信理解。

提出构想只是第一步。一年多时间，中国用坦荡务实的行动表明了诚意。“无论是‘一带一路’合作的概念、资本还是技术，中国都在提供顶层设计和资源保障。”复旦大学国际问题研究院副院长沈丁立指出，“中国已有能力担当国际合作中的输出者”。

这一过程中，中国对“一带一路”的认识持续深化、更加精准。“例如此次文件不叫‘规划’而叫‘愿景与行动’，更加符合国际惯例。”罗雨泽指出。

中国人民大学重阳金融研究院执行院长王文认为，《愿景与行动》是一个框架性、意向性设计，还会不断完善。“文件吸收了方方面面意见，本身就是开放合作的结晶，是丝路精神的体现。”

细读文件，智库专家的一致感觉是“清晰务实，为战略推进提供了‘路线图’”“体现了我国对民族未来和世界前景的清醒判断”。复旦—甘肃丝绸之路经济带协同发展研究院院长侯杨方认为。

北京大学国家发展研究院副院长卢锋这样总结“一带一路”战略的特点：把互利共赢与互联互通结合起来，寓和平发展理念于具体战略之中；把顶层设计与基层实践结合起来，使规划具有切实的经验基础；把国内发展与国际交往结合起来，成功调动国内外各方积极性；把合作建设与机制创新结合起来，为改善全球经济治理架构务实探索。

“加快‘一带一路’建设，促进沿线经济繁荣与区域经济合作是目的，加强文明交流互鉴是结果，促进世界和平发展是旨归，因而是一项造福各国人民的伟大事业。”中国社会科学院政治学研究所执行研究员冯钺表示。

“为21世纪的国际合作创造新模式”——惠及沿线各国，助推世界发展

和“一带一路”同样“热动博鳌”的，是亚洲基础设施投资银行。

3月29日，澳大利亚、丹麦宣布申请加入亚投行。至此，申请成为亚投行意向创始成员国的国家已增至42个。从2014年10月由中国倡议成立至今，这个全球国际性金融机构中的“后来者”已成为各国无法忽视的存在。

此情形令中国国际经济交流中心理事长曾培炎深感欣悦。2013年博鳌论坛上，他曾基于中心研究成果提出“亚洲基础设施合作倡议”，并建议建立专门的多边投融资平台。今天，这个平台已经成为吸引合作、凝聚力量的“强磁场”。

“亚洲的结构调整和转型发展，关键还是要有实体经济支撑。亚投行和丝路基金就是一种努力，要用今天的资金换取实体经济的未来。”曾培炎表示。

亚投行为何有如此魅力？北京大学国家发展研究院名誉院长林毅夫用“得道多助”点明原因。“亚投行对中国、其他发展中国家和发达国家都有利。中国拥有近4万亿美元外汇储备，将其用于投资基建有利于中国扩大市场份额。发达国家也将从亚投行受益，因为它们最需要的就是世界经济蓬勃发展带来更大的市场。”

对“一带一路”表现出更大热情的，是众多沿线国家。

2014年12月12日，国务院发展研究中心联合三家国际智库，在土耳其主办

了“共建‘一带一路’：历史启示与时代机遇”国际研讨会。从十几个国家和地区参会代表的积极反馈中，国务院发展研究中心主任李伟看到了“一带一路”的深厚根基：“沿线各国都愿意推动经济社会全面发展，尊重彼此核心利益，统筹考虑各国共同利益，为国与国之间的经贸合作和人文交流搭建公共平台、创造有利条件。”

今天，已有60多个沿线国家和国际组织对“一带一路”表达积极态度。“‘一带一路’充分考虑了沿线国家利益，恪守大国外交互信、平等、友好的原则，自会赢得广泛支持。”中国与全球化智库主任王辉耀认为。

中国人民大学国际事务研究所所长王义桅指出，“一带一路”肩负三重使命：探寻后危机时代全球经济增长之道；实现全球化再平衡；开创21世纪地区合作新模式。“它强调共商、共建、共享，为21世纪的国际合作带来新理念，创造新模式。”

“‘一带一路’并不局限于经贸领域，而是文化、生态等全方位合作，搭起的是一座和平发展、文明对话的坚实桥梁。”广东社会科学院产业经济研究所所长向晓梅认为。

“促进区域经济结构调整，释放更大潜力”——为中国带来更好明天

面向世界的“一带一路”，同样深刻影响着中国发展。

国务院发展研究中心对外经济研究部部长赵晋平指出，“一带一路”建设将大幅拉动对外投资，加快国内产业结构升级，带动生产性服务业等产业发展和出口增长，为中国经济提供持久动力。

“通过发展外向型经济解决国内经济问题，是发达国家产业升级、维持经济繁荣的经验，也是解决我国东西发展不平衡问题的良好契机。”王辉耀认为。

“‘一带一路’也是国内区域经济结构调整的大战略，它可以让省份优势互补、相互促进，释放更大潜力。”中国社会科学院副院长李扬指出。

在《愿景与行动》划定的“一带一路”图景中，全国18个省份成为战略重点，陕西、宁夏、新疆等内陆或边疆省区，即将成为对外开放的“新高地”。“它们将被推到开放最前沿，跟国际产业分工接轨，在新的价值链体系里重新找

到自身定位，形成一个更大的、互利共赢的新经济体系。”中国国际经济交流中心信息部部长徐洪才指出。

机遇在前，各个省市早已积极行动。西安市启动了第一批 60 个丝绸之路经济带重点项目；新疆对加快落实丝绸之路经济带核心区建设作出部署，“丝绸之路经济带”旅游合作结出新成果……

经济利好落在民生领域，带来了实实在在的“获得感”。

“随着设施联通的改善及旅游、教育、人文等方面国际合作的加强，老百姓出游将更加便捷，文化生活更为丰富，就业机会也更多。”向晓梅说。

“还要经过一个艰难爬坡的过程”——积极化解挑战，走向共同愿景

“中国已经有世界贸易通道了，为何要复兴丝绸之路?”“‘一带一路’是中国的马歇尔计划吗?”在国外介绍“一带一路”构想时，王义桅屡次被问到这样的问题。

“一带一路”甫一进入国际社会视野，各种误解随之而来，如何增强互信成为首要挑战。

向晓梅认为，化解误读要靠淡化官方色彩、强调民间作用，在市场多赢的原则下推进。徐洪才则更为乐观：“倡议已经得到了绝大多数沿线国家的积极响应，下一步只要扎扎实实向前推进，用行动赢得更多理解。”

未雨绸缪，方能行稳致远。专家们逐一分析挑战，提出对策。

互利互惠是“一带一路”的初衷。然而，各国发展水平、经济布局、人口分布等存在差异，建设重点不同。如何最大限度地兼顾双方利益？向晓梅认为：“要充分了解对方需求，与其已有的发展规划相对接。”卢锋则指出，项目设计要兼顾市场赢利与社会责任，避免短期行为和竭泽而渔；在实施劳动密集型制造业对外转移时，要充分发挥其在促进承接国就业和经济发展方面的积极作用。

基础设施建设是“一带一路”重点工作，但资金缺口不容忽视。罗雨泽提出建议：构建跨境投融资大平台、大机制，用全局思维、系统思维设计基本框架。此框架应具有项目共同选择、资金渠道多元、模式组合设计、分工权责明

确、制度保障多层等特征。

国际化人才短缺也是“一带一路”面临的一道坎儿。如何满足需求？北京外国语大学走在了前面——“未来5年，北外语言专业种类将扩充至超百种，开设所有与我国建交国家相关的语言专业，以此服务‘一带一路’。”北京外国语大学校长、北外丝绸之路研究院院长彭龙介绍。

侯杨方对《愿景与行动》中提出的“扩大相互间留学生规模，开展合作办学，中国每年向沿线国家提供1万个政府奖学金名额”非常赞同。“这正是建设‘一带一路’所需要的。综合性大学应长远谋划，打破现有学科分类布局，实现人才跨学科培养。国家公派留学基金也应向‘一带一路’沿线国家倾斜，培养愿意了解、有志学习、积极投身‘一带一路’建设的人才。”

困难虽多，但智库专家们充满信心。“‘一带一路’的潜力空间中充满新机遇，但还要经过一个艰难爬坡的过程。”赵晋平说。

卢锋认为，中国经济复兴必然会带来全球格局重构，“一带一路”是这个逻辑的现实展开。虽然存在困难，但希望更多。对企业而言，“一带一路”或许正成为又一个“风口”，“如果你的翅膀足够坚强，完全可以飞得更高更远”。

光明日报记者王斯敏、杨谧、曲一琳、张胜采访整理，原载于2015年3月30日《光明日报》第1版。

专题十一　“一带一路”：开创全球合作发展新局面

本文最初发表于《光明日报》，着重指出了“一带一路”与大多数现有及正建设机制的不同。

2008 年金融危机后，世界多极化特征突显，诸多领域新技术集中突破，多边机制建设进程曲折缓慢，区域一体化机制建设加速，部分区域机制具有明显的封闭性、排他性特征，治理问题和治理机制都呈现碎片化趋势。“一带一路”合作框架则不同，它是开放的、包容的，遵循自愿原则，以互利共赢、共同发展为宗旨。同时，它又建立起较为完善的架构，既定位高远，又务实行事，既确保顺利推进，又注意成效和可持续性。

在“一带一路”建设中难免会遇到一些问题和困难，要乐观望之，谨慎待之，客观评之，理性处之，坚持“共建、共享、共赢”准则，抓住几个关键点，与域内外国家和国际组织共同努力，携手将“愿景”变“规划”，将“行动”变“成果”，共创发展机遇，共享丝路繁荣，共同开创区域乃至全球合作新局面！

3 月 28 日，《推动共建丝绸之路经济带和 21 世纪海上丝绸之路的愿景与行动》发布，“一带一路”建设进入新阶段。

“一带一路”是区域的，也是全球的。区域视野下的“一带一路”沿承丝绸之路的历史路线，重点在于加强亚欧非三大洲合作。全球视野下的“一带一路”则有三层含义：首先，通过合作促进沿线地区和平稳定，直接对世界和平做出贡献；其次，在全球化背景下，各经济体利益是息息相通、密切相关的，“一带一路”沿线地区的经济繁荣会带动其他地区的经济增长和人民福利的提升；第三，它搭建的是一个开放包容性的合作框架和平台，并不局限于丝绸之路的历史路线，其他国家只要愿意参与，中国都持欢迎态度。

“一带一路”合作框架体系完备、重点突出。正如习近平总书记指出的那样，政策沟通、设施联通、贸易畅通、资金融通和民心相通是“一带一路”区域合作中最为关键的几个要点，“五通”为打造共同体提供了必需的硬件、软件、情感三大要素，并且定位准确、互为补充：政策沟通为国家之间的合作提供前提与保障；道路等基础设施联通是合作的优先领域和很好的切入点；贸易畅通是重点内容，是互利共赢的载体和路径；资金融通是重要支撑，是配置资源的重要工具；民心相通是社会根基，为“一带一路”建设提供良好氛围。

“一带一路”强调公平互惠，符合大多数国家的利益诉求。“一带一路”沿线大多数国家经济结构比较单一，基础设施落后，对该区域的经贸合作和经济增长形成了严重制约。世界经济论坛发布的数据显示，对于该地区的大多数国家，基础设施竞争力指数在其基础竞争力中都是短板。基础设施之所以落后，一方面是经济发展阶段决定的，另一方面也与该区域缺乏强有力的投融资平台有关。在“一带一路”框架下，中国发起设立亚洲基础设施投资银行、丝路基金会可以在较大程度上缓解这一问题。中国提倡的产业园区合作也可为加速这些国家制造业的发展。

与此同时，中国对给自身带来的好处也毫不讳言，“一带一路”建设将为中国高铁、核电、电信、电力、工程承包等优势产业打开发展空间，交通运输和油气输送等大通道的建成将有助于提升中国的矿产和能源资源安全；金融合作深化和民心相通工程推进将为中国人海外旅游和经商提供较大便利和营造友善环境。

好事多磨。虽然共建“一带一路”是众望所归，但仍不可低估实施过程中面临的风险和困难。“一带一路”建设障碍主要表现在以下几方面。

政治风险。“一带一路”建设是一项长期系统工程，不仅需要相关国家政府之间达成战略共识，而且需要相关各国政局稳定。该地区大国利益集聚，部分国家之间仍存在领土争端，一些国家内部政局也缺乏稳定性，军事对抗和武装冲突不时发生。

制度和政策衔接性差。该地区不少国家法制建设滞后，法律法规不健全，政策不稳定，区域自由贸易区建设水平较低，国与国之间仍存在较多贸易壁垒和投资障碍，如海关程序烦琐、准入限制较多，基础设施建设标准和规范不一致，交通物流运输信号存在差异等，都对该地区的贸易自由化和投资便利化构成了严重障碍。

利益协调存在困难。由于各国经济发展水平、经济活动布局、人口地理分布密度存在差异，建设的重点可能不同。以陆上交通运输基础设施建设为例，我国货物运输量大、运输距离远，进行铁路运输符合技术经济要求，而中亚国家地广人稀，制造业基础薄弱，运输量比较分散，公路和民航运输更符合其目前的发展要求。

基础设施建设资金缺口大。我国周边大多数国家经济相对落后，缺乏必要的基础设施投资资金。目前东盟每年基础设施建设的资金需求为600亿美元左右，但由成员国筹集的基础设施基金投资尚不足10亿美元；中亚地区仅哈萨克斯坦和巴基斯坦两国所需的基础设施投资累计就达2490亿美元，而该地区国民储蓄率低于世界平均水平。

乐观望之，谨慎待之，客观评之，理性处之，是对待以上风险和困难的正确态度。“一带一路”建设顺利推进，应坚持以下策略：

坚持“共建、共享、共赢”准则。“共建”可以分散风险，增强利益绑定，形成合力，增强稳定因素。如创新政府和社会资本合作模式，吸纳东道国政府和民众参与，减小当地政治风险和社会风险；吸纳国际组织或第三方参与，降低双边关系波动带来的风险。通过“共建”达到“共享”和“共赢”，提升合作项目的正当性、公平性，有效减少矛盾。

构建跨境投融资大平台、大机制。“一带一路”建设投融资大大超越了金融领域，涉及国家主权、国际关系、产业布局、社会环境、自然生态等诸多领域，覆盖了战略、政策、技术多个层次，需要用全局和系统思维去考虑、去设计，其基本框架应具有项目共同选择、资金渠道多元、模式组合设计、分工权责明确、制度保障多层等特征，包括项目遴选、规划安排、融资投资、制度保障等多种功能。

注意调动沿线国家积极性。调动相关国家的积极性对“一带一路”建设的成功至关重要。可借鉴欧盟睦邻政策经验，统筹配置地区建设资金资源，尽量减少定向投资。具体操作流程为：建立地区项目筛选机制，确立项目资助选择原则，由项目意向国提出申请，比较筛选，择优选出投资项目。政府配套资金应采取“伞形基金”和浮动预算管理模式，根据双方合作和项目执行情况决定下一步的资助规模和方式。

充分发挥智库作用。面对日益复杂的国际形势，政府决策难度加大，智库作用愈加凸现。智库具有较强的专业性、独立性，在“一带一路”政策沟通中具有独特优势。各国智库可在“一带一路”区域、次区域及双边联合规划制定、合作机制建设、问题争端解决、民心沟通等方面发挥更大作用。

“一带一路愿景与行动”，向沿线各国乃至全世界坦诚公布了中国对待区域合作的立场和态度，表明了中国积极承担大国责任的信心和勇气，彰显了中国“真诚惠容”的外交理念。但它只是“一带一路”建设的开始，在推进过程中，尤其需要沿线国家相互配合，积极磋商，共同努力，携手将“愿景”变“规划”，将“行动”变“成果”，共创发展机遇，共享丝路繁荣，共谱世界和平发展新篇章！

原载于2015年4月1日《光明日报》理论版

专题十二 “一带一路”，激活区域发展潜力

“一带一路”愿景与行动的发布，引起各方广泛关注。在国际上，成为各国探讨合作的重要依托框架；在国内，为扩大投资和拓展市场机遇提供了平台。然而，目前还存在一些对“一带一路”的错误认识，比如，有人称中国是在向外“撒钱”；也有人宣扬中国是在挑战现行国际秩序；还有人散播“中国试图垄断区域市场”的观点。这些错误认识需要澄清。

中国提出“一带一路”倡议，互利共赢是一个非常重要的原则，也是合作可持续的前提。因此，在宏观环境营造、项目选择、投资方式、运营模式、保障机制等方面，都会把降低风险、提高收益作为重要考虑的因素，并采取一些切实可行的措施。如强调企业的主体作用和市场的决定性作用；致力于营造适宜对外投资的环境，确保对外投资的赢利性；呼吁不同国家规划的衔接，倡议签署高水平的贸易投资保护协定，等等。

从国际政治的视角来看，500 多年来，大国之间的关系不是对抗就是竞争，往往因局部矛盾和摩擦，引发大规模乃至世界范围的战争，给人类带来深重的灾难。中国正是看到这些问题，才致力建设不结盟、不对抗、不针对第三方的伙伴关系。而“一带一路”建设，旨在搭建开放包容、互利共赢的合作平台，通过加强合作、利益交融，形成利益共同体、责任共同体和命运共同体，摆脱传统“安全困境”。从全球经济治理视角来看，随着经济格局多极化特征凸现，一方面多边机制建设进程趋缓，治理效率下降；另一方面，需要治理的问题增多，治理机制呈现碎片化，推进合作的全球公共产品出现严重短缺，而“一带一路”正是一个很好的对话合作平台，既是对现有机制的很好补充，也是对其优化改革的有力促进。

对区域发展来说，中国推进“一带一路”建设有利于激活区域发展潜力。自中国加入 WTO 以来，过去显著的低成本竞争优势并没有垄断全球市场，而是大大拓展了全球市场。2001 年至 2014 年，中国从国外进口了近 15 万亿美元的产品，带动了贸易伙伴国经济的发展。如今，中国的成本优势变弱，周边国家这方面优势却在上升，现在谈“倾销全球、垄断全球”缺乏现实和理论依据。中国经济发展进入新常态，在鼓励优势产业“走出去”的同时，加大环境保护与治理力度，积极承担社会责任，不会再走过去国际产业转移伴随污染转移的老路。并且，从全球范围看，环境保护意识在上升，传统国际产业转移模式是行不通的。中国政府强调“优入优出”，无论利用外资还是对外投资都强调环保要求。

“一带一路”旨在搭建合作的平台，营造和谐氛围，它倡导“五通”，而它自身的推进也需要大家“心通”。美好的愿景，理想的蓝图，需要以真诚互信为基础。只要坦诚相见、真诚沟通，做到心智联通、思想畅通，就一定能以“一带一路”为平台，共写人类文明进步的新篇章。

专家观点

“一带一路”建设有利于世界和谐发展

张燕生

关于我国新时期推进“一带一路”建设，国际上总会存在各种不同的声音。

一种是持怀疑态度，担心中国以“一带一路”建设为工具，以亚洲基础设施投资银行、丝路基金为手段称霸世界，推行新殖民主义。

一种是持支持态度，认为中国与沿线发展中国家共建“一带一路”，有利于沿线国家基础设施互联互通，有利于区域南南合作、共享发展，有利于南北互动，开展全方位国际合作。

还有的是担心中国是否会遵循国际标准，是否会兼顾自身利益与东道国利益，是否会履行社会责任和保护环境。

事实上，30年前，邓小平就提出了三个重要论断：一是邓小平说，“对外开放，我们还有一些人没有弄清楚，以为只是对西方开放，其实我们是三个方面的开放”。可见，扩大对发展中国家和转型中国家开放是新时期我国加强全方位国际合作、构建全方位开放新格局的战略要求。二是邓小平说，“要顾全两个大局”，一个大局是沿海地区率先加快对外开放的大局，另一个大局是中西部地区开放开发，东部沿海地区也要服从这个大局。可见，东中西互动，举全国之力，建设“一带一路”，是新时期促进向西开放和西部开发的战略大局。三是邓小平说，“开放是两个内容，一个对内开放，一个对外开放”。“对内开放就是改革”。可见新时期全面深化改革和推动高水平开放是一个硬币的两面，相辅相成，缺一

张燕生，国家发展改革委学术委员会秘书长。本文载于《中国经济周刊》2014年11月17日。

不可。

30年过去了，中国改革开放站在“一带一路”建设有利于世界和谐发展历史新起点上。2013年9月，习近平总书记提出“共同建设丝绸之路经济带”的战略构想。党的十八届三中全会决定提出，建立开发性金融机构，加快同周边国家和区域基础设施互联互通建设，推进丝绸之路经济带、海上丝绸之路建设，形成全方位开放新格局。这就明确了我国新时期形成全方位开放新格局的指导意义与主要任务，丝绸之路经济带建设就成为新时期我国形成全方位开放新格局的战略支点，西部地区也开始进入全方位开放新格局的战略前沿。

建设丝绸之路经济带，形成全方位开放新格局

首先，我国无论从西部经过中亚、俄罗斯至欧洲进入波罗的海，经过中亚、西亚进入地中海，经过南亚进入印度洋，还是从东部进入太平洋，一旦进入海洋，中国将融入整个世界。

其次，我国与沿线国家之间的合作是全方位的，既包括增强与周边新兴经济体、转型中国家和最不发达国家之间的全面经济和技术合作，探索共享发展的南南合作新模式，也包括不断深化与西方发达国家之间的开放合作，成为对标国际高标准体制的新一轮高标准改革的新起点。

再次，西部地区是建设丝绸之路经济带的重要战略合作带，是重要通道、平台、载体、能力建设的直接利益攸关区域；中部地区是建设丝绸之路经济带的重要战略支撑带，是重大装备制造、综合物流、人才开发的后援基地和共同“走出去”基地；东部地区是建设丝绸之路经济带的重要战略提升带，既是高端人才、先进技术、优质商品、现代服务和能力建设的重要策源地，又是离岸贸易、金融、投资、货币的重要运筹地。统筹东中西，运用全国之力建设丝绸之路经济带，是形成全方位开放新格局的重要基础。

建设丝绸之路经济带，构建开放型经济新体制

原有体制难以支撑丝绸之路经济带建设，需要构建新体制。

一是过去以鼓励出口和招商引资为主的外向型模式不能再继续下去了，构建开放型经济新体制，将为丝绸之路经济带建设创造新的开放环境。要实施扩大内需战略，形成国内投资和消费高效率协调增长的长效机制，为丝绸之路经济带沿线国家和地区创造更多的进口需求、对外投资和发展机遇。同时实施经济国际化战略，推进人才国际化、资本国际化、产业国际化、市场国际化和城市国际化进程，为丝绸之路经济带建设创造更加国际化、多元和包容的发展环境。

二是过去的不平衡战略不能再继续下去了，构建市场经济、民主政治、先进文化、和谐社会、生态文明五位一体的新体制，将为丝绸之路经济带建设创造新的制度环境。

三是过去靠政府推动发展的模式不能再继续下去了，构建使市场在资源配置中起决定性作用和更好发挥政府作用的新体制，将为丝绸之路经济带建设创造新的市场环境。其重要特点就是更加公平、规范、透明、有序、法治。为了实现这个目标，就要推进国家治理体系和治理能力现代化，把法无授权不可为和法无禁止皆可为落实，使丝绸之路经济带建设在法治轨道和规范秩序基础上推进和发展。

建设丝绸之路经济带，“走出去”培育国际合作与竞争新优势

我国将通过资本输出方式，带动我国全球贸易布局、投资布局、生产布局的重新调整。如在“一带一路”建设中，我国将以资源型产业和劳动密集型产业为重点，在沿线国家发展“三头在外”（能源在外、资源在外、市场在外）的产业，并进而带动产品、设备和劳务输出。

另一方面，积极与丝绸之路经济带沿线国家增强合作，逐步建设跨境生产和贸易供应链。大力发展本地贸易、离岸贸易、电子商务等多种贸易模式。突破内陆沿边地区发展贸易投资的局限，创造更好的投资和贸易环境，吸引国内及全球最优秀的采购网络、分销网络、结算体系，与沿线国家企业和个人一道，共同扩大双向贸易和投资规模，增加当地就业、税收和经济增加值贡献。

研究表明，2014～2020 年间，中国累计向国外提供的进口商机将达 17 万亿

美元，对外直接投资存量将突破 1.2 万亿美元，将为世界其他国家贡献 700 万个新增就业岗位，对世界经济增长的平均贡献将达到 27%。

中国“一带一路”建设，将用实际行动证明：中国正在给沿线国家和地区带来新的合作机遇和发展前景。

"一带一路"对全球经济治理的价值与贡献

毛艳华

中共中央总书记习近平在2014年11月4日主持召开中央财经领导小组第八次会议时，阐述了"一带一路"倡议的战略意义及其与我国全面参与国际经济合作和提升全球经济治理能力的关系。他指出："丝绸之路经济带和21世纪海上丝绸之路倡议顺应了时代要求和各国加快发展的愿望，提供了一个包容性巨大的发展平台，具有深厚历史渊源和人文基础，能够把快速发展的中国经济同沿线国家的利益结合起来。要集中力量办好这件大事，秉持亲、诚、惠、容的周边外交理念，近睦远交，使沿线国家对我们更认同、更亲近、更支持。"习近平总书记的这一讲话，具有非常重要的战略价值和指导意义，有助于我们认真思考和廓清十八大以来在构建开放型经济新格局下"一带一路"倡议与全球经济治理新构想之间的关系。

"一带一路"倡议是中国主动参与国际经济合作的重大战略

改革开放以来，尤其是2001年加入WTO以来，在全球贸易自由化进程中我国外向型经济发展取得了巨大成功。但是，2008年全球金融危机爆发后，我国经济发展的内外部环境发生了明显的变化。

从外部环境来看，金融危机后发达国家经济正处于复苏与调整之中，市场需求疲弱，保护主义上升，既无法继续大规模进口来自新兴国家的商品，也不愿再

毛艳华，中山大学自贸区综合研究院副院长、教授。本文载于《人民论坛》2015年第2期。

继续承受来自新兴国家的大规模贸易赤字。同时发达国家开始塑造排他性的、更高标准的全球贸易与投资新规则，自由开放的全球多边贸易体系正面临被解体的困境，新兴国家和广大发展中国家的比较优势将因此受到极大削弱，其全球市场与投资来源也都会被大幅压缩。

从国内环境来看，中国需要一种新的战略来推动新一轮的经济发展。一方面，过去三十余年，中国的开放战略主要集中在“引进来”，但现在中国的劳动力工资随经济的发展不断上涨，劳动密集型产业逐渐向周边低成本国家转移，传统的开放战略受到巨大挑战。另一方面，中国的对外投资增长迅速，近十年来对外直接投资流量年均增速达到41.6%，占全球对外直接投资流量的比重迅速上升。例如，2012年中国对外直接投资流量达到772亿美元，成为继美国、日本之后的全球第三大对外直接投资国，对外投资存量已达5319亿美元，从2013年开始，中国已经成为对外投资的净投资国①。正如十八大报告所指出，要加快完善互利共赢、多元平衡、安全高效的开放型经济体系。

习近平总书记提出“一带一路”倡议是中国主动参与国际经济合作的重大战略构想，标志着中国逐步迈入了主动引领全球经济合作和推动全球经济治理变革的新时期。进入21世纪，中国与世界的关系发生了根本性的变化：中国已经成为全球第二经济大国、第一货物贸易大国及第一出口大国、第三投资大国、最大外汇储备拥有国等。中国的经济实力与影响力显著，国内市场容量巨大，资金实力雄厚，在新一轮对外开放过程中，既可以凭借广阔的国内市场吸收新兴国家的商品，也可以为新兴国家提供重要资金来源，逐步有能力满足其外部市场与资金需求。中国作为世界经济的重要引擎之一，为世界经济复苏作出了重要贡献。据国际货币基金组织统计，2014年中国经济对世界经济增长的贡献率为27.8%，是该年度对世界经济增长贡献最大的国家。因此，中国在主动参与全球经济事务的过程中，可以更加主动地提出“中国建议”、“中国方案”，使之成为“世界方案”的一部分。

---

① 王碧珺：“中国参与全球投资治理的机遇与挑战”，《国际经济评论》，2014年第1期。

“一带一路”相关议程着眼于为全球经济治理输出公共产品

在全球化进程中，主动参与全球经济治理，包括平台角色、治理议题设置和公共品提供能力。其中，公共品提供能力建设是全球经济治理机制的核心内容。首先，从理论上讲，公共品提供存在“搭便车”的现象，每个国家都试图搭别国的“便车”，而不希望其他国家搭自己的便车，这便构成了全球治理中公共产品提供的不足问题①。其次，从现有的全球或区域治理平台运行来看，大多数开发性金融机构对发展中国家的议程关注明显不足，并严重制约了发展中国家的整体崛起及其对基础设施建设资金的巨大需求。2013 年 4 月 7 日，中国国家主席习近平在博鳌亚洲论坛 2013 年年会上发表主旨演讲，首次提出：“中国将加快同周边国家的互联互通建设，积极探讨搭建地区性融资平台，促进区域内经济融合，提高地区竞争力。”同年 10 月习近平主席出席 APEC 第 21 次领导人非正式会议，在雅加达同印度尼西亚总统苏西洛举行会谈表示，为促进本地区互联互通建设和经济一体化进程，中方倡议筹建亚洲基础设施投资银行，愿向包括东盟国家在内的本地区发展中国家基础设施建设提供资金支持。2014 年 11 月 8 日在北京举行的加强互联互通伙伴关系对话会议上，国家主席习近平主持会议并发表题为《联通引领发展伙伴聚焦合作》的重要讲话，同时宣布中国将出资 400 亿美元成立丝路基金。

“一带一路”倡议把“互联互通”和融资平台的搭建作为重要议程，发起建立亚洲基础设施投资银行和设立丝路基金，顺应了国际区域经济合作发展的潮流，通过为全球治理输出公共产品也体现了中国作为负责任大国的作用与地位。建立亚洲基础设施投资银行和设立丝路基金主要有四点意义：一是有利于促进中国与周边国家的互联互通；二是为“一带一路”沿线国家和地区提供资金支持；三是有利于拉动中国经济增长；四是有利于加快中国资本账户开放和人民币国际化进程。对“一带一路”沿线发展中国家的基础设施进行大量投资，不仅能够消除增长瓶颈，促进所在国的经济增长，还会拉动其他国家包括发达国家的出

---

① 张宇燕、李增刚：《国际经济政治学》，上海人民出版社 2008 年 1 月版。

口，给发达国家创造结构改革的空间，是一个双赢的战略。

“一带一路”倡议是对全球经济治理理论的重大贡献

在2008年全球金融危机爆发后，面对中国应“担负更多责任”的外在压力和国内经济主体的利益诉求，中国以何种理念、何种战略定位和战略路径参与全球经济治理，在改革和完善全球经济治理体系中担当何种角色和如何发挥作用，既是国际社会的重要关切，也构成了当代中国内政外交政策中的重大理论和实践问题。习近平总书记提出“一带一路”战略构想并要求高举和平、发展、合作、共赢旗帜，秉持亲诚惠容的外交理念，以政策沟通、设施联通、贸易畅通、资金融通、民心相通为主要内容，积极推进“一带一路”建设，与沿线各国共同打造政治互信、经济融合、文化包容的利益共同体、责任共同体和命运共同体，造福沿线国家人民，促进人类文明进步事业。

“一带一路”倡议对全球经济治理理论的重大贡献集中体现在以下四个方面。

第一，从全球经济治理的价值来看，“一带一路”倡议顺应了广大发展中国家改革全球经济治理机制的诉求。近年来，面对金融危机后全球经济增长乏力和经济结构失衡，美欧虽然同意加快全球经济治理改革，但不想自动放弃对全球经济治理的控制权和领导权。“一带一路”以亚洲国家为重点方向，通过互联互通为亚洲邻国提供更多公共产品，致力发展亚洲价值、亚洲投资、亚洲市场，联手培育新的经济增长点和竞争优势，很好地体现了发展中国家的利益。“一带一路”以开放多元的特征推进区域合作的进程，并有可能成为最终推动全球贸易投资自由化的一个新途径。

第二，从全球经济治理的规制来看，“一带一路”倡议是对现有全球经济治理规则的补充与完善。“一带一路”相关议题表明，中国是在不改变现有国际规则的情况下，通过发挥自身优势，搞增量改革，并且充分利用现有的国际规则，推动建立亚洲基础设施投资银行和设立丝路基金等，形成与现有多边开发银行相互补充的投融资开发平台，在现行国际经济金融秩序下，共同促进全球尤其是亚洲区域经济的持续稳定发展。这就很好地避免了历史上常常出现的新兴大国崛起与现存霸权国家和世界体系发生正面对抗和冲突的教训。

第三，从全球经济治理的主体来看，“一带一路”不是一个实体和机制，而是合作发展的理念和倡议。“一带一路”倡议依靠中国与有关国家既有的双多边机制，借助既有的、行之有效的区域合作平台，旨在借用古代“丝绸之路”的历史符号，高举和平发展的旗帜，主动地发展与沿线国家的经济合作伙伴关系，共同打造政治互信、经济融合、文化包容的利益共同体、命运共同体和责任共同体。

第四，从全球经济治理的效果来看，“一带一路”鼓励向西开放，带动西部开发以及中亚国家、蒙古等内陆国家的开发，向国际社会推行全球化的包容性发展理念。“一带一路”是中国主动向西推广中国优质产能和比较优势产业的战略，将使沿途、沿岸国家首先获益，也将改变历史上中亚等丝路沿途地带只是作为东西方贸易、文化交流的过道而成为发展“洼地”的面貌。这就超越了欧美式全球化所造成的贫富差距、地区发展不平衡的困境，从而有助于推动建立持久和平、共同繁荣的世界。

为什么是中国？
——“一带一路”的经济逻辑

卢锋、李昕、李双双、姜志霄、张杰平、杨业伟

作为东亚与欧洲“中间广大腹地国家”共同谋求发展的宏大规划，中国倡导的“一带一路”包含政策沟通、设施联通、贸易畅通、资金融通、民心相通等广泛系统的合作内容。“一带一路”是中国新时期全方位扩大开放战略的重要组成部分，凸显出更加重视与广大发展中国家携手共进谋发展的清晰指向，传递出做长发展中国家经济增长“短板”以培育全球经济新增长点的新思路，体现了开放国策、外交战略、结构调整、促进增长目标之间良性互动关系。中国现阶段生产能力在常规制造与建造方面具有比较优势，在开放宏观经济领域拥有充裕的国民储蓄与外汇储备资源，通过共建“一带一路”，将有机会向世人展示中国是广大发展中国家可靠得力的合作发展伙伴，中国也将通过与广大发展中国家共谋发展而获得广泛利益。

一、亚投行冲击

2015 年中国两会期间代表们热议“一带一路”与亚洲基础设施投资银行（以下简称“亚投行”）议题，3 月 12 日传来英国申请成为亚投行意向创始成员

卢锋，北京大学国家发展研究院教授，李昕，北京师范大学副教授，李双双、张杰平，北京大学国发院博士后研究人员，姜志霄，北京大学国家发展研究院研究人员，杨业伟，北京大学经济学院博士研究生。感谢北京大学苏建文同学的助研支持。本文是北京大学国家发展研究院工作论文。

国消息，17 日法德意等三个欧元区主要国家结伴跟进，成为轰动全球的财经新闻。后来又有澳大利亚、韩国等 20 多个国家陆续申请加入。据 2015 年 4 月 15 日中国财政部发布最新信息，总共有 57 个国家成为亚投行意向创始成员国①。美国政府对中国倡导设立亚投行曾多方抵制，然而除日本外，美国绝大部分重要盟国成群结队加入，成为当代国际关系领域极为罕见的现象。

这一现象在美国也引发主流媒体与重要人士广泛评论。如美国资深国际关系问题专家、彼得森国际经济研究所前所长伯格斯坦（Fred Bergsten）3 月中旬接受不同媒体采访，公开批评美国政府“抵制亚投行是美国犯下的一个巨大错误——它抵制了一家旨在帮助亚洲满足能源、电力、交通、电信和其他基础设施领域数万亿美元投资需求的银行”。这位美国财政部前高官还认为：“美国很多年来一直催促中国在世界经济中成为负责任的利益攸关方并发挥更多领导作用”②，这次消极抵制中国主导设立亚投行，损害了美国在重大外交政策上应当具有内在一致性原则③。

美国前哈佛大学校长、奥巴马首任经济顾问委员会主席萨默斯（Larry Summers）教授 4 月初在《华盛顿邮报》等西方主流媒体撰文，指出中国创建新国际金融机构而美国阻止英国等盟国加入未果，是可与二战后出现布雷顿森林体系比较的历史性事件。他批评美国国会右翼拖延审议 IMF 份额分配改革方案，左派则从环保等方面阻挠基础设施投资，导致美国正在失去经济领导者地位。在他看来，美国这次应对亚投行政策既是策略失误也是战略错判，提示亟须对美国全球经济战略进行系统检讨。他呼吁把亚投行冲击看作是对美国敲响的警钟，在结

---

① 瑞典等七国正式成为亚投行意向创始成员国，财政部国际财金合作司，2015 年 4 月 15 日，http：//gjs. mof. gov. cn/pindaoliebiao/gongzuodongtai/201504/t20150415_ 1217200. html。

② Fred Bergsten，“US should work with the Asian Infrastructure Investment Bank”，the Financial Times，March 15，2015，http：//www. ft. com/cms/s/0/4937bbde – c9a8 – 11e4 – a2d9 – 00144feab7de. html # axzz3Y2jsO4bF.

③ 美国前财政部长保尔森也认为美国在亚投行问题上犯了个不小的错误。他认为美国不应该敦促盟国拒绝加入亚投行，而是应该这么跟中国打招呼：“我们想要与你们合作，向你们在国际标准上提供想法和支持，也可能以观察者角色而非正式成员的角色加入亚投行。”可惜这个错误已经铸成，盟友们也不顾美国的劝说，一个个地加入了亚投行。保尔森对此表示了担心，他认为，奥巴马政府在忙于应对“伊斯兰国”和伊朗等事务的同时，没有指定一个专人负责对华政策，这可能是错误的来源。（卿滢：“保尔森：中国还没那么厉害”，财新网，2015 年 4 月 16 日）。

束政党争斗、重视中产阶级利益、大力鼓励投资等方面调整政策①。

美国国际关系委员会的基辛格高级研究员罗伯特·布莱克威尔（Robert D. Blackwill）4月13日在美国《国家利益》上发表文章，称中国必须被遏制，呼吁美国不能再协助中国崛起。这位曾担任美国驻印度大使、哈佛大学肯尼迪学院副院长的资深专家，把不久前美国在亚投行问题上的溃败，看作是中国崛起挑战美国全球影响力的最好例证。在他看来，由于历史、战略文化和国内政治等方面的深刻差异，美中对未来亚洲力量平衡有着截然相反、互不相容的看法，因而美国有必要从根本上改变对华战略以制衡中国力量上升。但是这位鹰派色彩浓厚的专家也认为，受制于经济全球化的现实，美国新的对华大战略既不能以遏制为基础，也不能突然放弃长期以来让中国融入国际体系的做法，而是要通过重振美国经济以保持不对称经济优势等五方面措施加以应对②。

如何理解亚投行冲击？亚投行不过是一个新的区域性开发性金融机构。过去几十年世界不同地区用不同方式早已建立了好几个类似机构，亚投行不是第一个也不会是最后一个。亚投行之所以能在全球范围引发超乎寻常的反响，甚至在美国主流精英层引发焦虑与争论，原因不仅在于亚投行本身的直接功能与影响，而且在于这是中国作为当今最大新兴国主动采取的一次重大经济外交战略，在于其背后是中国与众多国家决心共建“一带一路”的宏大愿景与行动，在于进入21世纪以来中国经济追赶加速并伴随全球经济版图快速重构的背景环境。亚投行变局的热点新闻元素看似突兀而起，其根源伟力则根植于当代经济格局的历史性转变，并将成为推动这个进程的重要变量。

因而，从“一带一路”入手认识亚投行冲击现象，为理解当下快速展开的全球经济演变大势提供了一个难得的观察和研究视角。本文初步考察中国倡导“一带一路”战略的经济逻辑。首先简略描述“一带一路”战略的含义、缘起与背景，接着从经济外交战略、全球经济增长、国内结构调整等方面分析“一带一

① Larry Summer, “The US may have lost its role as the world's economic leader”, the Washington Post, http://www.businessinsider.com/larry-summers-the-us-has-lost-its-role-as-the-worlds-economic-leader-2015-4.

② Robert D. Blackwill, Ashley J. Tellis, “Wake America, China must be contained”, The National Interest, April 13, 2015, http://nationalinterest.org/feature/wake-america-china-must-be-contained-12616.

路”的多重战略定位，然后从中国阶段性生产能力结构与开放宏观经济特点角度探讨中国实施“一带一路”战略的独特优势条件，最后讨论实施“一带一路”战略的影响、困难与政策选择。

二、“一带一路”的内涵、缘起与背景

1. 概念内涵

“一带一路”全称是“丝绸之路经济带”与“21世纪海上丝绸之路”。依据2015年3月28日中国国家发展改革委、外交部、商务部经国务院授权发布的《推动共建丝绸之路经济带和21世纪海上丝绸之路的愿景与行动》①（下面简称“愿景与行动”），“一带一路”是东亚经济圈与欧洲经济圈“中间广大腹地国家”共同合作谋发展的宏大行动规划。“相关的国家基于但不限于古代丝绸之路的范围，各国和国际、地区组织均可参与”，意在“让共建成果惠及更广泛的区域”②。“一带一路”现阶段包含五个重点地域合作方向。丝绸之路经济带重点畅通三条线：一是中国经中亚、俄罗斯至欧洲（波罗的海），二是中国经中亚、西亚至波斯湾、地中海；三是中国至东南亚、南亚、印度洋。将“依托国际大通道，以沿线中心城市为支撑，以重点经贸产业园区为合作平台，共同打造新亚欧大陆桥、中蒙俄、中国－中亚－西亚、中国－中南半岛等国际经济合作走廊”。21世纪海上丝绸之路重点方向包括：从中国沿海港口过南海到印度洋，延伸至欧洲；从中国沿海港口过南海到南太平洋。“海上以重点港口为节点，共同建设通畅安全高效的运输大通道”。“愿景与行动”特别提到“中巴、孟中印缅两个经济走廊与推进‘一带一路’建设关联紧密，要进一步推动合作，取得更大进展”。

“一带一路”重点合作内容则体现为“五通”。第一，中外沿线国家共同协

---

① 国家发展改革委、外交部、商务部：“推动共建丝绸之路经济带和21世纪海上丝绸之路的愿景与行动”，国家发展改革委网站，2015年3月28日，http：//www.sdpc.gov.cn/gzdt/201503/t20150328_669091.html。

② “‘一带一路’这个提法很有远见，在地域上没有严格设定，有灵活性，覆盖相当多的发展中国家”（周小川：“丝路基金起步运作　不是中国版马歇尔计划”，《第一财经日报》，2015年2月16日）。

调发展规划与加强政策沟通是共建一带一路的前提①。第二，沿线国家大力建设基础设施实现互联互通是“一带一路”的优先领域。第三，扩大沿线国家扩大贸易与相互投资实现贸易畅通是“一带一路”建设的重点内容，第四，通过十大措施促进金融合作与资金融通是共建“一带一路”的关键支撑。第五，沿线国家开展广泛的社会和文化交流实现民心相通是“一带一路”建设的社会根基。

2. 推出过程

中共十八大和2013年“两会”完成中国最高权力平顺交接，习近平就任国家主席后在2013年博鳌亚洲论坛主旨演讲中提出“一带一路”最初构想，过去

---

① “‘一带一路’战略频获世界点赞，沿线已有50多个国家积极响应，并愿同各自的发展战略相互对接，争取实现早期收获成果。……哈萨克斯坦的‘光明大道’、斯里兰卡的‘马欣达愿景’、印度的‘杰出印度’战略也都与‘一带一路’许多内容不谋而合”（陈聪：“推进‘一带一路’建设工作会议：50多个国家积极响应”，新华网，2015年2月2日）。中国与哈萨克斯坦在发展规划对接合作方面呈现凸显。2014年12月14日，李克强出访哈萨克斯坦期间与哈总统纳扎尔巴耶夫举行会谈。会谈原本是“常规套路”，当哈方介绍正在推进的“光明之路”计划，并表示愿向中国出口铁矿石、农产品等进行合作意向。李克强当即回应：我们为什么不在“光明之路”上进行深入的产能合作呢？此前一个月，纳扎尔巴耶夫刚刚在国情咨文中提出了新经济政策“光明之路”计划，其核心是加强本国的道路等大规模的基础设施建设，以应对经济下行的压力。李克强的一句建议，将哈萨克斯坦基础设施的巨大缺口与中国富余优质产能对接起来，正好契合了双方利益的交汇点，从而引起哈总统的高度兴趣。这场原定交互传译半小时的会谈，也因此不断“加时”，变成了一个半小时的同声传译。次日一早，李克强与哈总理马西莫夫共进早餐时，再次就深化产能合作深入磋商，并初步达成一份涉及基础设施、公路、住房领域的总价值180亿美元的大单。一位业内人士对媒体评价说，总理此行“敲定合作项目时间快得惊人、项目大得振奋人心”。随后3个月时间，已签约项目规模达到236亿美元。从天寒地冻的阿斯卡纳，到春意盎然的北京，当李克强（2015年3月）27日与马西莫夫再次相见并举行会谈时，中哈产能合作已经有了成效颇丰的进展。马西莫夫介绍说，李克强总理去年访哈结束后，哈萨克斯坦方面迅速调整了他们的“光明之路”新经济政策，以便更好与中哈“产能合作计划”对接。两国总理3月27日当天见证的33份重要合作文件，更是涉及钢铁、有色金属、平板玻璃、炼油、水电、汽车等广泛领域的产能合作。对于下一阶段如何深化合作，李克强总理提出三条建议：一是便利产能合作的相关人员往来，开设“特殊通道”。二是在合作早期以中方人员为主的基础上，加大对哈方工人的技能培训。三是为相关项目提供更好的金融支持。对李克强的“经验之谈”，马西莫夫听得特别专注。他说：“前不久中国召开‘两会’，我认真阅读了您所作的政府工作报告。在当前背景下，只有实施产能合作，才能推进中哈两国经济取得‘新突破’。”在李克强看来，“产能合作”并不仅是中哈两国抵御经济下行压力的良方，也会为与相关国家类似合作提供“范式”。在与马西莫夫的会谈中，他明确表示，中方希望中哈产能合作不仅有利于中哈两国，也希望成为一种双边合作的新模式。他说：“我们下决心把哈萨克斯坦作为一个互利共赢的合作‘样板’，探索中国和其他国家进行产能合作的新模式。”马西莫夫说，去年您在哈萨克斯坦首次提出“产能合作”的重要概念，感谢中方首选哈萨克斯坦进行这种新模式的合作。“这几个月，总有其他国家领导人询问我们和中国的产能合作是怎么搞起来的？能不能和我们也进行这样的合作？”马西莫夫风趣地说，“我总是告诉他们，等我们先和中国合作好了，基于和中国合作的经验再跟你讲”（“中哈产能合作：李克强务实外交‘新样本’”中华人民共和国中央人民政府，2015年3月29日）。

两年多来这个构想逐步发展成型与付诸实施，构成观察"一带一路"战略推出过程的基本线索。过去两年多仍属于"一带一路"战略初创时期，具体观察可分为三个阶段：一是提出设想与明确概念的前期阶段，二是制定规划与建立机构的中期阶段，三是推出规划与准备实施的最近阶段。

前期阶段大体是2013年春季到秋季，"一带一路"战略完成从初步构想到明确概念的转变。2013年4月，习近平主席在出席博鳌亚洲论坛演讲中指出："中国将加快同周边地区的互联互通建设，积极探讨搭建地区性融资平台，促进区域内经济融合，提高地区竞争力。"① 这里已凝练表述了"一带一路"战略包含的基本要素和思路：致力于互联互通、创设新融资平台、促进区域内经济一体化等等。

2013年9月习近平主席访问哈萨克斯坦首提构建"丝绸之路经济带"设想②。2013年10月习近平主席访问印度尼西亚时提出共建"21世纪'海上丝绸之路'"，并倡议筹建亚投行③。2013年10月3日习主席在印度尼西亚国会发表演讲时指出："中国倡议筹建亚洲基础设施投资银行，愿支持本地区发展中国家包括东盟国家开展基础设施互联互通建设。……中国愿同东盟国家加强海上合作……，共同建设21世纪'海上丝绸之路'"④。

2013年10月李克强总理在出席第16次中国—东盟（10+1）领导人会议讲话中也提到，考虑到本地区有些国家改善基础设施条件需要解决融资问题，中方倡议成立"亚洲基础设施投资银行"⑤。2013年11月通过三中全会《全面深化改革若干重大问题的决定》，要求"加快同周边国家和区域基础设施互联互通建

① 习近平："同创造亚洲和世界的美好未来——在博鳌亚洲论坛2013年年会上的主旨演讲"，新华网，2013年4月7日，http：//news. xinhuanet. com/politics/2013 -04/07/c_ 115296408. htm。

② 习近平："弘扬人民友谊 共创美好未来——在纳扎尔巴耶夫大学的演讲"，新华网，2013年9月7日，http：//news. xinhuanet. com/world/2013 -09/08/c_ 117273079. htm。

③ "习近平同印度尼西亚总统苏西洛举行会谈"，新华网，2013年10月2日，http：//news. xinhuanet. com/2013 -10/02/c_ 117587755. htm。

④ 习近平："携手建设中国-东盟命运共同体——在印度尼西亚国会的演讲"，中华人民共和国中央人民政府网站，2013年10月3日， http：//www. gov. cn/ldhd/2013 -10/03/content_ 2500118. htm。

⑤ 李克强："李克强总理在第16次中国—东盟（10+1）领导人会议上的讲话"，新华网，2013年10月9日 http：//news. xinhuanet. com/world/2013 -10/10/c_ 125503937. htm。

设，推进丝绸之路经济带、海上丝绸之路建设，形成全方位开放新格局”[1]。至此，中国最高层已明确提出“一带一路”战略。

2014 年前后紧锣密鼓地制定规划与筹创相关机构。依据公开报道信息，有关部委和国务院至少召开三次专门会议，研究、部署和推动共建“一带一路”工作。2013 年 12 月，国家发改委和外交部联合召开“一带一路”建设座谈会，陕西、广西等西部 9 省区市与江苏、福建等东部 5 省人员参加，研讨一带一路建设具体思路设想[2]。2014 年 10 月 10 日，国务院在西安召开了推进“一带一路”建设工作座谈会，讨论部署有关具体工作[3]。2015 年 2 月 1 日，中共中央常委、国务院副总理张高丽在北京主持召开推进“一带一路”建设工作会议，安排部署 2015 年及今后一段时期推进“一带一路”建设的重大事项和重点工作[4]。媒体报道“一带一路”领导小组的高规格“一正四副”名单：国务院副总理张高丽担任小组组长，四名副组长分别为中共中央政策研究室主任王沪宁、国务院副总理汪洋、国务委员杨晶和国务委员杨洁篪[5]。

同时积极进行机构创新，创设“两行一基”。2014 年 10 月 24 日，中国等 21 个首批意向创始成员国的财长和授权代表在北京签约，共同决定发起成立亚洲基础设施投资银行[6]。11 月 4 日习近平主席提出要以创新思维办好亚洲基础设施投资银行与丝路基金，明确“发起并同一些国家合作建立亚洲基础设施投资银行是要为‘一带一路’有关沿线国家的基础设施建设提供资金支持，促进经济合作；设立丝路基金

---

① 中国共产党中央委员会：“中共中央关于全面深化改革若干重大问题的决定”，新华网，2013 年 11 月 16 日，http：//www. sn. xinhuanet. com/2013 – 11/16/c_ 118166672. htm。

② “国家发展改革委与外交部联合召开推进丝绸之路经济带和海上丝绸之路建设座谈会”，国家发展改革委员会网站，2013 年 12 月 16 日，http：//www. ndrc. gov. cn/xwzx/xwfb/201312/t20131216_ 570632. html。

③ “张高丽在西安主持推进‘一带一路’建设工作座谈会”，新华网，2014 年 10 月 11 日，http：//www. sn. xinhuanet. com/2014 – 10/11/c_ 1112786033. htm。

④ “张高丽：努力实现‘一带一路’建设良好开局”，新华网，2015 年 2 月 1 日，http：//news. xinhuanet. com/politics/2015 – 02/01/c_ 1114209284. htm。

⑤ ‘一带一路’领导班子‘一正四副’名单首曝光，联合早报网，2015 年 4 月 5 日，来源：新华网。

⑥ “21 国签约决定成立亚投行　搭建亚洲互联互通新平台”，新华网，2014 年 10 月 24 日，http：//news. xinhuanet. com/ttgg/2014 – 10/24/c_ 1112967382. htm。

是要利用中国资金实力直接支持‘一带一路’建设”①。2014 年 12 月 29 日丝路基金正式注册，2015 年 1 月 6 日召开了第一次董事会，标志基金开始运作②。2014

① “习近平：要以创新思维办好亚洲基础设施投资银行”，中国新闻网，2014 年 11 月 6 日，http://www.chinanews.com/gn/2014/11-06/6759286.shtml。业内人士观察，世界银行、亚洲开发银行、欧洲投资银行等五大发展银行，其年度贷款占认缴资本比例，高的如欧投行达到近 1/3，低的不到 10%。据估计亚投行未来正常运作后每年贷款规模应在 300 亿美元之内（张涵、罗瑞兴：“业内称亚投行每年最多贷 300 亿美元 注重长远利益”，《21 世纪经济报道》2015 年 4 月 7 日。）

② 周小川在一次媒体访谈中详细介绍了丝路基金功能定位及其与亚投行关系。大家都知道商业银行是做贷款业务的，多边开发银行也主要是做贷款融资的。近年来，多边开发银行，包括区域性的多边开发银行出现了一些变化，虽然像过去一样主要做贷款，但是，有一部分开始涉足直投这样的投资方式。比如，世界银行过去做贷款，同时有一小部分业务是减贫和援助性的，后来它的国际金融公司（IFC）也做直投。泛美开发银行、非洲开发银行都有类似的尝试。从资金的需求方来看，现在有些项目希望寻找股权投资。就股权投资而言，比较多的是 PE（private equity），通常其投资期限是 7~10 年，对于一些发展中国家中长期的基础设施建设而言，就嫌短了一些，最好有一部分资金的期限能够到 15 年或者更长。因此，从项目需求的角度看，存在对比 PE 期限更长的中长期资金的需求，比如说公路、铁路建设。从资金的供给方来看，由于全球储蓄过剩（saving glut），相对而言不难寻找贷款形式的资金，但通常其期限比较短，价格也相对不菲。而私人 PE 尽管各有差异，但总体而言，期限不容易太长。因此，缺少的是中长期的投资资金。在这样的情况下，就出现了一些期限比较长期的基金，例如一些产油国的基金，其中有私人的，有政府的，也有准政府的，等等。中国可以做一些中长期的、以股权为主的基金。期限可以再长一些，瞄准一些有战略意义中长期项目。同时，股权投资基金也可以和别的融资模式相配合，例如，有了一定股本比例，贷款也就相对容易获得了。在“一带一路”未来会有大发展的背景下，需要将一些可以做出中长期承诺的资金，用于“一带一路”有关的项目和能力建设，包括相关产业行业的发展，也包括通信、道路等基础设施建设。总之，有这方面的需求，丝路基金也就应运而生了。（丝路基金）是投资周期更长的 PE。（对于“回报率介于 PE 和储备之间”问题），主要是回报期限比较长，从回报率来讲，要求不一定高，但是由于期限长，可以拿到长期的回报。一般而言，一些期限比较长的项目，初期可能拿不到回报，最初几年是宽限期，但到了后期，回报可能会比较稳定。就比如中东的某些基金，也是需要回报的，只不过对回报的需求没有那么急切。丝路基金将来与这类基金也有合作机会。（对于“丝路基金是主权财富基金吗?”问题）丝路基金目前未使用主权财富基金的概念。主权财富基金有一定的国家色彩，它强调“财富”的增加，多数主权财富基金在股票、债券、并购上有显著的配置。丝路基金可能会更注重合作项目。当然，也要避免概念上产生道德风险（moral hazard），别人说你是主权财富基金，你的钱给我，就算是国家援助了。丝路基金在外还是应大致上看作 PE，是回收期限更长的 PE。（对于“PE 背后一般没有国家战略”问题），对中国而言，国家战略并非只强调中国的利益，而更加强调对外开放，与新兴市场和发展中国家共同发展，也是全球经济未来趋势的重要组成部分。丝绸之路在历史上的意义就是通过贸易发展，实现大家互利共赢，因此，未来丝路基金管理层在选择项目的时候，显然也会建立在互利共赢的理念之上。“一带一路”已逐步在若干国家领导层面上形成战略共识，而对丝路基金来讲，这是投融资的机会。为此，战略是更高层面上制定并推行的，丝路基金则是抓住机会，提供金融支持和服务。（对于“有些人把丝路基金称为中国版的‘马歇尔计划’，这是不是一个恰当的提法”问题），我认为这个提法不恰当，“马歇尔计划”是二战之后美国特殊地位产物。今天，中国人均 GDP 约 7000 美元，位于中等收入国家水平，在全球的情况和当年美国有很大不同。中国的人均 GDP 在全球才刚刚算是中等收入国家的水平，我们还在努力“奔小康”。因此，从本质上说，丝路基金和“马歇尔计划”不一样。（“周小川：丝路基金起步运作，不是中国版马歇尔计划”，《第一财经日报》，2015 年 2 月 16 日）。

年7月15日，中国、巴西、俄罗斯、印度和南非在巴西福塔莱萨签署协议，成立金砖国家开发银行①，其功能定位与“一带一路”战略也有交集。

2014年11月APEC北京峰会期间，习近平主席在有关演讲中全面阐述“互联互通”：“我们要建设的互联互通，不仅是修路架桥，不光是平面化和单线条的联通，而更应该是基础设施、制度规章、人员交流三位一体，应该是政策沟通、设施联通、贸易畅通、资金融通、民心相通五大领域齐头并进。”“互联互通”既涉及道路等基础设施的“硬联通”，也包括规章制度方面的“软联通”，还将推动人员流动的“人联通”②。

以2015年中国两会热议与3月中下旬亚投行旋风为标志，“一带一路”引发更为广泛的关注。3月5日李克强总理做“政府工作报告”，在第三部分“把改革开放扎实推向纵深”中指出：“构建全方位对外开放新格局。推进丝绸之路经济带和21世纪海上丝绸之路合作建设。加快互联互通、大通关和国际物流大通道建设。构建中巴、孟中印缅等经济走廊。”在第四部分“协调推动经济稳定增长和结构优化”中要求：“把‘一带一路’建设与区域开发开放结合起来，加强新亚欧大陆桥、陆海口岸支点建设”③。两会热议“一带一路”，各省区市有关负责人普遍表示将积极参与“一带一路”规划实施。3月28日三部委授权发布《愿景与行动》，全面阐述中国政府有关共建“一路一带”战略的时代背景、共建原则、框架思路、合作重点、合作机制、中国地区开放态势、中国政府行动，为“一带一路”战略提供了总体规划蓝图④。

3. 背景条件

中国推出共建“一带一路”不是偶然的，而是进入新世纪以来特别是后危

---

① “中国、巴西、俄罗斯、印度和南非签署协议成立金砖国家开发银行”，新华网，2014年07月16日，http://news.xinhuanet.com/2014-07/16/c_1111631353.htm。

② 习近平：“联通引领发展 伙伴聚焦合作——在‘加强互联互通伙伴关系’东道主伙伴对话会上的讲话”，新浪网，2014年11月8日，http://finance.sina.com.cn/china/20141108/224520768110.shtml。

③ 李克强：“2015年政府工作报告”，人民网，2015年3月5日，http://lianghui.people.com.cn/2015npc/n/2015/0305/c394298-26642056.html。

④ 国家发展改革委员会、外交部、商务部：“推动共建‘一带一路’的愿景与行动”，新浪网，http://news.sina.com.cn/c/2015-03-28/140031655780.shtml。

机时代中国经济内外发展环境发生深刻演变的产物。

第一，新世纪初年中国经济快速追赶与全球增长格局演变客观要求中国提出“一带一路”战略。进入新世纪以后，中国经济基数规模增加，加上巴拉萨效应持续发力伴随人民币实际汇率升值趋势逐步展开，以汇率折算美元衡量的中国经济追赶速度大幅提速，使得中国经济在全球经济版图中地位和影响力空前提升。

改革开放时代中国经济持续高速增长，然而如以2000年分界把30多年分为两个时期，可见进入新世纪后中国用市场汇率折算美元衡量的经济增速大为提升。比较1978~2000年与2001~2013年前后期，后期用本币衡量GDP总量年均实际增速是前期1.03倍，考虑GDP平减指数名义年均增长率0.89倍，两阶段增速比较接近。然而用汇率折算美元衡量，后期GDP总量与人均GDP年均增速相对前期都是两倍多，上述两指标增量水平更是前期八倍多。新世纪中国经济追赶提速远远超出早先国内主流预期。比如2005年中国官方对中国经济前景预测认为，到2020年中国GDP总量将达到4万亿美元，人均GDP达到3000美元。实际上，2014年中国GDP可能首次突破10万亿美元，人均GDP过7000美元。

中国追赶提速是21世纪初叶世界经济史的最重要事件，十亿人口量级大国快速追赶快速改变全球经济格局。中国GDP全球增量贡献比从2001年8.9%上升到2013年38.1%，而2013年美国全球贡献比趋势值只有16.2%，其他金砖国为11.3%，欧元区接近零值，日本贡献为负值。中国资本形成的全球增量贡献比趋势值从2001年17.1%上升到2013年67.2%，2013年美国和其他金砖国该指标为10.8%和6.9%，欧元区与日本则略低于零。中国总消费全球增量贡献比趋势值，也从2001年5.3%上升到2013年28.4%，超过2013年美国和其他金砖国该指标的15.9%和14.9%。经验事实显示，中国经济已多年稳定成为全球经济增长的最大增量贡献国。

后危机时期，发达国家受其深层结构困难制约，或复苏乏力，或仍在衰退边缘徘徊，难以引领全球经济增长。另一方面，广大发展中国家不仅对全球经济增长实际贡献提升，与中国经贸投资联系加深，而且未来经济增长潜力巨大。全新经济格局下，迫切需要中国实施新战略应对上述趋势性转变，更加清晰并具有前瞻性地引领潮流转变，从而达到中国、亚洲以至全球经济持续发展的目标。

第二，中国政府与周边国家以及国际组织在相关领域长期合作努力，为提出共建“一带一路”战略做了必要准备与铺垫。例如早在1994年4月中国领导人访问乌兹别克斯坦等中亚四国时，就提出了“共建现代丝绸之路，扩大亚欧文化交流”的主张，表示中国愿与中亚各国一道，共同努力“用现代化的铁路把中亚国家紧密地联系起来，并通过这条纽带增进亚欧两大洲之间的联系”①。

1996年，联合国亚太经社会提出了《新钢铁丝路方案》，支持新亚欧大陆桥建设②。1998年10月，东起中国上海，西至德国法兰克福，穿过中亚、西亚、东欧、西欧等20多个国家，全长27000公里，被誉为“现代通信丝绸之路”的亚欧陆地光缆系统全线开通。1999年8月25日，中、俄、哈、吉、塔五国元首第四次会晤在吉尔吉斯斯坦首都比什凯克举行，中国领导人提出推进地区经济合作与发展，推动复兴古老的“丝绸之路”。2000年7月，由联合国开发计划署（UNDP）、国家科技部、经贸部、外经贸部举办的“2000新亚欧大陆桥东西部发展与合作战略研讨会”在河北省秦皇岛市召开。会议就西部大开发与新亚欧大陆桥的开发开放问题进行深入的研究和探讨，并发表了《秦皇岛宣言》③。

2005年“欧亚经济论坛”在中国西安召开，这个两年一度的国际论坛成为中国复兴丝绸之路的重要多边舞台④。在2007年欧亚经济论坛上，中国与哈萨克斯坦、阿富汗、阿塞拜疆、吉尔吉斯斯坦、蒙古、塔吉克斯坦、乌兹别克斯坦等7国达成协议，宣布2008年将投资192亿美元在中国与欧洲之间建设一条“现代丝绸之路”，其中1/3投资用于中国境内建设，预计2018年竣工⑤。2011年11月18日，时任中国总理温家宝在印尼巴厘岛出席第十四次中国与东盟领导人会议时宣布，中方将设立30亿元人民币的中国—东盟海上合作基金，逐步形成中

---

① 大陆桥物流联盟公共信息平台：“新亚欧大陆桥十五年发展历程”，2012年7月13日。http://www.landbridgenet.com/wenku/2012-07-13/1864.html。

② 20世纪60年代联合国就提出类似设想，然而受制于当时冷战国际环境未能有实质性推进。

③ 大陆桥物流联盟公共信息平台：“新亚欧大陆桥十五年发展历程”，2012年7月13日，http://www.landbridgenet.com/wenku/2012-07-13/1864.html

④ 何茂春、张冀兵：“新丝绸之路经济带的国家战略分析——中国的历史机遇、潜在挑战与应对策略”，人民论坛——学术前沿，2013年12月26日，http://fj.rmlt.com.cn/2013/1226/205582.shtml。

⑤ 韩宏：“现代丝绸之路明年开建”，《文汇报》，2007年10月10日。

国—东盟多层次、全方位的海上合作格局①。

第三，针对美国后危机时期实施重返亚洲与亚太再平衡战略，中国学界提出“西进”、“南下”等战略思路并展开讨论，对提出“一带一路”构想提供了研究借鉴。20世纪末东南亚金融危机时期，美国拒绝像三年前救助墨西哥那样对泰国施以援手，引发东南亚国家对美国战略关系的痛苦反思，并在客观上对亚洲一体化进程产生倒逼作用②。

进入21世纪以来，亚太地区在全球范围经济影响力持续上升，并伴随美国与中国在这一区域相对影响力消长。针对这一形势，美国近年大力实施重返亚太与亚太再平衡战略，将其作为美国后危机时代全球战略调整的重中之重。美国在亚太高调增加军事部署，伴随区域内少数国家借机对中国领土提出声索诉求并发起挑衅，对中国维护和平发展需要的和睦周边环境带来不利影响。

据国际关系问题专家的跟踪观察，中国一直从容应对美国亚太再平衡战略，避免与美国迎头相撞，与美国进行巧博弈，该合作的时候合作，该说“不”的时候就说“不”。更重要的是，中国不随之起舞，而是增加定力，主动进取，综合试策，积极构筑友善的周边环境，化解美国“再平衡”战略压力。一是阐述以中国实现和平发展为中心内容的“中国梦”，并以实现中国梦来统合中国内外战略。二是提出构建中美新型大国关系的倡议，加强对中美关系的塑造与引导作用，制衡和化解不利于中美关系长期稳定发展的消极因素影响。三是坚决回应少数国家在有关中国领土主权问题上的无理声索，大力维护领土主权和海洋权益，

---

① 冯创志：“建设‘海上丝绸之路’是中国南海政策亮点”，中国网——观点中国，2013年10月4日，http：//opinion. china. com. cn/opinion_ 84_ 83584. html。

② The US still looms very large in the global economy, but in relative terms it is smaller than in 2008, much less 1998. Those two dates are important because the second of these financial crises bookended a tumultuous decade, further fuelling debates in Asia about overreliance on Western economies and the utility of an intraregional hedgeagainst future volatility. After 2008, many Asian countries have emphasized domestic, intraregional, and emergingmarket demand. But it was the crisis of 1997 – 98 that left a particularly searing legacy on many Asian countries. The US was perceived to be disconnected and aloof. Washington refused to bail out Thailand in 1997, just threeyears after bailing out Mexico. Many in Asia began looking to intraregional solutions. Asia – only currency swaps, Asia – only trade and investment pacts, regional bond funds, and other ideas emerged and evolved during this period. Many of these excluded the US. （Evan A. Feigenbaum, The US must adapt to Asia' s new order´Foreign Affairs,（2 February 2015）. Cited from East Asia Forum News Bulletin.）

着力建设海洋强国[1]。

针对外部环境变化，国际关系学界提出有关“西进”与“南下”战略讨论。王缉思教授认为，在美国战略重点“东移”，欧印俄等“东望”之际，地处亚太中心位置的中国，不应将眼光局限于沿海疆域、传统竞争对象与合作伙伴，而应有“西进”的战略谋划。他建议的主要内容包括：中国应当主动拓展西部与南部周边战略，保持良好的周边环境，分南、中、北三线，加快建设中国主导的“新丝绸之路”[2]。黄仁伟教授认为，中国应该通过亚洲基础设施网络建设，形成亚洲经济一体化的硬件体系；通过“10+1”或“10+3”自由贸易区机制，加强中国市场和亚洲市场的一体化，形成以比较优势为基础的亚洲分工体系；通过人民币国际化，促进与周边发达国家和地区的资本市场一体化[3]。

三、“一带一路”的多重战略定位

作为中国最高领导人主创主推的重大政策举措，“一带一路”是中国新时期全方位扩大开放战略的重要组成部分，凸显出更加重视与广大发展中国家携手合作共同发展的清晰指向，传递出通过做长发展中国家经济增长这块“短板”以培育全球经济新增长点的新思路，动态体现了开放国策、外交战略、结构调整、促进增长目标之间的良性互动。共建“一带一路”契合了扩大开放、睦邻善邻、和平发展、和谐世界等丰富理念内涵，是统筹国内国外两个大局与奋发有为外交新方针的具体呈现。就其经济内涵而言，可以从经济外交、全球增长、结构调整等三重视角讨论其战略定位。

1. 经济外交新战略

“一带一路”通过扩大对沿线广大国家开放并推进双向广泛务实的经济合作，拓宽和改善中国经济开放发展的国际空间与外部环境，为实现和平发展基本方针提供保障，构成中国新时期大国经济外交新战略。2015 年两会期间外交部

---

① 阮宗泽：“美国‘亚太再平衡’战略前景论析”，《世界经济与政治》，2014 年第 4 期。

② 王缉思：“‘西进’：中国地缘战略的再平衡”，环球网－观点，2012 年 10 月 19 日，http://opinion.huanqiu.com/opinion_world/2012-10/3193760.html。

③ 黄仁伟：“美国亚洲战略的再平衡与中国战略优势再评估”，《现代国际关系》，2012 年第 8 期。

部长王毅指出，2015 年中国外交的关键词是“一个重点，两条主线”，其中一个重点就是全面推进“一带一路”。从一个侧面显现“一带一路”成为经济外交新战略①。

一国经济外交战略，一般指通过贸易、投资、金融等经济交往合作，扩大加深与相关国家经济一体化联系，在提升本国资源配置与运营效率的同时，维护与改善外部经济、政治、安全环境。经济外交在广义经贸合作与外交目标之间建立良性互动关系，从而为一国经济与社会发展提供良好外部保障条件。

经济外交一直是新中国经济与外交工作的重要内容，然而其具体内涵则因体制背景与发展阶段不同而演变。受历史条件制约，计划经济时期中国与苏联及东欧国家经贸关系一度比较密切，用各种方式对一些亚非拉国家提供了大量援助，与西方国家经济往来最初基本隔绝，后恢复经贸关系但规模仍很有限，体现当时中国经济外交工作特点与局限。进入改革开放时代，中国经济外交逐步朝内容多样化、对象多元化、机制市场化方向调整转变。中国融入全球经济体系获得阶段性成功，同时也是中国经济外交战略调整转变的阶段性成功，对中国走和平发展道路发挥了重要保障作用。

进入新世纪特别是后危机时期以来，全球经济格局发生深刻变化，中国经济相对重要性与影响力快速提升，美国实施重返亚太与亚太再平衡战略造成中国周边和外部环境的显著变化。实施共建“一带一路”战略，把中国新一轮扩大开放与贯彻奋发有为新外交方针结合起来，把永不称霸合作共赢方针与共谋发展合作行动结合起来，把睦邻安邻的善意与帮邻富邻的义举结合起来，用置信度更高

---

① 在 2015 年 3 月 8 日上午十二届全国人大三次会议举行记者会，外交部部长王毅就“中国的外交政策和对外关系”答中外记者问。王毅表示，2015 年中国外交的关键词是“一个重点，两条主线”。一个重点就是全面推进“一带一路”。中国将进一步加强与各国的政策沟通，不断扩大彼此利益契合点。中国会探讨互利合作的有效途径，重点推动互联互通基础设施、陆上经济走廊、海上合作支点的建设。中国还愿意促进人文交流合作，加快自贸谈判进程。中方相信，“一带一路”必将更加深入人心，取得更多的早期收获，助力亚欧大陆实现整体振兴。两条主线就是要做好和平与发展这两篇大文章。中国将同国际社会一道，办好世界反法西斯战争胜利 70 周年纪念活动，以史为鉴，开辟未来，使中国成为维护和平的强大力量。中国还将以纪念联合国成立 70 周年为契机，积极参与联合国发展峰会和国际气候变化合作，推动制定符合广大发展中国家利益的 2015 后发展议程和新的应对气候变化安排，发挥中国的建设性作用（“王毅：2015 中国外交关键词是一个重点两条主线”，中国网，2015 年 3 月 8 日）。

方式讲述中国和平发展理念，对于营造与巩固有利于中国和平发展的外部环境具有重要现实意义与深远历史影响。在这个意义上，共建“一带一路”的概念、规划与实施，是中国坚定走和平发展道路的最好广告词、宣言书与实践行动①。

“一带一路”经济外交战略具有广泛新内涵。首先，从对外开放政策对象拓展与内容提升角度看，“一带一路”从早先主要侧重对发达国家开放，转变为对发达国家与广大发展中国家双重开放并重，并且在大量务实合作领域呈现出对沿线广大发展中国家更为优先的态势，更好体现邓小平30多年前提出的“三个方面的开放”全方位开放战略思想②。其次，就针对广大发展中国家经济外交内涵演变角度观察，“一带一路”包含“五通”合作重点，将政策、基建、贸易、投资、金融等方面合作内容有机结合起来，形成更为系统与完备的经济外交内容组合与战略架构。再次，针对经济全球化深化与现行国际金融经贸治理结构基本框架不相适应的现实矛盾，依托共建“一带一路”合作发展的务实要求，通过建立亚投行、金砖银行等机构，推动对现行国际金融体制架构的增量改革。

2. 全球增长新战略

进入21世纪以来，全球经济增长格局与中国经贸环境的转折性变化，集中表现为双重“重心”转移。一方面，随着中国与广大发展中国家在全球经济增

---

① 正如研究人员注意到的，“作为新兴大国，中国面临的外部环境空前复杂。从历史上来看，一个大国在它崛起的进程中会遇到很多挑战，既有来自其他大国的各种疑虑，也有来自小国的担忧、期盼，所以，‘中国威胁论’和‘中国机遇论’交织在一起，这就需要我们有超强的智慧来处理复杂的外部关系（马玉荣、王艺璇：“‘一带一路’—大国发展战略——专访国务院发展研究中心副主任隆国强”，《中国经济报告》，2015年4月29日）。“一带一路”用真切务实的建设性合作努力，有助于积极回应和化解上述疑虑与疑问。

② 1984年11月1日，邓小平在中央军委座谈会上讲话中提出三个方向全面开放的重要思想。他说：“我们还有一些人没有弄清楚，以为只是对西方开放，其实我们是三个方面的开放。一个是对西方发达国家的开放，我们吸收外资、引进技术等等主要从那里来。一个是对苏联和东欧国家的开放，这也是一个方面。国家关系即便不能够正常化，但是可以交往，如做生意呀，搞技术合作呀，甚至于合资经营呀，技术改造呀，一百五十六个项目的技术改造，他们可以出力嘛。还有一个是对第三世界发展中国家的开放，这些国家都有自己的特点和长处，这里有很多文章可以做”（邓小平：“军队要服从整个国家建设大局”，《邓小平文选》第3卷，第98~100页）。

长中相对贡献历史性提升，全球经济增长重心已经从发达国家转向新兴经济体与发展中国家。另一方面，中国与广大发展中国家经济联系加强，中国对外经贸增长重心正在从发达国家转向新兴经济体与广大发展中国家。目前很多发展中国家经济持续增长潜力面临基础设施不足与体制政策局限两方面瓶颈制约，共建“一带一路”有助于推动中国与沿线国家经济持续较快增长，同时也对全球可持续增长提供新的解决思路和方案。

全球经济增长重心转变集中表现为“二八易位”。21 世纪初，全球 GDP 增长构成中，发达国家和新兴与发展中国家分别贡献 80% 和 20%，发达国家中 G7 与其他发达国家分别贡献 61% 和 19%，新兴与发展中国家中金砖国和其他发展中国家分别贡献 12% 与 8%。到 2010 ~ 2013 年后危机时期，全球经济增长构成中发达国家和新兴即发展中国家贡献分别逆转为 19% 和 81%。发达国家中 G7 与其他发达国家分别贡献 12% 和 7%，新兴与发展中国家中的金砖国和其他发展中国家分别为 56% 和 25%，其中中国贡献率约为 35%，与其他发展中国家共同贡献率约为六成。十余年间，全球增长贡献份额在发达国家与发展中国家之间实现历史性的“二八易位”。

从出口与对外工程承包的区域结构观察，中国外部经贸环境也在发生深刻转变。中国出口增长结构数据显示，发展中国家已经成为中国增长最快、未来发展潜力最大的伙伴。首先从出口增速看，2013 ~ 2014 年中国出口增速下降到 7.2%，其中 G7 降到 4.4%，其他发达国家为 7.4%，其他金砖国家只有 6.1%，其他发展中国家仍有 12%，其中东盟最高为 16%。其次从中国出口比重看，2000 年 G7 国家、其他发达国家、金砖国家、其他发展中国家等四类经济体占比分别为 48%、35.2%、2.7%、13.9%，2014 年分别变化为 33.9%、30.8%、6.2%、29.2%，发展中国家份额上升 19 个百分点。最后从出口增量贡献比指标观察，2000 ~ 2001 年 G7 国家、其他发达国家、金砖国家、其他发展中国家贡献比分别为 46.3%、32.1%、3.1%、18.5%，到 2013 ~ 2014 年变化为 24.3%、22.5%、6.4%、46.8%，发展中国家增量贡献率达到 53.2%，绝大部分来自金砖国家以外的广大发展中国家。

另外从中国对外承包工程地区分布看，广大发展中国家也是最重要区域。

2013 年中国 1370 亿美元对外承包工程完成额的区域分布数据显示，亚洲、非洲、拉丁美洲、欧洲、大洋洲、北美洲分别占 47%、34.9%、9.7%、6.0%、1.5%、0.9%，亚洲和非洲两大洲占比八成以上。承包工程金额最多的十大国家分别为安哥拉、委内瑞拉、沙特阿拉伯、印度、阿尔及利亚、印度尼西亚、尼日利亚、巴基斯坦、越南、埃塞俄比亚等，也都属于发展中国家，共占当年中国工程项目总出口额 36%。

习近平主席 2014 年 11 月 8 日发表题为《联通引领发展　伙伴聚焦合作》的讲话时指出："如果将'一带一路'比喻为亚洲腾飞的两只翅膀，那么互联互通就是两只翅膀的血脉经络"①。以共同发展合作双赢基本理念方针为指导，通过共建"一带一路"破解中国周边与亚洲众多发展中国家瓶颈，将对沿线国家经济较快增长发挥促进作用。借助中国与这些国家动态意义上更为紧密的经贸联系，形成中国与沿线国家携手共进良性互动的新形势。在上述双重"重心转移"背景下，共建"一带一路"有助于培育全球经济新增长点，更好实现后危机时代全球经济强劲可持续增长目标。

3. 结构调整新战略

过去几十年中国改革开放谋发展取得阶段性巨大成就，人均收入从 1980 年代初 200 多美元极低水平逐步提升到 2014 年 7000 多美元的国际中等水平。中国经济未来要实现"双中高"目标，关键在于全面深化改革健全开放型市场经济体制架构，并在此基础上发挥市场机制决定性作用与政府引导作用，持续有效推进中国产业结构、技术结构、区域结构的合规律调整。"一带一路"将为中国经济结构调整提供更为广阔平台与全新环境，成为未来结构调整新战略的重要内容。

随着要素成本与比较优势结构演变，中国产业与经济结构调整必将进一步活跃展开，"一带一路"沿线国家依据各自所处发展阶段不同，也亟须借助资本流动和产能合作推进本国结构调整与经济发展。共建"一带一路"将扩大中国与

---

① 习近平："联通引领发展，伙伴聚焦合作"，人民网，2014 年 11 月 9 日，http://cpc.people.com.cn/n/2014/1109/c64094-25997795.html。

沿线国家在不同行业以及特定行业上下游之间投资范围，推进投资便利化进程以降低投资壁垒，通过共商共建各类产业园与集聚区探索投资合作新模式，从而为中国与沿线国家产能合作与产业结构调整升级提供广阔平台。

过去十余年中国实施"走出去"战略，截至2013年底共有1.53万个境内投资者在境外设立了2.54万家境外投资企业，分布在全球184个国家和地区。仅华为一家企业，已在160个国家和地区开展业务。在"一路一带"战略的支持下，我国企业"走出去"步伐将进一步加快，特别是交通运输、基础设施建设、装备制造、基建原材料等多个行业将从中直接获益①。习近平主席2014年11月9日在2014年亚太经合组织（APEC）工商领导人峰会主旨演讲中指出，"预计未来10年中国对外投资将达1.25万亿美元。"以中国目前劳均资本量作为参照，1.25万亿美元投资估计能给广大发展中国家创造数以千万就业岗位。

李克强总理在2015年《政府工作报告》中指出："加快实施走出去战略。鼓励企业参与境外基础设施建设和产能合作，推动铁路、电力、通信、工程机械以及汽车、飞机、电子等中国装备走向世界，促进冶金、建材等产业对外投资。实行以备案制为主的对外投资管理方式。扩大出口信用保险规模，对大型成套设备出口融资应保尽保。拓宽外汇储备运用渠道，健全金融、信息、法律、领事保护服务。注重风险防范，提高海外权益保障能力。让中国企业走得出、走得稳，在国际竞争中强筋健骨、发展壮大。"

中国与沿线国家产能合作的一个重要领域，是中国一些劳动密集型产业或产业区段，随着工资、地价等不可贸易要素成本上升，将逐步转移到处于较低经济发展阶段的发展中国家。如同中国20世纪80～90年代曾经利用承接这类劳动密集型行业国际转移获得重要开放发展机遇一样，未来承接这类行业的沿线发展中国家，有可能在外汇创造、非农就业岗位创造、各类人力资源素质提升、推进经济外向度与国际化方面获得到巨大利益。当代国际产品内分工深化与全球供应链扩展演变的大量经验事实显示，顺应比较优势规律，依托市场机制作用，产业与

① 马蔚华："鼓励商业银行在'一带一路'战略下服务'走出去'企业"，中国贸易金融网2015年3月3日。

产业区段的国家动态转移能为区域经济一体化进程发挥巨大推动作用。

实施“一路一带”战略，要求我国银行与金融机构更大规模“走出去”提供跨境金融服务。如业内专家指出的，“企业‘走出去’的步伐要迈得更稳、更扎实，离不开金融的大力支持。‘走出去’企业在境外的投资、经营活动，需要依赖银行的信用及资金支持作为坚强后盾；当面临国际金融市场风险时，亦需要银行等金融机构提供避险方案，帮助企业防范和化解风险”。因而需要加快相关政策调整，创造适宜的政策和市场环境，提升银行和金融机构跨境服务能力①。

“一带一路”战略将给中国边陲地区经济发展带来全新机遇，为中国国内区域经济结构调整注入新动力。就“一带一路”战略与中国国内各地开放态势联系而言，将重点涉及东北、西北、西南等边疆地区一些省区市。受历史与自然条件限制，这些地区经济发展总体水平较低，近年在国内宏观失衡调整背景下短期经济形势分化明显，比如某些东北省份经济下行压力较大，有的西北省区经济增速显著超过全国平均水平。实施共建“一带一路”战略，有望实质性改变这些地区经济发展的政策优先度与环境条件，推动中国边疆地区经济较快发展与中国

---

① 2015年两会期间，原招商银行行长马蔚华就此提出四点建议：第一，进一步放松相关管制政策，提升商业银行跨境金融服务能力。建议简化商业银行在境外设立分支机构及并购的审批核准手续，鼓励支持其在“一路一带”沿线国家和地区进行业务布局。同时，为鼓励商业银行对企业在“一路一带”区域内的项目提供融资和担保，可对符合条件的项目贷款适当调低风险权重，扩大商业银行短期外债指标，并将对外承包工程保函风险专项资金、出口优惠买方信贷等支持政策扩展至股份制商业银行。第二，加强货币市场基础服务能力建设，为商业银行金融创新提供稳健支撑。在“一路一带”沿线，有众多使用小币种货币的国家和地区，企业在境外的投资经营会面临更大的货币兑换及汇率风险管理需求，建议持续加大清算结算、银行间拆放、货币兑换交易、市场定价机制等基础能力建设，加快跨境人民币清算系统对接和业务处理规则惯例的制定；在以市场供求为基础的有管理浮动汇率制度基础之上，推动汇率风险管理工具创新，如增加韩元、泰铢、林吉特以外的小币种对人民币的直接报价，满足企业规避汇率风险的多样化需求。第三，推广资本项目下跨境人民币试点政策，促进企业境外投融资的本币化。在稳步推进人民币资本项目可兑换的方针指导下，可着力培育以本币计价和结算的跨境债权、股权交易市场。具体而言：可继续扩大境内机构通过离岸人民币市场进行筹融资（如发行海外人民币债券）的范围；简化人民币跨境担保项下的境外筹融资以及对应的资金回流审批手续；扩大跨境人民币贷款的试点范围，等等。由此进一步提高离岸人民币市场的活性，拓宽跨境人民币双向流通的渠道，为企业境外投融资本币化提供金融支持和保障。第四，加快人民币离岸金融服务体系建设，加强以分账核算为基础的服务能力建设。在上海自由贸易试验区的分账核算体系的基础上，尽快培育建立起丰富、完善的人民币离岸金融服务体系，以市场化手段支持实体经济“走出去”，以多样化模式推动金融创新，从而进一步提高人民币国际化地位和运用广度，为企业“走出去”创造更加完备的货币环境（马蔚华：“鼓励商业银行在‘一带一路’战略下服务‘走出去’企业”，中国贸易金融网，2015年3月3日）。

区域经济结构朝更为平衡合理方向演变调整，并为应对与化解某些少数民族地区的深层矛盾产生积极影响①。至此，1988 年邓小平就提出"两个大局"战略构想，预示后续我国西部大开发战略、振兴东北计划和中部崛起战略提出和实施。"一带一路"战略将推动我国区域均衡发展战略进入新阶段②。

四、为什么是中国？

1. 美国先手棋收效不理想

2011 年 9 月，美国提出"新丝绸之路倡议"，试图建立一个以阿富汗为中心、连接中亚和南亚、并向中东地区延伸的国际经济交通网络。在时任美国国务卿希拉里·克林顿描绘的图景中，"土库曼斯坦的油气田将满足巴基斯坦和印度不断增长的能源需要，为阿富汗和巴基斯坦提供可观的过境收入。塔吉克斯坦的棉花将被制成印度的布匹。阿富汗的家具和水果将出现在阿斯塔纳、孟买和更远的地方"③。韩媒有评论认为，该计划"核心内容是帮助丝绸之路所经中亚国家开发社会先行资本（SOC），帮助其实现贸易自由化"④。

---

① 2015 年两会期间，有关人士透露"一带一路"重大工程项目清单将比较集中在哈萨克斯坦、吉尔吉斯斯坦、塔吉克斯坦、巴基斯坦等周边国家，新疆作为国内重点承接区域。全国人大代表、新疆维吾尔自治区主席雪克来提·扎克尔发出感慨："正在从一个过去的'口袋底'，变成一个开放的前沿"（朱贤佳："一带一路重大工程清单将亮相，博鳌论坛将成宣示窗口"《上海证券报》2015 年 3 月 16 日）。

② 1988 年邓小平提出："沿海地区要加快对外开放，使这个拥有两亿人口的广大地带较快地发展起来，从而带动内地更好地发展，这是一个事关大局的问题。内地要顾全这个大局。反过来，发展到一定时候，又要求沿海拿出更多力量来帮助内地发展，这也是个大局。那时沿海也要服从这个大局。""中央要有权威"，（1988 年 9 月 12 日，《邓小平文选》人民出版社 1993 年版，第 277 ~ 278 页）。依据邓小平"两个大局"的战略构想和 20 世纪末中国经济（包括地区经济）发展的实际状况，1999 年 9 月召开的党的十五届四中全会正式提出，国家要实施西部大开发战略。2003 年 10 月，发布了《中共中央、国务院关于实施东北地区等老工业基地振兴战略的若干意见》，明确提出了实施振兴战略的指导思想、方针任务和政策措施。随着东、中、西和东北四大经济板块之间的差距逐渐缩小，2004 年《政府工作报告》第一次明确提出"促进中部地区崛起"，2005 年中央"十一五"规划建议中也明确提出促进中部崛起，促进中部崛起成为中央政府确立的继东部开放、西部开发和振兴东北之后的第四个区域发展战略。

③ MacKenzie C. Babb "Clinton Says Building New Silk Road Is Critical for Afghanistan", 23 September 2011 http://iipdigital.usembassy.gov/st/english/article/2011/09/20110923170112.

④ 原载于韩国《中央日报》："用'一带一路'表达'强汉盛唐'的中国梦"，2015 年 4 月 13 日，转引自"外媒：习近平用'一带一路'表达中国梦"，中国网（http://news.china.com/domestic/945/20150415/19529484.html），2015 年 04 月 15 日。

客观而言，上述构想不无道理。三年多过去了，美国实施该计划以及在“中亚区域经济合作会议（CAREC）”框架下所做努力取得了一些进展，2012年《杜尚别宣言》提出一批建设项目也得到部分实施，有些项目对区域经济发展应有积极意义。然而美国实施规划在系统跟进切实有力落实行动方面仍明显不足，总体看收效并不理想。上述韩媒文章评论：希拉里的“丝绸之路”现已不见踪影，也听不到“美国正在为中亚国家的经济发展做贡献”这样的话了。

中国近年与这些国家双边与区域经济合作则更为务实与活跃推进。如2013年9月习近平主席访问哈萨克斯坦期间，两国签署22项经贸合作协议，总金额达300亿美元①。2014年12月李克强总理访问哈萨克斯坦签订140亿美元大单，推进两国在能源、基建、金融等各领域合作②。2015年4月20~21日习主席对巴基斯坦国事访问期间，更是带去价值460亿美元投资计划，两国在一天内签署51项协议和谅解备忘录，宣告5项重大电力工程破土动工③。

不难理解出现上述反差现象的某些原因。首先与中美两国相关政策优先序与承诺度显著差异有关。美国上述战略主要着眼点在安全领域，为美军从阿富汗撤出后做善后安排。虽然也包含经济发展规划设计内容，然而美国无心无力投入其战略设计需要的大量资源，与当年帮助欧洲战后重建的“马歇尔计划”已不可同日而语。相反，中国对于中亚及区域国家在经济及其他领域合作给予很高政策优先度，决心通过制定实施“一带一路”的“五通”规划谋求自身与沿线国家共同发展，构筑中国与区域国家的命运共同体。

另外，两国与区域国家在经济互补性及契合度方面也有实质性不同。中国与很多沿线国家经济互补性较强，贸易、投资联系比较紧密，双边经济融合度较高并有进一步深化的潜力。例如习近平主席2013年9月访问土库曼斯坦时，中土

---

① 包括中石油收购哈萨克斯坦卡沙甘油田8.33%的股份，合同金额约为50亿美元，是中石油最大的一笔海外投资。参见“习近平主席中亚四国行：以新身份走访老朋友”，中国网，2013年9月13日，http://news.china.com.cn/world/2013-09/13/content_30014645.htm。

② 五股将开启暴涨之旅（客观形成互动！）参见“李克强与哈总统签140亿美元大单　五股将开启暴涨之旅”，凤凰财经综合，2014年12月15日，http://finance.ifeng.com/a/20141215/13356312_0.shtml。

③ “习近平访巴基斯坦签下460亿美元大单”2015年4月22日，环球网。

两国提出要在稳定“中国—中亚”天然气A、B线的同时，加快C线的铺设，并尽早启动D线建设，实施好“阿姆河右岸”气田和“复兴”气田开发项目，确保2016年建成并通气，实现年输送气650亿立方米的目标。访问哈萨克斯坦时双方就共同建设石油加工厂、钾肥厂、玻璃加工厂、农业示范区等重大项目签署协议。对土、哈两国而言，中国都是第一大贸易伙伴国①。又如中国电力建设集团有限公司截至2014年底，在“一带一路”沿线21个国家和地区承担的工程承包和投资在建项目就多达571个②。

美国与区域内绝大部分国家基于市场机制发生的经济联系较弱，美国重视发展与这些国家双边关系更多基于安全与军事方面原因。在这个意义上，中国与沿线国家经济关系如“鱼水关系”，美国与这些国家经济关系则更多是“油水关系”。

从更为广阔的视角讨论，中国共建“一带一路”开局顺利与成效比较彰显，根本原因在于这一构想把中国大国经济崛起特定阶段的多方面优势变量聚焦到一点，通过协同效应形成破局造势的战略效果。对此可主要从两方面观察。一是就生产能力而言，中国经济现阶段在常规制造与建造方面具有很强优势与国际竞争力；二是在开放宏观经济方面，中国目前拥有最为充裕的国民储蓄与外汇储备；两方面组合条件赋予中国倡导共建“一带一路”的独特优势。实证考察有关条件及其影响，是理解“一带一路”经济逻辑的关键。

2. 中国制造与中国建造

首先通过一组有关工业生产与制造业的国际比较数据，观察“中国制造”在全球范围重要性。图1报告用汇率折算美元衡量的中美两国工业增加值比较数据：1990年中国工业增加值规模只有最大工业国美国的12%左右，2000年仍不

---

① “习近平主席中亚四国行：以新身份走访老朋友”，中国网2013年9月13日讯。

② 在该企业原董事长、全国政协委员范集湘看来，电力行业应充当“一带一路”战略主角。“电力比铁路、高铁更适合走出去，因为电力是必需品，而一个国家经济发展到一定阶段才对高铁有旺盛需求。”他说，“在海外做项目，要对接当地的国民经济发展需要，特别是有的国家目前发展水平可能相当于我们20年前的水平，有的领域在我们这边过剩但他们那边却属于中高端；有些国家资源丰富，但工业配套不够，凡是电力供应不足的国家，往往水泥厂、玻璃厂、铝加工厂的产能也不够，我们要整体规划走出去”（“掘金‘一带一路’，电力成‘走出去’生力军”，《证券时报》2015年3月12日）。

到美国的30%，然而2010年工业制造规模第一次超过美国，近年已经是美国的1.3倍左右。

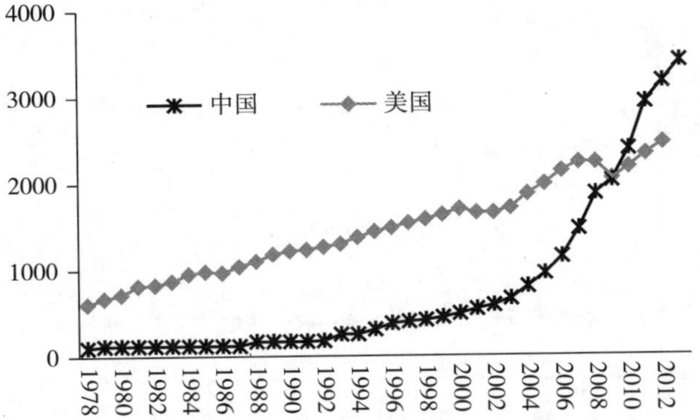

图1　中美工业增加值（1978～2013年，10亿美元）

数据来源：美国数据来自于BEA，中国数据来自于《中国统计年鉴》。

图2报告中美日三个最大工业国汇率折算美元衡量的制造业增加值占全球比例。1990年代初中国占比只有5%左右，当时日本该比例值最高曾超过20%，美国在20世纪初该比例值最高曾接近30%。然而中国这一份额值从1990年代后期较快提升，2004年以后增速加快，2013年达到23%，同年美国和日本分别为17.2%和7.8%。

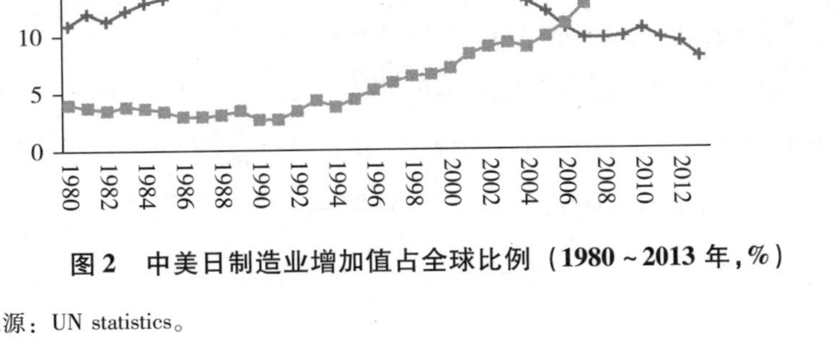

图2　中美日制造业增加值占全球比例（1980～2013年，%）

数据来源：UN statistics。

图 3 报告中国、G7 与其他金砖国制造业就业人数占 G20 国家就业总数比重。中国占比从 21 世纪初 47% ~48% 上下逐步上升到 2013 年 56.2%，同期 G7 同一指标值为 19.3% 下降到 13.7%，其他金砖国大体稳定在 19% 上下。

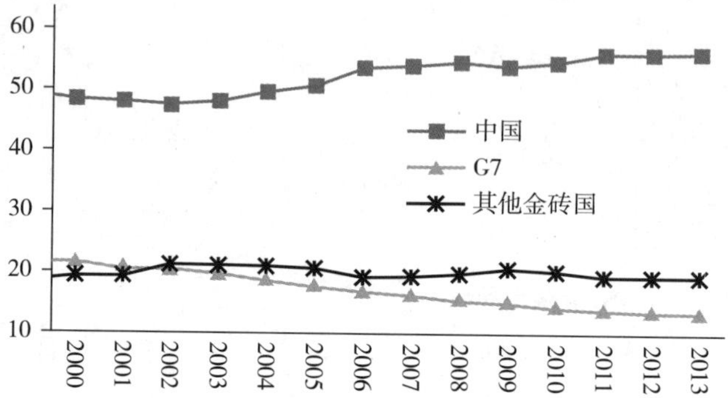

图 3　中国等国制造业就业占 G20 就业比例（2000 ~ 2013 年，%）

数据来源：除中国与印度外其余数据来自 ILO。印度数据根据印度中央统计组织（Central statistics organization）提供的总就业以及制造业占总就业比例计算。中国 2006 ~ 2012 年制造业就业数据为乡镇企业制造业从业人数、城镇私营制造业就业、城镇单位职工制造业就业之和，1987 ~ 2005 及 2013 年制造业就业基于二产就业人数进行估计，方法上假定制造业就业占二产就业比例与 2006 ~ 2012 年 79.95% 均值相同。

进入 21 世纪后中国工业制造与就业绝对规模与全球相对比例的持续提升，是在大体开放的全球化环境下借由市场机制作用推动实现，显示现阶段在工业制造这个可贸易部门具有较强动态比较优势与国际竞争力。毋庸讳言，中国目前是中等收入国家，美日等国经济大体处于全球产业技术前沿，因而中国现阶段工业制造结构与美日比较仍存在很大差距。展望未来，即便在对中国经济前景较为有利假设下，上述差距可能也需要几十年持续追赶才有望逐步收敛。不过讨论本文主题更需要认识到，中国目前工业制造生产结构相对落后的某些特征属性，恰恰与“一带一路”沿线经济后进国家大规模开发阶段具体需求具有更高契合度，构成中国与这些国家共建“一带一路”的独特优势条件。

其次，观察中国对外承包工程额快速增长，可见“中国建造”的比较优势能力。图 4 数据显示，“中国建造”对外承包工程完成额，从 21 世纪初不到 100 亿美元上升到 2014 年近 1400 亿美元。从具体项目看，主要集中在轨道交通、公路、港口、码头、通讯、电力等基础设施行业[①]。承包工程年末在外员工数从21世纪初5万多人上升近年30多万人。由于“一带一路”设施联通需要强大的基建工程设计与实施建造能力支持，中国这方面的阶段性禀赋条件与能力特点，对实施“一带一路”战略同样带来重要支持作用。

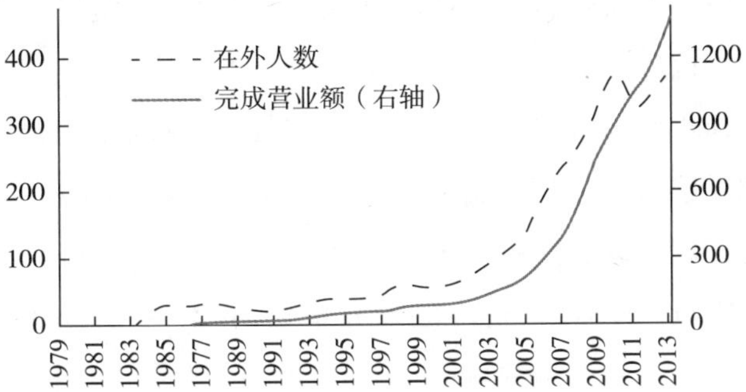

图4　我国对外承包工程与在外人数（千人，1979～2013年）

数据来源：CEIC数据库。

作为中等收入水平国家，中国工业制造一般水平与处于全球产业技术前沿国家还有不小差距，然而我国在某些特定领域整体能力正在迅速追赶并接近全球前沿。在少数部门和领域，如高铁技术全面整合与运用、某些重型机械制造以及大型工程建造领域，已经达到世界先进水平。尤其是中国对高铁技术的突破与逐步成熟，显著提升了商品货物与人员大范围、大规模和高速度陆地运输的效率，使得亚洲大陆内部以及欧亚大陆之间的人员、物资往来变得更为便捷有效，对实现“一带一路”美好愿景将产生重要积极作用。另外以高速铁路与公路连接的欧亚大陆桥畅通，纵横交错的大型输油输气管道的建设，使得石油等战略物资运输可以绕过直布罗陀、好望角、苏伊士运河、亚丁湾、霍尔木兹海峡、马六甲海峡等咽喉要道，显然具有超出经济利益的积极影响。

3. 中国储蓄与中国储备

除生产能力方面便利条件外，中国目前拥有充裕国民储蓄与外汇储备资源，

---

① RFI研讨会简报。

开放宏观经济领域这两方面特点对中国与沿线国家共建“一带一路”同样具有关键支撑作用。大型基础设施建设项目通常具有资金投入密集与投资周期较长特点①，发展中国家通常国内储蓄不足，因而自行解决基础设施不足短板面临很多困难。在逻辑上，国内储蓄不足可通过国际资本市场融资解决，然而由于大型基础设施投融资项目存在特殊风险，市场性融资通常难以大范围奏效。现存各类开发性国际金融机构设置和运行逻辑，一定程度上正是基于对上述特殊约束条件认识，试图利用国际机构信誉能力帮助发展中国家克服基础设施投资不足局限。从战后实践看，世界银行、亚行等国际金融机构长期努力取得了一些成绩，然而仍远不能满足广大发展中国家摆脱贫困谋求发展的现实需要。

据亚洲开发银行2009年一份专题研究报告估计，“在2010～2020年，亚洲各国国内总体需要在基础设施领域投资大约8万亿美元。此外还要在特定区域内基础设施项目上投资2900亿美元。大体是在11年内每年需要7500亿美元投资”②。非洲很多发展中国家经济发展也面临类似瓶颈约束。据估计，“要满足非洲的基础设施需求，每年需要930亿美元资金——这是现有水平的两倍多”③。

然而，资金供应端能力与上述投资需求存在巨大反差。以全球最大发展融资机构世界银行为例，该机构2013年财年为全世界提供的基础设施投资只有240亿美元左右④。亚行近年总融资额只有200亿～300亿美元，其中较大部分要用于区域内减少贫困、教育、卫生等民生措施，投资基础设施资金规模更有限。各

① 例如，“大型采掘项目的成本可能高达30亿至150亿美元，从发现到商业运行要耗费10年或者更久，而收回投资则还另外需要几年。”参见Harard Halland et al.《资源融资的基础设施——关于一种新的基础设施融资模式的探讨（世界银行研究报告）》，中国财政经济出版社2015年版，第4页。

② 参见ADB and ADBI，“Infrastructure for a Seamless Asia”，A joint Study of ADB and ADBI，Tokyo ADBI，2009，第5页。“其中68%用于新基础设施能力建设，32%用于维持和重置已有设施。电力和道路分别占据总投资的51%和29%（第167页）”。

③ Foster，Vivien and Cecilia Briceno－Garmendid（2010）Africa's Infrastructure：A Time for Transformation，Washington DC，World Bank. 转引自Harard Halland et al.《资源融资的基础设施——关于一种新的基础设施融资模式的探讨（世界银行研究报告）》中国财政经济出版社，2015年版，第5页。

④ 世界银行集团2014财年在准备转向新的运营模式的同时大幅增加对发展中国家的支持，从2013财年的526亿美元增至610亿美元。世行集团在2014财年（2013年7月1日至2014年6月30日）基础设施融资据估计达到近240亿美元（张环：“世行本财年承诺贷款额较危机前上升65%”，金融时报，2014年7月4日）。

国政府与有关机构也在积极努力应对资金瓶颈，如2012年部分东盟国政府与跨国市场机构建立东南亚基础设施基金，然而其初始运营资金只有4.85亿美元，对于区域内巨大投资需求而言可谓杯水车薪[①]。世界银行一份研究报告指出："金融危机后及其后续影响极大地限制了发展中国家从传统的、私人的和长期的渠道获得的资金，特别是用于基础设施的资金"[②]。

由于大规模基础设施建设需要大量先行投入与融资安排，因而在共建"一带一路"中发挥倡导与协调作用的国家，国内必先拥有充裕国民储蓄与强大资本形成能力。上述美国2011年提出"新丝绸之路倡议"，也看到中亚国家需要大规模"社会先行资本"（SOC），然而要切实帮助这些国家大规模形成SOC，美国不仅政策优先度不足，并且缺乏大规模转移储蓄与帮助投资的实际能力。有观察人士认为，美国国内基础设施也亟须大规模更新投资，并且很可能需要来自中国的合作[③]。

由于人口结构和发展阶段特点，中国目前宏观经济结构呈现高储蓄高投资特点，最有能力协助广大发展中国家缓解储蓄与投资能力不足的瓶颈制约。图5报告中国用汇率折算美元衡量国民储蓄规模并与美国比较，显示21世纪初中国国民储蓄总规模只有美国两成左右，2008年第一次超过美国，2013年已超过美国约65%。如果考虑美国资本存量规模较大因而资本折旧较多，中国国民净储蓄规模超出美国比例要来得更大。

---

① "ASEAN Infrastructure Fund to be accessible this year", Xinhua, 2012-03-30, http://www.chinadaily.com.cn/xinhua/2012-03-30/content_5577657.html。

② Harard Halland et al.《资源融资的基础设施——关于一种新的基础设施融资模式的探讨（世界银行研究报告）》中国财政经济出版社2015年版，第5页。

③ 如摩根大通亚太区副主席李晶女士提到："前段时间我在美国大使馆参加一个活动，美国大使说美国电网、铁路、公路的老化问题很严重，需要大量的资金投入建设，所以他们非常欢迎中国的资本去投资。"她表示，其在欧洲、美国、澳大利亚与当地政府交流后发现，由于中国国企在铁路、公路、桥梁等大型基础设施方面具备技术和效率上的优势，大多数发达国家欢迎中国国企在其市场上进行投资。参见"中国有2万多家企业在海外投资90%以上亏损"，《国际金融报》，2015年2月9日。

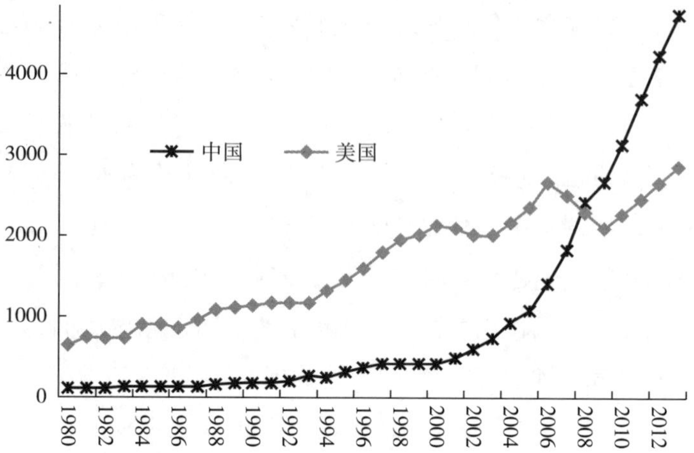

图5　中美国民总储蓄（1980～2013年，10亿美元）

数据来源：IMF WEO（2014 Oct）。

高储蓄支持中国高投资能力。图6报告中美两国资本形成规模比较数据，显示21世纪初中国用汇率折算衡量的资本形成规模也只有美国的1/5上下，然而2010年中国资本形成规模第一次超过美国，2013年约是美国1.37倍。中国有能力在保持国内投资需求较快增长同时，帮助沿线国家进行大规模的基础设施投资，推进共建“一带一路”建设。

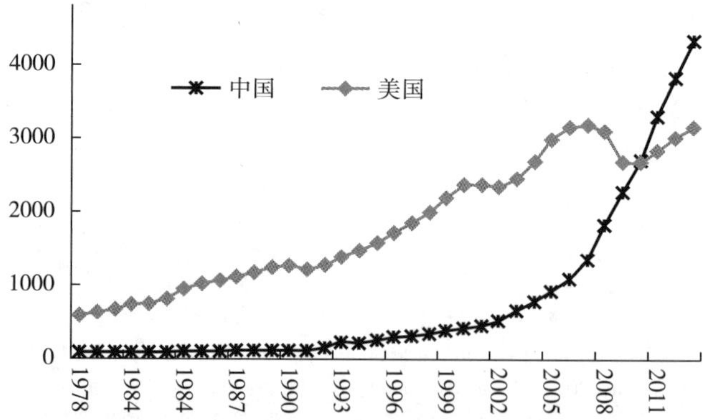

图6　中美固定资本形成（1978～2013年，10亿美元）

数据来源：美国数据来自BEA，中国数据来自《中国统计年鉴》。

作为比较，美国和日本总体而言都面临国民储蓄率趋势下降问题。图7数据显示，2013年美国和日本储蓄率都已降到约18%。依据对美国与日本资本产出比、资本存量、资本折旧等宏观经济指标的估测，两国即便把所有储蓄都变成国内投资，也难以实现资本净投资及资本存量较快增长。日本资本产出比较高，或许已进入资本存量总规模停滞不前甚至边际下降状态，构成日本经济落入“低增长稳态”的重要推手①。储蓄率偏低与固定投资不足，是美国、日本等发达国家目前比较普遍面临的宏观经济约束，是决定上述全球经济增长重心转出发达国家的深层结构因素。这一背景下，美国自然没有很多余力帮助发展中国家大规模投资发展。

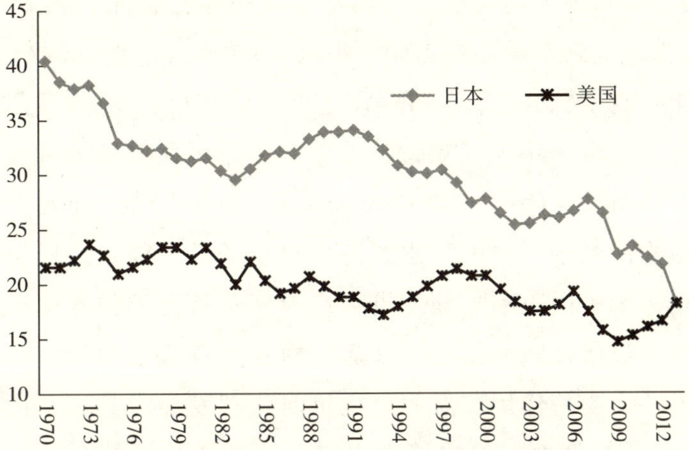

图7　美国和日本国民储蓄率（1970～2013年，%）

数据来源：美国数据来自 BEA，日本数据来自 Japan statistics bureau。

另外，中国拥有全球单个国家最大规模外汇储备也是一项重要有利条件。给定现行国际货币体系背景，拥有数量充裕、甚至从某种优化标准而言规模偏大的外汇储备资产，客观上对推进“一带一路”经济外交战略有两方面支持作用。一是在当今发达国家争先恐后地实施超宽松货币政策积累金融风险形势下，大规模外汇储备有助于应对外部金融形势动荡可能带来的冲击，保证“一带一路”战略实施及相应投融资计划实施具有内生稳定性。二是在区域内货币仍未普遍国际使用前提下，美元仍承担国际结算和支付手段。在有关工程项目需要在区域外

① 卢锋：“减速与调整：全球宏观经济形势研判”《大国追赶的经济学观察：理解中国开放宏观经济（2003－2013）》，下册，第907～948页，北京大学出版社2014年版。

国家配套采购场合，美元提供的国际支付流动性更是不可缺少。

不过外汇储备在这里作用可能没有一般想象得那么大。中国与沿线国家的工业制造部门，对“一带一路”投资项目所需资本品与其他设备材料具有比较系统完整的配套供应能力，通常情况下共建“一带一路”项目对储备资产终极需求可能比较有限。随着区域内经济发展及其对区域外较高端或其他特殊产品总体进口替代能力提升，随着“一带一路”推进区域内货币国际使用程度提升，外汇储备的上述功能重要性将呈现下降趋势。充裕外汇储备是支持“一带一路”的重要变量，然而一国外汇储备是国民储蓄的转化形式，就对本文讨论问题重要性而言，中国拥有充裕国民储蓄应是第一位的，外汇储备支持作用是第二位的。

实施共建“一带一路”战略意味着中国利用国民储蓄方式可能逐步发生转折性变化。21 世纪初年中国经济快速追赶，然而受制于汇率改革滞后与高储蓄率背后结构性因素，中国积累了海量规模的外汇储备。增持外汇储备的经济含义，相当于中国不断把储蓄借给供应储备资产的债务国，伴随中国对美国等发达国家过量债权积累。这个运行模式对危机前中国以至全球经济快速增长发挥了一定支持作用，然而后危机时代越发显示其不可持续性。共建“一带一路”与结构调整，意味着中国富余储蓄今后将较多转化为在沿线发展中国家的生产性投资①，由此派生中国国民储蓄在全球范围配置方式的重大

---

① “有贸易顺差就可能会有储备积累，储备积累要么在国家手里，要么在民间。在国家手里，要走出去，在民间手里，民间也会走出去，这是同一道理。与此同时，人民币国际化的势头也开始了。这时，就出现了新情况，多出来的储蓄可以不表现为外汇顺差收入导致的储备积累，而是直接以人民币的形式走出去，这中间会有一部分人民币对外汇的替代。不过，目前总体来看，大逻辑还是从储蓄偏多到国际收支顺差，然后到外汇积累（包括民间和官方），然后是外汇走出去投资的扩大，这是主线。中国的一大特点是储蓄率高，这有一系列的原因，有人解释为预防性储蓄，有人解释为文化价值观所致。储蓄率高，一部分资金就会走出去，外汇储备就要走出去。这是由宏观经济恒等式决定的：储蓄多，要么用于国内投资，要么用在国外投资，其中包括外汇储备的运用。外汇储备往往是通过净出口的差额积累而来，从宏观经济恒等式看，其根源之一是储蓄率高。全球金融危机期间，有人批评我们储蓄过剩，这个批评是否成立暂且不论，储蓄率高有其长处也有短处，但这是不是最佳选择、是不是最佳资源配置，取决于你的宏观经济分析框架。既然储蓄率已偏高，外汇储备比较多，而且也不是短期能够改变的，就需要有一部分用于走出去，把资金拿到国外运用，这就是丝路基金要做的事”（周小川：“丝路基金起步运作，不是中国版马歇尔计划”，《第一财经日报》，2015 年 2 月 16 日）。

调整[1]。

4. 合作共赢的经济逻辑

共建“一带一路”作为中国提出的战略愿景与规划，其具体政策设计与实施方案必然包含复杂内容与细节。然而至繁之事必有至简之理。以“为什么是中国”为题，从各国发展诉求与中国独特基本面条件对接视角观察，“一带一路”折射出清晰的经济逻辑。什么是发展？如何致力于发展？开放环境对发展有何影响？分析“一带一路”对理解上述发展经济学的重要问题具有启示作用。

后进国家经济结构通常有类似表现：如基础设施条件差，资源开发能力弱，体制政策效率低，熟练工人和各类人才缺乏等等。一国经济进入快速成长通道，根本动力当然是自身努力和内因作用，国内体制政策选择尤其是关键变量，然而符合规律与切实有效的外部合作，也能对突破贫困陷阱并进入起飞状态发挥重要助推作用。上面讨论显示，与发展阶段相联系的组合特点和优势，使得中国有可能通过倡导共建“一带一路”合作努力，为沿线国家提供全新发展契机。

凭借制造与建造方面的出色能力，中国能为经济后进国家提供性价比最好的基础设施建设解决方案；借助阶段性充裕的国民储蓄和外汇储备资源，中国能有效帮助沿线共建国家超越储蓄与贸易的“双缺口”制约；中国部分劳动密集型产业、产品或区段随着国内要素价格上升，会在市场机制和比较优势规律作用下逐步向国外转移，为沿线承接转移国家提供非农就业、提升人力资本、发挥自身比较优势的合作机遇；中国与有关国家共享改革发展经验，将为沿线国家体制与政策诱致性改革变迁提供善意有效的推动力。当然，“一带一路”并非仅限于中

---

① 根据2015年4月7日彭博汇编数据，2015年3月份全球外汇储备从2014年8月份创纪录水平的12.03万亿美元下降至11.6万亿美元，止住了2004年开始激增4倍的势头。虽然美元升值造成其他储备货币值缩水可能夸大了降幅，过去十年外汇储备平均每年增加8240亿美元形势正在发生转变（“外媒：全球外储十年来首次下跌　因中国等抛售美元储备”，2015年4月7日，来源：凤凰财经综合）。虽然上述变化是不是趋势性逆战还有待观察，共建“一带一路”最终可能对21世纪初年全球储备资产的大幅激增产生显著抑制作用。另外研究人员注意到，“一带一路”沿线国家中很多发展中国家储蓄不足，但是也有包括中东产油国在内的少数国家，拥有大量外汇储备，“占主权财富70%左右”。但是，这些资金因为缺乏区域性金融合作的机制和平台，被投放到发达国家的金融市场上去了，没有转化为这个地区自身发展的资金来源。共建“一带一路”为这部分资源更有效利用提供新契机（马玉荣、王艺璇：“‘一带一路’—大国发展战略——专访国务院发展研究中心副主任隆国强”，《中国经济报告》，2015年4月29日）。

国与相关国家的双边关系，而是涵盖沿线国家相互之间合作内容，是区域合作规划和行动。不过中国作为最大新兴经济体，无疑将在其中发挥特殊作用。共建“一带一路”，中国将有机会向世人展示自己是最好的发展合作伙伴，中国也将从中获得广泛利益。

五、“一带一路”的影响、风险与应对

推进“一路一带”建设对中国与沿线国家可谓功在当前利在长远，同时这项宏大事业也必然会面临各种困难和阻力。就经济逻辑观察，“一带一路”有望带来多方面积极影响。

第一，将为中国经济开拓创造更具全方位特点的开放格局。早先中国处于产业链低端，在产品内分工时代通过加工贸易参与国际分工，主要表现为承接发达国家劳动密集型产业，向发达国家输出加工品。经过几十年开放发展历练，中国已成功转变为中等收入水平国家，未来经济发展与结构提升对开放格局提出更高要求。未来中国与发达国家经济仍有很多扩大合作领域空间，同时与新兴经济体及广大发展中国家经济合作重要性将会显著提升。共建“一带一路”是中国“构建全方位开放新格局，深度融入世界经济体系”① 的重大部署，也是“开展更大范围、更高水平、更深层次的区域合作，共同打造开放、包容、均衡、普惠的区域经济合作架构”② 的战略举措。

第二，创造培育国内、区域以至全球范围的新经济增长点。在中国宏观经济面临周期调整下行压力形势下，结合共建规划适当追加国内相关地区与行业配套投资，有助于国内经济短期稳增长目标并将对长期增长发挥积极作用③。“一带一路”

---

① 国家发展改革委、外交部、商务部：“推动共建丝绸之路经济带和21世纪海上丝绸之路的愿景与行动”，国家发展改革委网站，2015年3月28日，http://www.sdpc.gov.cn/gzdt/201503/t20150328_669091.html。

② 国家发展改革委、外交部、商务部：“推动共建丝绸之路经济带和21世纪海上丝绸之路的愿景与行动”，国家发展改革委网站，2015年3月28日，http://www.sdpc.gov.cn/gzdt/201503/t20150328_669091.html。

③ 据市场研究机构估计“各省2015年两会政府工作报告上关于‘一带一路’基建投资项目总规模已经达到1.04万亿。从项目分布看，主要以‘铁公基’为主，占到全部投资的68.8%。”（李秀中：“地方掘金一带一路，基建投资逾万亿”，《第一财经日报》，2015年3月26日）。

沿线国家由于受到基础设施缺乏等硬件条件与体制政策不完善等软件条件制约，发展潜力未能得到充分释放。共建“一带一路”对症施策，有助于中国与沿线国家更好实现经济较快可持续发展目标，并对培育全球经济新增长点做出贡献。

第三，改进与完善国际经济与金融治理架构。目前全球经济治理结构与全球化深化要求不匹配，要把21世纪经济全球化提升到更高水平，亟须改进完善全球治理结构。在IMF份额调整受阻与守成大国对全球治理架构“存量改革”消极拖延形势下，新兴经济体与广大发展中国家用建设性方式主动进行“增量改革”具有重要意义。中国倡导共建“一带一路”探索合作发展新路径，本身具有对现存治理结构在有效解决当代发展问题局限性方面提出质疑补救的含义，依托“一带一路”建设成立亚投行等新金融机构更是重大“增量改革”举措，将对改进完善现有体系产生深远影响。

第四，推进人民币国际使用的历史进程。随着全球经济格局与主要经济体相对经济实力演变，国际货币体系与特定主权国家货币的国际地位终究会发生相应调整，二者变化虽然并非在每个时点都具有成比例一致性，然而终究会通过非线性方式实现其内在一致性要求。伴随中国开放经济体量增大及其在全球经济体系中相对地位提升，人民币在国际交易范围逐步增加使用应是大势所趋。本币国际化本质上是大国经济开放成长的自然历史过程，并且对货币发行国意味着责任和担当，因而它不应是短期政策目标，甚至也不是可以选择的政策工具。共建“一带一路”将探索使用区域内货币进行贸易结算与发债融资等金融货币合作途径①，中国作为共建“一带一路”倡导国，人民币国际使用将获得前所未有的

---

① 业内人士认为，“东亚各经济体在产业结构上与我国存在较大互补性，贸易往来频繁，构成了人民币跨境流通的基础。现在，人民币已经成为周边国家和地区贸易的主要结算货币，并在东南亚区域内贸易中表现出较好的可接受性，说明人民币作为区域贸易国际结算货币的市场需求已经基本形成。”“我国与沿线国家的人民币跨境使用已初具成效。自2012年6月首笔人民币兑哈萨克斯坦坚戈交易的国际贸易结算实现以来，2013年国家开发银行新疆分行向哈萨克斯坦企业发放人民币贷款3.5亿元，实现我国对中亚人民币输出的重大突破。我国境内的新疆霍尔果斯口岸积极实践人民币跨境业务创新，2013年8月，中哈霍尔果斯国际边境合作中心成为全国首个‘境内关外’离岸人民币创新金融业务试点区，享受比深圳前海、上海自贸区更优惠的特殊离岸人民币政策。在该合作中心内，人民币可与周边国家货币自由兑换、挂牌交易，开展人民币融资业务”（庞凌子：“人民币国际化护航一带一路，规避美元汇率风险”，和讯网，2015年3月17日）。

机遇。

第五，改善外部资产负债与收支结构。伴随经济追赶提速与加深融入全球经济体系，中国对外资产负债表快速扩大。国际投资头寸数据显示，中国对外资产从2004年9291亿美元上升到2014年64087亿美元，同期对外负债从6527亿美元上升到46323亿美元，净资产从2764亿美元升到17764亿美元①。然而中国对外资产负债结构不合意，虽拥有巨额净资产却遭遇净值负收益。例如2014年数据显示，中国对外资产61%是低收益外汇储备，对外负债58%是外商高收益直接投资，“国际收支平衡表中投资收益为逆差599亿美元，……二者收益率差异为2.7个百分点”②。给定人民币实际汇率升值趋势，最终用人民币衡量的净收益负值可能更大。“一带一路”建设将拓宽中国以非外汇储备形式持有外部股权债权空间，有利于提高中国储蓄在国外配置效率以造福于沿线国家经济发展与民生改善，也有助于改善中国对外资产负债结构。

共建“一带一路”必然会面临各种困难与风险。

第一，共建“一带一路”会始终面临如何处理与大国关系的难题。例如，美国作为现有国际秩序的主要创设国和主导国，显然会较多从竞争角度看待共建“一带一路”这个新变化，美国对亚投行反应已显示这一点，不过中美在有关区领域仍有很多合作空间，美国有关政策未来变化不确定性最大③。由于众所周知的历史与地缘政治原因，俄罗斯对“一带一路”会有复杂感受与反应，共建“一带一路”如何协调与俄罗斯这个重要战略伙伴国关系会具有特殊敏感性与微妙性。欧洲大国、印度等与中国在共建“一带一路”上有较多合作空间与意愿，不过也会在地缘政治与具体合作方式上存在很多立场差异与磨合之处。日本估计会更多从消极方面看待“一带一路”，不过日本与不少沿线国家经贸援助关系与“一带一路”在客观上也不无交集。大国崛起如何管理大国关系演变始终是难

① “中国国际投资头寸表（年度表）”，中国外汇管理局网站（http：//www. safe. gov. cn/）。

② 国家外汇管理局国际收支分析小组：《2014年中国国际收支报告》，2015年3月31日。

③ 本文第一作者2015年元月随团访问美国政府有关部门，一位官员指出中美在东南亚与中南亚存在广泛合作空间。在他看来，美国有南北丝绸之路倡议而中国有东西丝绸之路倡议，美国有“印太经济走廊”倡议而中国有海上丝绸之路倡议，美国协调各国海关标准方面具有一流软实力，中国基础设施建设具有一流硬实力，中美两国都重视基础设施并致力于区域互联互通，两国存在巨大合作潜力。

点，共建“一带一路”越是取得成效，由其激活的潜在风险因素可能会更大，在某种意义上“一带一路”给中国提供了一次充满挑战的“主场”历练机会。

第二，如何处理沿线小国关系也会面临复杂难题。沿线国家中像巴基斯坦这样全天候好伙伴并不多。如菲律宾、越南这样近年与中国双边关系出现特殊困难的国家也积极参与创设亚投行，显示共建“一带一路”互利共赢性质及由此派生的生命力与影响力，然而与这些国家具体合作仍可能会多一些制约因素和困难。又如由于不很久远的历史原因，蒙古国参与建“一带一路”难免会多一些考量。即便是历史上丝绸之路沿线国家总体积极参与共建“一带一路”，希望搭乘中国经济崛起快车以实现自身发展抱负，然而如有关专家客观指出的：“今天一路一带上的许多国家尤其是小国，在古代丝绸之路的时候，并不是我们平等的伙伴而是我们的藩属。丝路时代的回忆对于他们来说，可能并没有我们想象的那样美好”[①]。历史记忆中不美好因素，也可能转化为影响合作的交易成本。

第三，工程与项目实施层面会有更多困难与风险。21 世纪以来中国大量企业走出去曾面临的各类困难，都会构成共建“一带一路”的潜在和现实挑战。一是体制政策风险。沿线发展中国家即便在政治层面明确了合作立场，在体制与政策层面仍可能存在大量协调困难，例如特定项目用地能否及时到位，过于繁复的海关检验程序能否得到合理控制，汇率波动与外汇管制可能发生突然变动等，都会给本来可能互利共赢项目蒙上阴影。二是管理风险。中国企业走出去在国外面临全新的社会、经济、政治、法律、文化环境，在生产流程、质量控制、员工管理等方面都会遇到新困难，简单采用国内行之有效的方法可能会“水土不服”。这就要求中国有关企业在管理运营层面认真学习善于学习，尽快适应所在国特定环境以保证平顺运营，为共建“一带一路”提供企业微观面支持。三是环境风险。大型基础建设与工业投资项目必然伴随对自然生态环境系统的某种人为干预，受到技术可行性、预期赢利性与环境可持续性等三重变量的相互制约。虽然保护环境与重视生态文明建设是共建“一带一路”基本方针之一，在具体

① 储殷：“一路一带战略的实现需要更冷静的思考”，中国网－观点中国，2015 年 1 月 18 日，http：//opinion. china. com. cn/opinion_ 92_ 119792. html。

工程项目设计和实施层面如何统筹兼顾各方面目标达到最佳平衡，仍会面临选择困难甚至会有争议。四是经济形势与政局变动风险。中国企业近年国外投资，经常遭遇经济形势变化导致已确定项目搁浅取消的冲击。去年国际油价下跌在一些国家引发这类情况。如中资企业主导财团在墨西哥投标获得一个规模达数十亿美元的高铁项目，今年初被墨西哥政府以经济形势变化为由取消是一个事例[①]。另外，投资国执政党轮替，或政局动荡甚至爆发内战，都可能对已确定或在建项目带来颠覆性影响[②]，甚至对我设备财产甚至人员生命带来威胁。

第四，企业是共建“一带一路”的中坚力量。打铁先要本身硬，中国企业和机构大规模走出去的同时，如何把握好经济效益与社会责任关系，做到技术过硬、管理到位、效益良好、美誉度高，将是决定未来成败的关键。另外因共建“一带一路”创设的亚投行、丝路基金如何在自身决策机制与管理方面贯彻市场化、国际化、专业化原则，如何在实施项目层面坚持自身特色定位又与现有相关国际金融与发展机构有效合作，内部运行如何结合利用投票与协商机制达到既高效决策又充分集思广益，都存在需要通过实践探索逐步解决的问题。

第五，如何正确看待实施“一带一路”战略与国内深化改革推动体制转型关系也可能存在认识风险。亚投行冲击显示中国改革发展阶段性成就与影响力提升，国内媒体热议时扬眉吐气与欢欣鼓舞是大国崛起阶段的正常合理心态。不过也需防范公共兴奋与欣慰感可能传导一种潜在认识偏颇，就是把亚投行冲击解读为“中国模式”大功告成而盲目乐观，把共建“一带一路”开局顺利看作是所谓“北京共识”对“华盛顿共识”的完胜而淡忘国内改革大业仍面临爬坡过坎与壮士断腕的挑战。改革开放激活创造力是中国发展成就的根本原因，中国也是战后经济全球化体系与秩序建设的参与者与受益者，倡导“一带一路”并非意

---

① 杨宁昱：“路透：墨西哥取消两个中资项目令中企‘心凉’”，参考消息网，2015 年 4 月 22 日，http：//finance. cankaoxiaoxi. com/2015/0422/751667. shtml。

② 在某种程度上这是跨国基础设施投资面临的普遍约束和风险。例如据抽样研究，“在 1985 - 2000 年拉丁美洲和加勒比还地区国家达成的 1000 项基础设施特许授权中，有 30% 在 2. 2 年内就重新进行了谈判，重新谈判比例最高的是有关谁和环境卫生方面的特许授权，达到 74%。”［原载于 Guasch J. Luis，2004，Granting and Renegotiating Infrastructure Concession：Doing It Right，Washington DC，World Bank. 转引自：“林毅夫和王燕的评论”，Harard Halland et al.《资源融资的基础设施——关于一种新的基础设施融资模式的探讨（世界银行研究报告）》中国财政经济出版社 2015 年版，第 73 页。］

在颠覆现有经济秩序，也不是仅追求中国自身利益，而是要与沿线国家一起依据各自国情改革开放，探索共同发展与互利共赢道路。

共建“一带一路”是一项前无古人的事业。中国应对挑战、克服困难、争取共建“一带一路”成功，是对新时期中国奋发有为新外交方针的检验，也是对中国作为最大新兴经济体引领发展潮流能力的检验。共建“一带一路”事业能否取得预期成功，根本保障条件在于中国能否通过全面深化改革解决建构完善国内市场经济体制的挑战，在于能否通过全面依法治国建成现代国家治理架构与能力，在于能否保持中国经济持续追赶从而为“一带一路”合作提供生生不已的动力并动态充实其内涵。在这个意义上，“一带一路”的成功条件在这个战略本身之外。

要长期坚持“亲诚惠容”、合作共赢的基本方针，通过持久合作努力逐步实现规划目标，由此获得国际社会更广泛诚挚的认同。中国企业走出去要找准定位，谋而后动，发挥核心竞争力，避免一哄而起一拥而上。项目设计实施需重视兼顾市场赢利与社会责任目标，避免短期行为与竭泽而渔。要重视劳动密集型制造业有序转移，充分发挥这类转移对承接国在产业和经济发展方面的积极作用和特殊影响。项目设计实施应加强与国际机构与发达国家有关机构的务实合作，学习借鉴行之有效的国际经验和方法。要把培训、学位教学与实践高效结合起来，大力培养各个层次各种类型人才。总之，共建“一带一路”无捷径可走，只能通过持久而正确的努力，才能最终实现中国与沿线国家携手共进谋发展、百花齐放春满园的愿景。

“一带一路”战略呼唤“大国心态”

汤敏

为什么我们要“一带一路”?

首先，金融危机打破了“西方消费、东方制造”模式，国际分工重组。特别是经过了这次金融危机以后，整个世界经济在重构。过去那种“西方消费、东方制造”的国际分工模式，现在发生了巨大变化。美国、欧洲等西方发达国家的消费能力在下降，储蓄在增加，再靠信贷来刺激消费难以为继。同时，对东方制造来说，大量出口、大量顺差的模式都已更新重组。在这种情况下，我们需要有新的市场，有新的发展模式。

其次，全球性产能过剩加剧，需要新需求、新增长动力。产能过剩，其实不仅是中国遇到的问题，也是全球遇到的问题。整个大宗商品的过剩与全球的生产过剩有很大关系。在这种情况下，全球范围内需要新的需求，特别是需要新的增长动力。

第三，国际贸易和投资规则重构，TPP/TTIP 需要第三极来平衡。最近在美国，我们与很多官员和企业家接触，他们说这是很好的规则，但是真正推行起来还是很困难，因为即使是发达国家，以及那些和发达国家联系比较紧密的发展中

汤敏，国务院参事，友成基金会常务副理事长。本文是根据作者 2015 年 1 月 16 日在北京大学国家发展研究院举办的“一带一路”战略构想研讨会上的发言整理，发表时未经作者审订。载于《中国发展观察》2015 年 1 月。

国家也不是全能接受这么高的规则。我们需要第三极，而这个第三极恰好主要部分就在“一带一路”上。也就是说，世界需要一个除了 TPP、TTIP 之外的第三极，而且是以发展中国家为主的。

从国内的角度看，我们也需要一种新的发展战略、新的开放战略。过去 30 年，我们是引进来的战略，把国门开放，将资金引进来，产品卖出去。现在，这种开放模式已经受到很大挑战。

一方面，我们的劳动密集型产品受到挑战，因为劳动力成本不断上涨，基本工资加上其他成本，几乎一个人要四五千美元，这在国际上，特别是在亚洲已经是相当高的劳动力成本了。所以一大批劳动力密集型产业要转移，一种可能是转移到西部，但是西部的工资也不低，相当部分要不断地转移出去，需要承接。

更重要的是，过去我们“引进来”这种开放模式现在已经发生了根本的变化。中国从 2014 年开始已经成为对外投资的净投资国，也就是外国直接投资到中国的数额比中国直接投资到外国去得少，我国对外投资每年有 20% ~30% 的增长，而引进来的投资每年仅增长百分之几，这个差距会越来越大。如果说 2002 年的时候我国对外投资还几乎为零，现在规模已经变得非常巨大了。

从这个角度看，中国内生经济需要一种新的开放战略，一种新的开放模式，就是在“引进来”的同时要大规模地“走出去”，甚至走出去规模比引进来规模还更大，因为中国是一个储蓄率非常高的国家，我们的投资消耗不了这么多。

基于此，从国际宏观环境的需求和国内的经济需求看，我国需要一个新战略，一个新的开放战略，而这个开放战略就可以用“一带一路”来概括。这“一带一路”，大家不要把重点放在“一”字上，实际上这是我们新的、未来开放的一个大战略。

从这个意义出发，可看到，现在的“一带一路”远远超出了过去想的那种“带”、“路”的概念。这里包括的国家有 65 个，人口是 44 亿，占全世界人口的 63%，这实际上是全方位的、更大范围的开放。

而这 65 个“带、路”国家，整个的外贸、外资的流入，每年增长 13.9% 和 6.5%，比全世界平均增长都快很多，而且预计未来 10 年，在这 65 个国家出口将会占 1/3，真正成为第三极，如果说其他的“泛太平洋”、“泛大西洋”是一极的话，我们这里出口达到1/3，理所当然地成为第三极，当然这里有很多重复的部分。

在这65个国家里，35个以上的国家人均GDP才3000多美元，与我们有发展差距。而它们的人口就有将近30亿，这个数字非常大，可以创造非常大的市场。

从国内来说，“一带一路”可以带动国内需要大力发展的地区，特别是在“一带”上，西部需要大量开发；在“一路”上，实际上包括亚太的经济圈，与欧洲经济圈相连，恰好这“一带一路”就把整个世界给包括进来。

如何做好“一带一路”?

要做到资源互补、市场共享，而且这里还有充足的资金，可以形成一个利益共同体。一些国家是资金过剩，一些国家是资源过剩，一些国家是劳动力资源多，一些国家是市场大，它们之间的互补性非常强。而且“一带一路”并不是凭空想象出来的。实际上，长期以来存在多边的、区域的、双边的合作机制，包括湄公河三角区、中亚经济合作，这些在过去20多年里都做了很多的铺垫，互通的概念、进行亚太经济合作的理念都已形成了，甚至很多项目都已经设计出来了。从这个意义上来说，恰好是把已经形成的亚太经济合作推到更高的层次上，而且事实上现在有50多个国家已明确表态支持和积极参与“一带一路”的建设。

这一“带”包括新亚欧大陆桥、中伊土走廊、中新走廊、中蒙俄大走廊等等。基础设施优先，特别是在这一“带”上，首先要把路打通、通信打通，基础设施首先要做好。这个基础设不仅是在这“一带一路”上，而且可以在全世界范围内兴起新一轮基础设施建设的热潮，包括发达国家。再加上发展中国家，特别是在一“带”的发展中国家里，基础设施建设是非常需要的。按照亚洲开发银行的测算，亚洲国家包括现在已经涉及的中国、巴基斯坦、孟加拉国，每年需要7300亿美元的基础设施投资，包括铁路、公路的基础设施，还有油气管道、电力、通讯这些巨大的基础设施投资，在相当长的时间内是很重要的投资方向，而这些领域恰恰又是中国的强项。

中国的强项，不但在于我国有很强的土建或者基础设施设计施工的能力，还包括我国有很强的资金能力，建设这些基础设施需要大量资金，我国有大量的外汇储备，并有一定的设计能力，我国可以带资参加这种基础设施建设，应该说是各国非常欢迎的。而基础设施的投资，一般说来，投资回报都是相当稳健的，而且都会造成很多附加的、溢出的效益。所以，投资基础设施的风险相对比投其他项目更小。

“一带一路”跟世界银行、亚洲开发银行等国际组织“把这个路修完了就走了”不一样，我们还有其他的工业产业同时走出去，与它进行对接。有了基础设施，产业进去，就能够发展，可以减少它的成本。反过来，有了产业进去，基础设施才能发挥它的作用，才能有经济效益。而我们现在正处于劳动密集型产品要大量外迁的时候，要移到“一带一路”上的周边国家去。另外，其他的相对比较成熟的像核电、轨道交通、工程、机械、汽车等等产业，都可以作为我国到国外投资的强项。

产能过剩的产业也可以向这些国家进行转移，这些都是非常受欢迎的，它们与改革开放刚刚开始的时候，中国极度需要其他的外国资金来投资一样。除此之外，在“一带一路”中，我们还有强大的金融支持，目前几个机制都在设计中，而且都在推动中。例如刚刚宣布的400亿美元丝路基金，马上要成立的亚洲基础设施投资银行的1000亿美元，以及金砖开发银行、上合组织开发银行等等，包括现在人民币的跨境使用。不但有资金，而且有很好的机制能够使这些资金相对比较安全地使用。

“一带一路”风险何在？

“一带一路”是一个新时期的大战略，当然这里存在很多风险，这些风险首先是大国关系问题，涉及中美、中欧、中日关系，这些国家与“一带一路”都有一定的利益冲突，它们都有很多疑虑，这怎么处理？对俄罗斯来说，“一带一路”是其长期的合作范围，我国在推动中亚“一带”的时候，跟俄罗斯的关系非常重要。在“一带一路”里，南亚国家是我国很重要的合作伙伴，这又是印度传统的势力范围，怎么处理好这个关系，首先是国际政治、地缘政治的很大的挑战，而这些需要智慧，需要我们有很好的设计。

除此之外，这些国家之间的经济差异过大，政治、社会、法律之间的差别也过大。这都让我们的投资者，不管是政府投资还是民间投资，充满巨大风险。这里还涉及政局、民族、宗教矛盾，又特别复杂。所以在“一带一路”，特别是在“一带”里，我国一定要做好充分的思想准备，做很好的研究和处理。除了外部风险之外，还有内部风险，内部风险很重要的一条就是我们的国民有没有一种大国心态、大国风度，特别是要有一种大国能力。这是中国第一次大规模推动的国际性战略，由我国来提出。过去都是世界银行、亚洲开发银行、IMF，他们提出一些设想规划，我们参与，而这个“一带一路”我国是提出国、发起国，就需要有一种大国的心态。

所谓大国心态，就是我们要能够有吃亏的想法，要考虑别人的利益，不能光考虑自己的利益。特别是在大国能力方面，要拿出很好的规划，很好的计划，而这个规划和计划不能考虑自己一方的利益，要考虑别人的利益，让别人也能真正积极参与，这个能力要求非常高。

同时，我们的企业走出去的准备还相当不足，现在的环境，企业可能还能生存，那么走出去到自然环境恶劣的地方，我们能不能生存？我们的企业没有准备好的时候，大规模走出去，快速走出去，有可能要交很多的学费。包括承受风险的能力，不仅是企业本身的抗风险能力，而且风险分散的机制有没有，我们的金融体系能不能帮助企业把风险分散掉，这些都是不足的。

还有很多技术风险，例如保护主义的风险、产业本身的风险、汇率的风险、金融的风险，以及社会的风险，投资国对我们发展这些领域，对环境的要求、对法律的要求、对社会的要求等等。我们能不能真正达到一种共赢的局面，这些都是我国在推动“一带一路”时面对的巨大风险、巨大挑战。

从根本上来说，我们还没有准备好，我们还需要大量学习。机会都是给有准备的人，在我们还没有完全准备好的时候，我们不得不出去，不得不推动的时候，这需要格外谨慎，需要格外努力，需要我们有一种全新的思路。

“一带一路”要坚持科学方法论

赵可金

只有深刻领会习总书记关于治国理政的方法论思想，不断与时俱进、探索创新，注意把握好全面深化改革的基本方法，才能完善和发展中国特色社会主义制度，实现中华民族伟大复兴的中国梦。

当前，“一带一路”带领中国改革开放进入深水区和攻坚期，任何一项改革措施都会触动现有利益格局，利益固化和思想僵化成为推进“一带一路”构想的最大障碍。在此种情况下，长期以来指导过去中国改革开放的“摸着石头过河”策略已经不足以突破利益固化和思想僵化的问题。因此，如何通过科学方法，打破制约一切社会活力迸发的思想僵化和利益固化藩篱，彻底解决“号令不出中南海”的问题，成为中央“一带一路”建设领导小组有效工作的关键。

一、顶层设计与基层设计相结合

改革开放三十年的经验表明，基层是最具活力的改革主体。所谓“摸着石头过河”，首先是省级以下机构“摸石头”，通过鼓励设立经济特区，进行政策试点，然后总结经验，在面上推开。然而，“摸着石头过河”有一个根本的假设，那就是相信在河床上有路可走，有石头可摸。随着中国改革发展进入深水区，河床上已经没有路可走，没有石头可摸。尤其对于“一带一路”这样的世纪构想，

赵可金，清华大学当代国际关系研究院副教授，察哈尔学会高级研究员。本文载于中国网2015年5月5日。

基本上没有前人的经验可以借鉴，尽管在历史上存在着“丝绸之路”和“海上丝绸之路”这样的实践，但现在的情况已经今非昔比。当今的中国已经和历史上的中国不可同日而语，一旦中国决定重走“丝绸之路”，就意味着13亿人口和10万亿美元的经济总量一齐涌向前去，“摸着石头过河”已经不能满足超十万亿美元规模经济体发展的需要，一旦亿万大军涌入古丝绸之路，如果不能提前规划设计好基础设施、政策协调、贸易通道、金融网络、人文交流的互联互通，就会陷入自相踩踏和恶性竞争的泥淖。目前，每逢假日期间，全国旅游线路交通紧张、服务滞后、各种纠纷层出不穷的事例比比皆是，中国早已深受此种传统思维方式之苦。

因此，“一带一路”构想首先要重视顶层设计，以“逢山开路，遇水搭桥”的精神做好前期的论证、规划和行动设计。在实践中，不仅要通过发改委等综合部门的规划设计实现在国内规划上的科学论证，而且还要通过外交部、商务部、财政部、中国人民银行、中联部、教育部、文化部、中国人民对外友好协会等涉外部门与沿线国家的对口部门进行沟通协调，实现中国与沿线国家的互联互通。在这一中国自身顶层设计和中国与沿线国家相互之间的顶层设计没有到位的情况下，地方各级政府、各领域和各部门必须明确“一带一路”的顶层设计红线，确保有组织、有秩序地参与“一带一路”，既不要“抢跑”，也不可“拖沓”。

“一带一路”必须在方法论上强调顶层设计，并不是否定基层设计。基础不牢，地动山摇。科学的顶层设计，必须根基于坚实的基层设计。欧美国家在市县级有多样化的制度设计，美国的县、郡就存在着1000多种制度，“一带一路”推进首先要鼓励县制改革，强调县处一级党委政府和部门是基层设计的主体，鼓励多样化的制度设计，在不违反顶层设计原则的前提下，大胆推进全面深化改革，一切以是否有利于释放社会发展活力为基准。在国家关于“一带一路”的顶层设计出台后，各部门、各级政府和非政府行为体要积极对接“一带一路”的顶层设计，从各自优势出发，制定具体的规划设计和行动计划，在国家顶层设计引导下，通过创造性的基层设计呼应和壮大“一带一路”的战略影响力。

顶层设计和基层设计各有侧重点，各具特色和优势。顶层设计应强调原则统一、规则简单、机制高效，基层设计应强调实事求是、区域特色和切实可行。同时，基层设计不再是传统上的“摸着石头过河”，而是在顶层设计引导下进行的创新性探索，在实践中要通过顶层设计引领基层设计，通过基层设计为顶层设计奠定坚实基础，通过“抓两头，带中间”，激发上下推进“一带一路”建设的积极性和创造性，共同推进“一带一路”的伟大事业。

二、点、线、面相结合

“一带一路”是点、线、面的综合体。“一带一路”建设过程要做好点、线、面相结合，做好了改革的“点”，就要把“点”串联成“线”；只有将“点”串联成“线”，协调联动，才可以突破到“面”的规模限制，才能将改革在“面”上落实好，在地区并最终到整体全面推进。三者相辅相成，互相促进，星星之火，可以燎原。改革开放三十多年的实践表明，以点带面是积极稳妥的改革战略。邓小平主导的广东改革、江泽民主导的浦东开放开发、胡锦涛和温家宝主导的滨海开发，都取得了巨大的改革效应。因此，“一带一路”建设仍需坚持以点连线，以线带面战略路径，实现点线面的有机互动，协调并进。

所谓“点”就是着力点、落脚点、示范点。总书记提出“一带一路”的构想，必须要有强有力的地方作为龙头，发挥“龙头带动”效应。目前，中央提出建设福建和新疆两个经济带核心区，就是希望以两省区为龙头，确立“综合改革试验区”，高标准规划和设计，打造地区经济增长极，打通走向链接东中西部的战略大通道，实现“丝绸之路经济带”和“21 世纪海上丝绸之路”的胜利会师。对此，两省区必须拿出敢为天下先的气魄，勇当“一带一路”建设的“开路先锋”，以“逢山开路，遇水搭桥”的魄力，以体制机制创新为突破口，敢立军令状，敢挑千斤担，为全国开好头，带好路。在这一过程中，要有一点敢于打破禁忌的勇气，要学习当年习仲勋在广东、项南在福建的锐意改革气魄，让全国人民看到那么一点精气神，看到“一带一路”建设的希望。

所谓线，就是将“点”串联起来，形成一加一大于二的协作效应。“一带一路”构想的提出，核心就是强调经济走廊、经济带的“连线效应”，通过打通经济走廊，实现欧洲经济圈与亚洲经济圈的互联互通，塑造规模效应和协作效应。目前，中国已成为名副其实的“世界工厂”，需要稳定的原料供应和销售市场，需要新的投资渠道。随着西方发达经济体受金融危机和复苏乏力的影响，市场需求不振，发展空间有限，已经极大制约了中国先进产能的释放空间。在此情势下，恢复传统贸易线路，开拓“一带一路”沿线国家的市场需求，中国就能团结更适应中国模式的非西方周边国家，在东西两个方向同时开启两个新的一体化进程。复兴丝绸之路，有利于我国加快形成全方位开放新格局，拓展战略回旋空间，而且是打造新的经济增长极、缓解产能过剩矛盾的良好选择，是党和国家促进和平发展、合作共赢的战略选择。

有了“点”、“线”的基础，“面”上的规模效应自然水到渠成。要通过依托“一带一路”沿线中心城市的“示范”、“引导”、“服务”和“带动”效应，努力实现突破一条线、带动一大片的发展效应。在过去的三十多年中，区域经济由于覆盖面广，一直是中国经济发展最中坚的力量，粤港澳经济圈、长三角经济圈和长江经济带、京津冀经济圈等重要区域经济的发展，带动了我国以出口为导向的经济增长。在新的历史时期，通过“一带一路”规划建设，将国内众多区域经济圈之间的链接纽带打通，并打通中国国内经济圈和周边若干经济副中心以及欧洲、非洲、中东、亚太经济圈的联系，让其与投资、消费、出口等并驾齐驱，成为未来中国与世界经济成长最重要的动力，这将是中国经济对世界经济的重大贡献。

因此，在“一带一路”总体规划指导下，其他各省区、各部门和各单位也要相互呼应，形成大众合唱。特别是要充分发挥自身资源、区位和要素优势，形成特色，加强协调配合，极力避免自我竞争，盲目乱干的倾向。此外，“一带一路”涉及60多个国家，各省区要放宽视野，在中央指导下，点面结合，广泛开展与沿线国家的合作，真正向世界展示协调有序的“中国范儿”。

三、重点突破与整体推进相结合

以重点突破带动整体推进，是我们党改革取得成功的一条重要经验。作为一种创新性的实验，“一带一路”既是由一个个的具体项目所组成的世纪工程，又是涉及制度创新、结构调整和发展方式转变的系统工程。因此，在推进“一带一路”建设过程中，必须坚持重点突破和整体推进相结合，既强调从某一关键领域打开突破口，也重视整体推进和巩固“一带一路”的收获果实。

重点突破是一种以小搏大的低成本、非正规作战方式，通过在某一关键领域实现突破，进而为大规模整体推进创造条件，具有高度的灵活性、主动性、进攻性和群众性。在抗日战争年代，面对复杂的战争任务，毛主席提出了“游击战”重要策略思想，就是一种重点突破的思路，它通过派遣武工队和小分队在运动中袭扰敌人，创造突破的机会，不断扩大根据地的影响，为抗战胜利做好准备。中国的改革从一开始也采取了“游击战”的策略，无论是安徽省凤阳县小岗村实行土地承包责任制的探索，还是深圳从小渔村至大都市的转变，无论是以国有大中型企业制度改革实践，还是先经济改革后政治改革的前进道路，中国改革的历史进程一直遵循的是先小后大、先易后难、逐步积累的“游击战”路线，它的优点是稳步推进、不抢跑、不懈怠，条件成熟的先改革，条件不成熟的后启动。

“游击战”的策略方法完全可以为“一带一路”所用，并可以推陈出新。“一带一路”涉及众多领域，包括基础设施、产业合作、经贸交流、金融合作、人文交流等，不可能毕其功于一役，更不能妄想着四面出击，全面开花，应该选择若干领域集中资源实现重点突破。从中国的资源优势和“一带一路”构想的性质来看，重点突破的一个主要着力点就是基础设施互联互通，包括公路、铁路、港口和机场等在内的基础设施的互联互通，是实现区域联动发展和共同繁荣的动力和活力源泉。丝绸之路首先得要有路，有路才能人畅其行、物畅其流，疏通经络、畅通血脉，打通制约经济发展的诸多瓶颈，“一带一路”才能活起来、动起来。根据发改委、外交部和商务部发布的愿景和行动规划，基础设施互联互通已经成为“一带一路”的先导工程，包括中吉乌铁路、中塔公路、匈塞铁路、中欧陆海快线、中泰铁路等项目建设，边境口岸基础设施建设、民航航线和货运航线建设等基础设施项目正成为中国对外投资的重点领域，基础设施互联互通伙伴关系对话机制已经启动，在基础设施互联互通的重点突破已经拉开了序幕，一系列后续合作倡议也会相应跟上。

同时，基础设施互联互通只是解决了“一带一路”的“硬件载体”问题，没有解决其“软件服务”问题。互联互通是个宽泛的概念，它不仅包括交通基础设施的硬件联通，也需要包括规章制度、标准、政策等“软件联通”，只有软硬件匹配，才能真正发挥带动效应。因此，在“一带一路”建设过程中，在推进基础设施互联互通的同时，也要将以民间友好互信和文化交流为主要内容的人文联通摆到突出位置，强调人文交流为先导，通过大量的前期交流、沟通、对话，逐步积累基础，积聚信任，为全方位的“大会战”奠定基础。

整体推进是一种着眼于全局的总体规划，强调系统性、整体性和协同性，通过集中主力实现整体引领和全面推进的策略。改革开放三十多年来，“游击战”在农村、经济特区管理、国有企业改革、外汇储备、先进产能等领域已经打好了坚实的基础，为“一带一路”的整体推进提供了必要的条件。“一带一路”是一个系统工程，牵一发而动全身，在推进基础设施互联互通和民心相通的同时，要注重全局性和整体性的谋划和推进，面对躲不开、绕不过的种种矛盾和问题，不允许畏首畏尾、贻误时机，否则利益固化的藩篱无法突破，“一带一路”就无法取得实质性进展，甚至导致在互联互通和人文交流上的重点突破成果因后援不足而功败垂成。

目前，中央已经成立“一带一路”建设领导小组，该领导小组就是“一带一路”建设的“总前委”，要充分发挥“总前委”的统筹各方优势，“逢山开路、遇河架桥”，“杀出一条血路来”，集中优势资源在一定阶段内组织改革“大会战”，整体推进“一带一路”的规划。尤其是在教、科、文、卫等“一带一路”沿线国家发展滞后的领域，也是中国全面深化改革的薄弱环节，要以“走出去促改革”，在与“一带一路”沿线国家的合作中推进教科文卫等领域的改革，大胆探索在教、科、文、卫领域实施负面清单管理制度，释放知识、技术、信息等生产要素的活力，鼓励高科技人才、知识分子、文化名人、医学专业人士自主创业，大力发展创意经济和知识经济，提升中国经济品质，实现中国发展与沿线国家的互利共赢，真正让“一带一路”的命运共同体精神在沿线国家落地生根。

总之，在推进“一带一路”建设过程中，要坚持整体推进和重点突破相结合，以基础设施互联互通为突破口，以人文交流为着力点，坚持共商、共建、共享的原则，整体推进政治互信、经济合作、人文友好的利益共同体、命运共同体和责任共同体建设，稳步建设一荣俱荣、一损俱损的全球伙伴关系网络，这是“一带一路”的最终目标所在，也是各方的共同追求。

四、渐进式改革与跨越式发展相结合

长期以来，中国改革所习惯的方法是渐进式的发展，比如“摸着石头过河”、“分步走”、逐步展开。从外围增量改革突破，逐步向核心地带稳步推进存量改革，是中国渐进式改革战略的核心。渐进式发展是分步走策略，每走一步所遇到的阻力较小，耗费的摩擦成本较小。“一带一路”是世纪工程，且面对的情况更复杂，深层的矛盾和风险更多，必须长期打算，不能急于一时，渐进式发展是一个可行的发展方法。

渐进式发展的方法强调走一步看一步，积小变成大变，先在低风险的领域着手，逐步将改革引向深入。从整个“一带一路”建设过程看，渐进式发展方法面临的总的摩擦成本较小，强调先从不大敏感的基础设施、跨境合作区、产业合作、海上补给点等领域着手，汇集各方面的正能量，塑造共同的合作愿望和预期，不急于推进敏感领域的合作。尤其是对于作为“一带一路”倡议方的中国来说，渐进式发展是一种比较合适的方法，它要求中国必须妥善回应“一带一路”沿线国家可能的猜忌和疑虑，更多从其他国家地区希望开展的合作项目入手，不要事事都想着赚钱，也不要时时都看重战略利益，而是更看重赢得信任，获得民心。中国有句古话，“得民心者得天下”，中国要吸取一些国家倚强凌弱、以大压小等霸道做法的教训，更注重换位思考，在平等互信中推进合作共赢，在包容互鉴中赢得他国尊敬。

在重视渐进式发展的同时，跨越式发展也是一个重要的方法。跨越式发展是“一揽子的”、“一步走”、全面推行的发展方法，改革措施在最短的时间内迅速到位。习近平总书记要求坚决查处腐败案件，坚持“老虎”、“苍蝇”一起打，建设法治中国，就是跨越式改革的典型。跨越式改革属于“壮士断腕”，以重手攻坚克难，意在改变体制革新的瓶颈，摧毁特殊利益集团，社会阻力大，摩擦成本较高。“一带一路”构想的最终目标是超越现有的地缘政治、利益冲突和文明隔阂的种种障碍，建立政治互信、经济合作和人文友好的命运共同体。因此，在条件成熟的情况下，依托各种双边、多边和区域平台，通过外交关系升格、合作机制创新、区域合作平台构建等多种方式，实现“一带一路”建设水平的跨越式发展。

在“一带一路”建设过程中，跨越式发展与渐进式发展都是推进“一带一路”的科学方法，两者并无绝对优劣之分，各有利弊。我们要用动态的眼光看待两者之间的互动，针对具体问题和具体情况合理搭配两类发展方法，积极稳妥地推进“一带一路”建设进程。

五、改革家精神与实干家精神相结合

“一带一路”战略能否成功，归根到底取决于能否锻炼和培养出一大批有着全球视野和战略眼光的高素质领导人才、管理人才和专业人才队伍。“一带一路”是一项全新的改革试验，改革创新是这一事业持续向前发展的不竭动力。习近平同志告诫全党，如果不思进取，那么不仅党和人民的事业难以向前推进，而且会损害党的形象，会让人民失望进而丧失对党的信任。“一带一路”建设成效如何，很大程度取决于我们能否有一支改革家队伍，取决于这支领导队伍有无强烈的改革进取精神和担当意识。我们的领导队伍要有创新意识，奋发有为，勇于担当，勇于负责，破除俗成思维定式，用领导方式的转变促进发展方式的转变，顺利推进“一带一路”建设。尤其是在具体建设项目上，改革家应善于在“一带一路”建设工作中抓住影响“一带一路”的关键部位和要害问题，独辟蹊径，实现突破，善于统筹国际国内两个大局，统筹国际国内两个市场和统筹国际国内两类规则，通过创新性的实践为“一带一路”开山辟路，走出一条前人没有走过的世纪新路。

同时，“一带一路”是干出来的，不是想出来的。习近平总书记强调，“谋事要实、创业要实、做人要实”。“一带一路”的世纪工程，除了需要一大批具有创新思维的领导人才外，还需要一大批真抓实干的实干家。这些实干家要从客观实际出发，从群众期待入手，一心实干，干出成绩，做到不开空头支票，不搞形象工程，踏踏实实做事，实实在在做人，能够深入基层一线，了解实际，磨炼作风，提高素质。只有在深入基层中接好地气、增强底气，工作才能做到脚踏实地、有的放矢，才能真心实意服务群众、服务发展。

无论是改革家，还是实干家，都不是培养出来的，而是在实践中历练出来的。要放宽视野，不拘一格选拔人才，打破年龄、学历、国籍等条条框框，广开进贤之路，广纳天下英才，尤其是从“一带一路”建设实践中唯才是举，选拔骨干，善于及时把那些在“一带一路”建设实践中涌现出的实干家选拔进入重要岗位，这是“一带一路”成功的关键所在，也是这一事业得以持续发展的根本所在。

总之，“一带一路”构想的实施会触及更多深层次矛盾，涉及利益关系深度调整，复杂性和难度前所未有。在没有现成经验的情况下，我们只有深刻领会习近平总书记关于治国理政的方法论思想，不断与时俱进、探索创新，注意把握好全面深化改革的基本方法，才能完善和发展中国特色社会主义制度，实现中华民族伟大复兴的“中国梦”。

推进"一带一路"宜处理好若干关系

孔根红

"一带一路"（指"丝绸之路经济带"和"21世纪海上丝绸之路"）重要战略构想提出后，成为国际社会关注的热门话题。但世界有关国家对此看法并不一致，赞成者有之，疑虑者有之，支持者有之，观望者有之。如何让"一带一路"的战略倡议和发展合作理念在相关国家间形成广泛共识，成为合作共赢的典范，我认为要着力处理好以下几组关系。

处理好传统继承与时代创新的关系

古代的"丝绸之路"是商贸之路，而今天的"一带一路"合作领域要广泛得多；历史上的"丝绸之路"主要是商品互通有无，今天交流合作的范畴要大得多。今天的"一带一路"继承了古丝绸之路开放传统，吸纳了东亚国家开放的区域主义，秉持了开放包容精神，不会搞封闭、固定、排外的机制。

"一带一路"倡议的地域和国别范围是开放的，古代陆、海"丝绸之路"上的国家、中国的友好邻国都可以参与进来。中亚、俄罗斯、南亚和东南亚国家是优先方向，中东和东非国家是"一带一路"的交会之地，欧洲、独联体和非洲部分国家也可融入合作。随着"一带一路"进程中项目增多，涉及的国家和实体可能更多，开放性也更强。

中国将与沿线国家对接发展战略，推进贸易、产业、投资、能源资源、金融

孔根红，中联部研究室正局级参赞兼副主任。本文载于《中国投资》2014年第10期。

以及生态环保的合作，深化城市、港口、口岸、产业园区的合作，实现中国与沿线国家的共同发展。优先领域和早期收获项目可以是基础设施互联互通，也可以是贸易投资便利化和产业合作。各类合作项目和合作方式，都旨在将政治互信、地缘毗邻、经济互补的优势转化为务实合作、持续增长的优势，目标是物畅其流，政通人和，互利互惠，共同发展。

“一带一路”不是重复历史，而是继承传统，超越历史，创造历史有伟大创举。“一带一路”依赖“丝绸之路”经济、人文、商贸的千年传承，并赋予其新的合作意义，谱写“丝绸之路”的新篇章。正如吉尔吉斯斯坦国家战略研究所所长塔兰特·苏尔丹所言，“一带一路”不仅为全球化进程中亚洲地区的意义与作用带来了新前景，也为全球化进程赋予了具体内容。

处理好中国发展战略与相关国家发展战略的关系

我们认为，中国只是提出了一个倡议，但具体怎么做应是相关国家共同商量；“一带一路”不仅仅是以中国为主，应该是相关国家共同为主；“一带一路”要通过双边协商或多边论坛倾听各方意见；要将“一带一路”上升到利益共同体和命运共同体的高度。就中国而言，经过30多年的改革开放，中国经济发展进入新阶段，面临经济结构调整和转型升级。“一带一路”建设无疑要与中国全面深化改革和构建开放型经济体制紧密结合，并以此为契机，推动解决国内改革中面临的深层次问题，带动沿边省份开放发展，着力形成以开放倒逼机制、以改革完善制度、以制度促进开放的良性循环。

但中国从不仅仅从中国角度考虑问题，在实施“一带一路”战略中，中国坚持将相关国家作为一个整体通盘思考和统筹推进，把有关项目纳入到相关国家的发展战略中，并与东盟、上合组织、欧亚经济联盟等区域合作的现有规划和项目做好衔接，实现中国经济社会发展与相关国家发展和区域一体化的有机结合，通过帮助相关国家提升综合实力的方式，促进地区共同发展，实现地区共同安全，培育地区共同意识，形成地区共同声音。

在共建“一路一带”过程中，中国将坚持正确的义利观，道义为先、义利并举。中国不仅要打造中国经济的升级版，也要通过“一带一路”等途径打造中国对外开放的升级版，打造同世界各国特别是周边国家的互利合作。

“一带一路”不是中国一家的事，而是各国共同的事业；不是中国一家利益独享地带，而是各国利益共享地带。共同建设利益和命运共同体，共同创造美好幸福的未来。

“一带一路”途经多国，在寻求发展的同时应充分尊重文化的多样性。习近平主席曾表示，中国在中亚地区奉行“三不”原则，即不干涉内政，不谋求主导权，不寻求势力范围。“三不”原则，适用于所有“一带一路”沿线国家。

“一带一路”应摒弃“零和”观念。“一带一路”不是与大国争夺势力范围，而是形成大国良性互动，促进彼此共同利益，与大国携手共建，努力把“一带一路”变成构建新型大国关系的新平台和助推器。

最近，多个国家的专家及企业家代表汇聚中国新疆，普遍认为，泛中亚地区正处于经济回暖期，“一带一路”将为中国深度参与这一地区经济复苏提供契机，这是一个双赢的结局。

统筹好“一带一路”框架下合作与地区现有合作机制的关系

“一带一路”不是从零开始，而是对现有合作机制的延续和升级。“一带一路”将充分依靠中国与有关国家既有的双边、多边机制，借助既有的、行之有效的区域合作平台。“一带一路”的建设不仅不会与上海合作组织、欧亚经济联盟、中国—东盟（10+1）、“孟中印缅”经济走廊、“中巴经济走廊”等既有合作机制产生重叠或竞争，还会为这些机制注入新的内涵和活力。

“一带一路”并不排斥现有国际组织，而是要用好地区现有合作机制对多边合作的延伸效应。中国与有关国家依靠既有的双多边机制，陆续推出基建、交通的互联互通及贸易投资的便利化等措施。俄罗斯有学者认为，在上合组织内，目前发展比较落后的就是多边经济合作。建设“一带一路”有可能促进上合组织国家间多边经济合作。

处理好当前合作与长远目标的关系

规划“一带一路”需要全球视野和长远考虑，但也不能将该战略无限放大

“泛化”。目前存在一种倾向，将该倡议的内涵无限地扩大其外延，有的甚至将其延伸到北极。我们不能机械地沿袭古代丝绸之路。“一带一路”不是一个筐，什么都往里面装。具体推进也不能平均用力，而是要有重点。在推进过程中，要确定好重点战略，分清主次和轻重缓急，重点路线上也要确定重点项目，不能平均用力，不能齐头并进。操作中要本着循序渐进、水到渠成的原则，成熟一个推进一个，决不能一哄而上，更不能大干快上。

“一带一路”建设是一个长远的战略构想，目前尚处于调研和启动阶段，在形成完整、系统的成熟思路之前，要力避急功近利、急躁冒进。“一带一路”建设将是一个长期实现的过程，不可能一蹴而就，应通过扎实推进、不断深化区域合作来推动其最终实现。

处理好经济合作与人文合作的关系

经济合作无疑是“一带一路”框架中的重要内容，但经济合作不是“一带一路”建设的全部，也涉及文化。2013 年 9 月 7 日，习近平主席在哈萨克斯坦纳扎尔巴耶夫大学发表重要演讲，首次提出共同建设“丝绸之路经济带”的战略倡议，并提出“五通”，即加强政策沟通，道路连通，贸易畅通，货币流通，民心相通。历史上的“丝绸之路”其实是一条经济之路、文化之路、友谊之路与民心互通之路。今天的“一带一路”，更是要呼吁文化先行，通过深化与沿线国家的文化交流活动，促进区域合作，实现共同发展，让命运共同体意识在沿线国家落地生根。

“一带一路”要注意从人文领域做起，重视民间交往、人员往来、舆论宣传等人文交流的先导作用，通过组织“一带一路”文化行等活动，争取社会民意支持。文化交流合作有助于“一带一路”的推动发展，有助于夯实沿线国家的民意基础。

处理好政府主导与市场和民间力量的关系

政府层面重在把握方向，建立协调机制，但要着力发挥市场和社会的作用，要逐渐从政府主导的推进模式向政府、市场、社会有机结合的模式转变。借鉴国际先进经验，让企业和民间在一些领域“打先锋”，推动形成政府主导、企业参与、民间促进的立体格局。

“一带一路”要充分发挥市场作用，调动各类企业的积极性，引导更多的民间力量加入“一带一路”建设活动。

在推进“一带一路”建设过程中，还要充分发挥民间外交的推动作用。

处理好基础研究与顶层设计的关系

“一带一路”是大战略、大倡议、大思路，当前应做好“一带一路”的基础性研究，就其目标、内涵、实现路径及其政策做出科学解读，防止盲进盲动，消除曲解和误读。

“一带一路”建设，包括前期研究都是开放的，相关国家应提出建设性意见建议，不断丰富和完善“一带一路”的理念、构想和规划，集思广益，群策群力，制定出良性机制、政策内容和细节落实。要充分发挥各国专家学者的智慧，通过双边、多边国际研讨，把情况摸透，方案做实，规划做细，特别是要研判“一带一路”建设可能面临的风险和困难，并准备好预案。

处理好引导国内舆论与国际舆论的关系

“一带一路”倡议提出后，引起国际社会高度关注，许多国家积极支持，但也不是所有国家都接受这个倡议，其中甚至不乏曲解、误解和误读。有些国外学者认为“丝绸之路”早已成为地缘政治斗争的“招牌”；有的认为中国决定利用这块“招牌”为自身利益服务；有国外学者认为，“一带一路”构想只是在“上合组织空间内建立自贸区”的漂亮包装，其实质是为推动中国商品、服务、资本进入有关国家创造便利条件；欧洲有的研究机构的学者认为，欧洲目前对“一带一路”还没有足够的了解，但会考虑同中国更加细致的对话战略。

为此，我们要积极引导国际舆论，讲清中国的意图。需要强调的是，要引导好国际舆论，先要引导好国内舆论。在信息互动时代，国内舆论与国际舆论很难区分，国内舆论往往成为国际舆论的依据。当前，国内一些舆论在宣传“一带一路”时有的调门太高，甚至提出要像当年大唐帝国平定西域一样经略“丝绸之路经济带”；有的则调门太低，认为“一带一路”就是“给别人送钱”。对上述国内外不当言论，我们的确要做好舆论引领工作，为实施“一带一路”创造一个良好的国内外舆论环境。

“一带一路”：中国外交理念的传递

陈玉荣，蒋宇晨

2013年之秋，中国国家主席习近平先后提出构建“丝绸之路经济带”和打造“21世纪海上丝绸之路”的倡议。一年多来，“一带一路”倡议得到沿线60多个国家的积极回应和广泛支持。他们视“一带一路”为加快本国经济发展的历史契机。“一带一路”顺应了和平与发展的时代潮流，反映了沿线国家加强多边经济合作的利益诉求。如今，在中方与有关国家的共同探讨、共同规划之下，“一带一路”已经从战略倡议步入务实合作的轨道。

“一带一路”：实践国际政治经济合作的新模式

一、“一带一路”的核心价值观：开放、包容、共赢

“一带一路”的“开放、包容”特征体现在诸多层面。在地域上，“一带一路”立足亚洲，从中国向中亚、东亚、南亚、北非，以及中东欧方向辐射，以欧亚大陆为合作平台；在合作伙伴选择上，以沿线国家为主要对象，同时又不限于沿途国家和地区。“一带一路”欢迎任何有意愿而真诚合作的国家和地区；在合作行为模式上，本着平等、共商、共建、共享、互利共赢的原则，共同制定时间表、路线图，一道推进“一带一路”建设。

“共赢”是“一带一路”追求的最终目标，体现了中国外交的重要原则。关

陈玉荣，中国国际问题研究院欧亚研究所所长，研究员。蒋宇晨，中央财经大学社会学院。本文载于《当代世界》2015年第4期。

于"一带一路"，习近平主席2014年在中央外事工作会议上指出，"我们要坚持合作共赢，推动建立以合作共赢为核心的新型国际关系"。"坚持互利共赢的开放战略，把合作共赢理念体现到政治、经济、安全、文化等对外合作的方方面面"①。从这个意义上讲，"一带一路"的构建对未来国际关系格局走向具有重要的建设性意义。中国坚持新发展观、新安全观，致力于合作共赢的新型国际关系。"一带一路"合作模式的提出，再次表明了中国新时代特色的创新思维。中国历来主张摒弃集团政治、零和博弈的冷战思维，主张建立不结盟、不对抗、互利共赢的伙伴关系。2014年在上海举行的亚信峰会期间，中国向亚洲和国际社会呼吁"共同、综合、合作、可持续安全观"。"一带一路"合作的重点在亚洲，"源于亚洲，依托亚洲，造福亚洲"，"一带一路"清晰阐释了中国"亲、诚、惠、容"的周边外交理念。

二、打造命运共同体，中国与沿线国家共同圆梦

"一带一路"倡议提出以来，国际上不断有一种"解读"称，"一带一路"助力实现中国梦的同时，还有绑架世界经济之嫌。何谓"中国梦"？习近平主席解释说，就是"到2020年全面建成小康社会，到21世纪中叶建成富强民主文明和谐的社会主义现代化国家。我们形象地把这个目标概括为实现中华民族伟大复兴的中国梦"②。显而易见，中国梦是造福于本国人民的伟大事业。步入2015年的中国距离小康社会实现近在咫尺，按GDP总量统计，中国已经成为世界第二大经济体，中国经济日益成为亚太地区和世界经济发展的重要引擎之一。在这一历史时刻，中国提出"一带一路"倡议的初衷，在于同周边国家分享中国发展成就和发展经验，实现欧亚地区所有国家的共同发展、共同繁荣，实现经济增长联动，打造利益共同体、命运共同体和责任共同体。习近平主席多次强调，"中国梦是和平、发展、合作、共赢之梦，我们追求的是中国人民的福祉，也是各国

---

① 习近平出席中央外事工作会议并发表重要讲话，http：//news. xinhuanet. com/politics/2014 - 11/29/c_ 1113457723. htm.（上网时间：2015年2月5日）。

② 习近平在蒙古国国家大呼拉尔的演讲，http：//news. xinhuanet. com/2014 - 08/22/c_ 1112195359. htm.（上网时间：2015年2月16日）。

人民共同的福祉”①。王毅外长形象地说道，“一带一路”不是中国一家的“独奏曲”，而是各国共同参与的“交响乐”。换言之，“一带一路”是中国与广大沿线国家致力于共同圆梦、追求美好愿景的宏伟蓝图。“一带一路”非但不是“绑架世界经济”，而是为21世纪全球经济发展提供了新契机。

三、“一带一路”助推区域经济合作

“一带一路”为区域经济发展带来新动力，有利于资源高效配置、市场深度融合，有助于带动沿线国家和地区经济的发展。在欧亚大陆，“一带一路”相对于其他区域经济合作机制，既不是竞争关系，也不是替代关系，而是增加了资源、市场和运输大通道等多项选择，结果必将切实拉动各种多边机制的合作。国际传媒不时有声音强调，丝绸之路经济带对欧亚经济联盟形成挑战，同俄罗斯在中亚的战略利益相冲突。毋庸置疑，丝绸之路经济带与欧亚经济联盟在拓展经济合作方面具有一定的竞争性质，但两者之间是合作中的竞争，不是对立关系。

首先，丝绸之路经济带的推出不针对欧亚经济联盟，两者各具优势，互为补充。2013年9月，习近平主席提出经济带倡议的同时，特别强调，中国不谋求中亚地区事务主导权，不经营势力范围。在共同推进丝绸之路经济带建设方面，中俄两国领导人取得了共识。2014年2月，普京总统表示，俄罗斯愿将跨欧亚铁路与“一带一路”对接，创造出更大效益。2014年5月，中俄元首在共同发表的联合声明中明确指出，丝绸之路经济带与欧亚经济联盟不是竞争关系，而是合作关系。中俄将积极寻求两者之间共同获益项目的对接。其次，中国同中亚国家和俄罗斯互为重要的贸易伙伴，深化经济合作是彼此共同利益的需要。历史上，中亚许多城市就是古代丝绸之路上的重镇。第三，丝绸之路经济带与欧亚经济联盟不在同一个层面上。欧亚经济联盟是高度一体化机制，而丝绸之路经济带是通过项目带动的合作，追求的是在大型基础设施、交通、能源、金融等具体领域的深度合作与交流。

“一带一路”遵循自愿原则，在互利互惠基础上进行协调目标、政策沟通、

---

① 习近平出席中央外事工作会议并发表重要讲话，http：//news. xinhuanet. com/politics/2014 - 11/29/c_ 1113457723. htm.（上网时间：2015年2月19日）。

拓展合作，不具有强制性。“一带一路”的构建不是搭建新机制，而是同有意愿参加合作的沿线国家依托现有平台、双边或多边机制，以点带面，从线到片，逐渐推进。“一带一路”建设的核心在于实现沿线国家之间的政策沟通、道路联通、贸易畅通、货币流通和民心相通。“五通”之中，实现沿线国家之间道路的互联互通建设是优先方向。习近平主席指出：“如果将‘一带一路’比喻为亚洲腾飞的两只翅膀，那么互联互通就是两只翅膀的血脉经络①，是优先发展的领域。”

中国政府极为重视“一带一路”建设，并注重在“一带一路”建设中充分体现“亲、诚、惠、容”的理念。习近平主席一再重申：推进“一带一路”建设，要诚心诚意对待沿线国家，做到言必行、行必果。要本着互利共赢的原则同沿线国家开展合作，让沿线国家得益于中国发展。

“一带一路”沿线的上合组织、欧亚经济联盟、亚太经济合作组织、中国—海湾合作委员会、“10+1”和“10+3”等机制都可以成为“一带一路”的重要依托。上述机制在经贸合作领域都取得了不小的成就，尤其是上合组织在维护中亚区域安全方面发挥着支柱作用，在区域经济合作中扮演着重要角色。

上合组织所在的中亚地区正在成为丝绸之路经济带上的关键环节，上合组织国家也正在成为优先合作的伙伴。上合组织十多年的成功实践为丝绸之路经济带的推进积累了多边经济合作的经验，上合组织成员国在能源、交通、电信、农业等领域的合作成果为经济带建设奠定了前提条件。在“货币流通”方面，中俄、中哈、中吉之间陆续实现双边贸易本币结算。2014 年，中俄两国签署了规模为 1500 亿元人民币（折合 8150 亿卢布）的本币互换协议。在交通“互联互通”方面，上合组织框架内完成了中国—吉尔吉斯斯坦—乌兹别克斯坦三国公路修复项目，中吉乌三国铁路项目也在规划之中。在 2014 年上合组织峰会期间，成员国元首签署了成员国之间《国际道路运输便利化协定》，该协定不仅为开辟从中国连云港到俄罗斯圣彼得堡的欧亚大通道创造了前提条件，也为丝绸之路经济带实

---

① 习近平主持加强互联互通伙伴关系对话会并发表重要讲话，http://politics.people.com.cn/n/2014/1109/c1024-25997460.html.（上网时间：2015 年 3 月 2 日）。

现“道路联通”铺平道路。上合组织在人文领域合作方面取得的进展为“民心相通”作了前期铺垫。

“一带一路”与沿线国家经济发展战略高度对接

一、经济发展战略高度契合

“一带一路”战略构想的提出顺应了经济全球化、区域经济一体化的时代潮流，反映了相关国家扩大对外经济合作的客观诉求。丝绸之路经济带沿途多数国家都处于经济转型和经济发展的关键时期，密切同周边国家在经济领域的合作是各国的现实选择。中国倡议为各国经济发展带来历史契机，并得到六十多个国家的积极回应。中亚地区是古代丝绸之路的要道，也是现代丝绸之路的枢纽。中亚国家均为内陆国，长期以来对外经济往来受到极大限制。丝绸之路经济带的构建有助于中亚国家早日实现国际运输通道多元化的梦想。

丝绸之路经济带与多数中亚国家发展战略高度契合。2012 年 12 月，哈萨克斯坦提出了 2050 年前国家发展战略。该战略的最重要目标是，哈萨克斯坦在 2050 年前跨入世界发达国家 30 强的行列。哈萨克斯坦将利用地域优势，积极挖掘国际过境运输潜力，加大对交通领域投资力度。2014 年 11 月，纳扎尔巴耶夫总统发表了最新国情咨文，推出了“光明大道”的经济政策，其核心内容是加快交通基础设施建设，打造公路、铁路和航空一体的现代化交通运输网络。纳扎尔巴耶夫总统特别强调了互联互通在经济中的重要意义。

二、丝绸之路经济带有助于推动中俄经济合作战略升级

近年来，俄罗斯正在加快实施东西伯利亚和远东地区经济大开发战略。乌克兰危机后，俄罗斯发展重心更加向东倾斜。加快大型基础设施建设、加快西伯利亚大铁路的现代化改造是俄罗斯远东开发战略的重要内容。丝绸之路经济带建设将中国振兴东北地区战略与俄罗斯远东地区发展战略有效对接，有助于两国发挥相互毗邻的区位优势，加速国际运输大通道的改造和完善。中俄边境地区的铁路公路建设已经在加快步伐。中俄黑河—布拉格维申斯克铁路桥的项目在加紧规划，中俄同江—下列宁斯科耶的跨江铁路桥中方一侧已经启动施工。同江—下列

宁斯科耶跨江铁路桥在俄境内可直接连接西伯利亚大铁路和贝阿铁路，在中国境内则同中国国家铁路网相衔接。

三、沿线国家共识增多

中亚国家政要和学界大多积极评价经济带倡议。哈萨克斯坦官方认为，中国丝绸之路经济带倡议同纳扎尔巴耶夫总统提出的“哈萨克斯坦—新丝绸之路”倡议相互促进。哈萨克斯坦希望借地域优势成为中亚贸易、物流和商务中心，加强面向亚洲的国际合作。在上合组织杜尚别峰会期间，乌兹别克斯坦、吉尔吉斯斯坦、塔吉克斯坦和土库曼斯坦总统都再次重申了积极参与丝绸之路经济带建设的迫切愿望。塔吉克斯坦希望积极参与丝绸之路经济带建设，发挥两国经济互补优势，推动电力、矿业、基础设施、交通和跨境运输等多领域的务实合作。乌兹别克斯坦表示，要积极参与丝绸之路经济带建设，促进经贸往来和互联互通，把乌兹别克斯坦的发展同中国的繁荣更紧密地联系在一起。土库曼斯坦总统重申，土方愿意积极参与丝绸之路经济带建设，完善本国交通基础设施，推进中亚同中国的跨境运输。

“一带一路”步入务实合作新阶段

一、“一带一路”勾勒互联互通蓝图

欧亚地区三大经济走廊建设，即中国—中亚—西亚经济走廊、新亚欧大陆桥经济走廊、中蒙俄经济走廊，已经悄然启动。2014 年 5 月，连云港中哈国际物流基地正式启用。2014 年 9 月，在上海合作组织杜尚别会议期间，中国、俄罗斯、蒙古三国元首举行首次三方会晤，并提出共建中俄蒙经济走廊。此外，在南亚的中巴经济走廊项目也在积极推进之中。2014 年 10 月，中俄总理会晤期间，中俄两国就建设莫斯科—北京欧亚高速运输通道，以及莫斯科至喀山的高铁项目达成共识。拟议中的莫斯科—北京高速铁路全程超过 7000 公里，途经中国、哈萨克斯坦和俄罗斯，列车运行时间两天。中国境内城市为起点的渝新欧、汉新欧、郑欧专列也已启程。伴随着这些专列、高铁、经济走廊的建设，“一带一路”欧亚画卷逐渐展现。

二、“一带一路”在金融领域的互联互通建设逐步展开

为解决“一带一路”构建进程中的资金瓶颈问题，中国推动成立了亚洲基础设施投资银行和丝路基金。2014年10月24日，中国、印度、新加坡等21个国家正式签署文件决定成立亚投行。亚投行的法定资本为1000亿美元，初始认定资本目标是500亿美元左右。亚投行签约国家达成的共识是，通过亚投行支持亚洲国家基础设施建设、促进地区互联互通、推动区域经济发展。2014年11月8日，中国国家主席习近平宣布，中国准备出资400亿美元成立丝路基金。2014年12月29日，丝路基金有限责任公司注册成立并开始运行。公司注册资本为615.25亿美元。丝路基金将以股权为主的市场化方式运作，投资基础设施、资源开发、产业合作、金融合作等。

三、“一带一路”在亚太地区加速推进

中国的“一带一路”倡议及其推出的一系列措施日益唤起沿途国家的极大热情。相比丝绸之路经济带沿线国家而言，21世纪这些丝绸之路沿线国家对中方倡议回应得较为迟缓。但在2014年之秋，这些国家的热情终于得到释放。许多亚太国家纷纷与中国对话，积极参与海上丝绸之路的项目磋商。2014年11月8日，首届“加强互联互通伙伴对话会”在北京举行。孟加拉国、老挝、蒙古国、缅甸、塔吉克斯坦、柬埔寨、巴基斯坦等七国领导人，以及上合组织秘书长、联合国亚太经社会执行秘书长出席会议。

实现美好愿景任重道远

“一带一路”是个美好愿景，广大沿途国家对这一战略构想的实现充满期待。美好愿景的实现，既需要各方的行动，更需要得到沿线国家对愿景的正确理解和支持。在俄罗斯、中亚，一些人常常担忧成为中国的“原材料附庸”，随着“一带一路”的推出，类似的言论再度泛起。众所周知，俄罗斯一直是欧盟国家最大的天然气供应国，但却没有类似“原材料附庸”之说。美欧国家最早进入了中亚的油气领域，但也未闻关于美欧掠夺中亚资源之说。究其原因，其一，是一些西方言论的炒作，用意在于离间中国同相关国家关系；其二，是一些政治家

对中国崛起的忧虑。“一带一路”的一项重要内容是“民心相通”。推进“一带一路”建设，迫切需要加强人文领域的沟通，通过扩大人员交往和民间往来，增进了解，增进互信，消除疑虑，以更好地促进友好合作关系。

“一带一路”是个宏伟构想，它涉及许多国家和众多领域，需要参与方之间政策的协调和支持，为“一带一路”建设放行开“绿灯”；需要相关合作领域的深入探讨和细致安排。

目前，欧亚地区经济发展并不平衡，各国经济实力和发展水平的阶段性差异较大，对参与区域经济合作的诉求不一，因此，“一带一路”的构建是一项十分艰巨的任务。“一带一路”要实现硬件建设，首先需要软件的支撑。中国铁路网向欧亚地区延伸遭遇的难题之一就是标轨和宽轨的技术差异问题。此外，在交通、能源和基础设施建设等方面的相互投资保护、贸易规则的协调、相关法律法规和执行机制的协调等问题的解决都不可能一蹴而就。

“一带一路”需要长期稳定的地区安全环境的保障。欧亚地区政治风云起伏变幻莫测，周边安全形势复杂而严峻。近年来，中东、北非地区持续的政治动荡始终冲击着中亚和南亚地区，2014 年美国和北约盟军从阿富汗大规模撤军后，阿富汗安全形势的不确定因素增加，中东和中亚地区“伊斯兰国”和宗教极端势力的兴起，都严重威胁着周边地区的稳定。在缺乏安全保障的情势下，“一带一路”的顺利推进面临极大挑战。

“一带一路”引领中国未来开放大战略

张茉楠

当今世界正处于前所未有的深刻变化之中，这种变化是全方位的。事实上，世界的发展其实并不缺乏前进的动力，关键是缺乏新的增长理念和合作理念。2014年国家主席习近平提出“一带一路”合作倡议以来，“一带一路”正由战略构想阶段步入全面务实阶段，未来需要把脉全球大趋势与新的挑战，用创新理念、创新模式，创新规则和治理框架，统领中国未来开放大战略。

以“一带一路”统领中国对外发展战略

“一带一路”是一个跨地区、具有全球视野、强调与相关各国打造互利共赢的“利益共同体”和共同发展繁荣“命运共同体”的战略构想，需要以更加宏大的视角思考其战略发展前景。

“一带一路”是我国中长期统领性战略

一是“一带一路”是长期性战略。“一带一路”战略的实施建设是一项长期的系统工程，不是一年两年或十年八年能立见成效的，要实现这一目标的时空范围广、跨度大、周期长，甚至将伴随我国新一轮开放型经济发展的全过程，要对其长期性、艰巨性有清醒认识。“一带一路”建设须在长期筹划基础上，确定近中远期重点，先易后难，分阶段实施推进，做好“软硬件”建设和利益机制协调。

张茉楠，中国国际经济交流中心副研究员。本文载于《中国中小企业》2015年第3期。

二是“一带一路”是全局性战略。“一带一路”是高层次、全方位的宏大战略，承载着全面开放、统筹发展、民族复兴的总体目标和崇高使命。“一带一路”非具体、微观的项目规划，需要从顶层设计和大局谋划出发，形成国际、区域、国内等多层次多角度的战略构想。

“一带一路”以推动实现区域内政策沟通、道路联通、贸易畅通、货币流通、民心相通为重点，促进开放型经济新体制的建立，包括基础设施互联互通、能源资源合作、园区和产业投资合作、贸易及成套设备出口等领域，将依托沿线基础设施的互通互联，对沿线贸易产要素进行优化配置，形成以“周边为基础加快实施自由贸易区战略”和“面向全球的高标准自贸区网络”。

三是“一带一路”是共赢性战略。在世界经济复苏乏力，发达经济体货币政策走向分化的背景下，很多国家经济面临增长困境，亟须新的经济增长点，亟须新的经济火车头来带动世界经济。“一带一路”将会为世界经济注入新的增长动力。“一带一路”不是另起炉灶，而是充分利用现有的双边、小多边和多边等机制，搭建灵活开放的战略伙伴关系网络，打通我国与东亚、南亚、中亚、中东欧，甚至非洲、拉美等地区之间的合作交流之路，使各方能享有合作网络的体系红利。当前，“一带一路”已进入落实阶段，迄今已有50多个沿线国家明确表态支持并将积极参与“一带一路”建设，“一带一路”已经超越双边和地区范畴，具有全球影响和世界意义。

“一带一路”有望建立全球经济新循环

我国正从经济大国向经济强国转变，“一带一路”战略构想意味着我国正努力将自身的经济增长体系转化为区域增长体系。当前全球贸易体系正经历自1994年乌拉圭回合谈判以来最大的一轮重构。我国第一阶段的对外开放是利用经济全球化机遇参与国际分工，重在参与他国创造的机会，在全面对外开放中，要主动为自己和别国创造经济发展机会。

第一，“一带一路”将形成全球第三大贸易轴心。“一带一路”地区覆盖总人口约46亿（超过世界人口60%），GDP总量达20万亿美元（约全球1/3）。区域国家经济增长对跨境贸易的依赖程度较高，2000年各国平均外贸依存度为32.6%；2010年提高到33.9%；2012年达到34.5%，远高于同期24.3%的全球平均水平。

根据世界银行数据计算，1990～2013年期间，全球贸易、跨境直接投资年均增长速度为7.8%和9.7%，而“一带一路”相关65个国家同期的年均增长速度分别达到13.1%和16.5%；尤其是国际金融危机后的2010～2013年期间，“一带一路”对外贸易、外资净流入年均增长速度分别达到13.9%和6.2%，比全球平均水平高出4.6个百分点和3.4个百分点。“一带一路”正在形成除大西洋贸易轴心和太平洋贸易轴心之外，新的以亚欧为核心的全球第三大贸易轴心。预计未来十年，“一带一路”出口规模占比有望提升至1/3左右，成为中国的主要贸易和投资伙伴。

第二，“一带一路”将构筑新的雁阵模式。雁阵模式的核心是产业转移。从20世纪60年代到80年代，从日本到“亚洲四小龙”再到东盟其他国家，东亚国家和地区通过产业的依次梯度转移，大力发展外向型经济，实现了整个地区的经济腾飞，形成“雁阵模式”。

20世纪80年代，亚洲形成以日本为核心的雁阵模式，其中日本以其先进的工业结构占据了雁阵分工体系的顶层，新兴工业化经济体处于第二梯度，我国及东盟诸国为第三梯度。三个梯度分别以技术密集与高附加值产业、资本技术密集产业、劳动密集型产业为特征。随着我国产业结构升级以及日本经济持续衰退，过去以日本为雁首的亚洲产业分工和产业转移模式逐渐被打破。

根据劳动力成本和各国的自然资源禀赋相对比较优势，未来5年，我国劳动力密集型行业和资本密集型行业有望依次转移到“一带一路”周边及沿线国家，带动沿线国家产业升级和工业化水平提升，构筑以我国为雁首的新雁阵模式，要充分挖掘“一带一路”区域国家经济互补性，建立和健全供应链、产业链和价值链，促进泛亚和亚欧经济一体化。

第三，“一带一路”将形成陆海统筹的经济循环。“一带一路”将打破长期以来陆权和海权分立的格局，推动形成一个欧亚大陆与太平洋、印度洋和大西洋完全边连接、陆海一体的地缘空间格局。建设“一带一路”形成一批纵横交错、互相连接的沿海、沿江、沿边的战略大通道，以外部通道建设加快内部各主要经济区块联系和整合，缓解西部内陆地区区位和空间劣势，破解我国内陆地区因不靠边、不靠海导致的开放条件制约，加快我国西部地区同长三角、珠三角（含港澳）、环渤海和东南亚地区的连通，弥补传统欧亚大陆桥辐射力的缺失，将西部地区、珠三角和东南亚地区横向地连在一起，以跨境大贸易大合作大边通打造一批重要物流链和关键节点，推动形成具有跨国境要素集成能力、市场辐射能力的区域产业发展新布局。

第四，“一带一路”与国内自贸区相互促动链接。“一带一路”与自贸区建设是一体两面相互配套的关系，将共同构成我国新对外开放格局，前者侧重以基础设施为先导促进沿线经济体互联互通，而后者则以降低贸易门槛、提升贸易便利化水平加快域内经济一体化为主要内容。

例如，作为广东、天津、福建三省参与建设“一带一路”的新载体，三个自贸区将各有侧重点。广东自贸区功能主要是加强粤港澳合作，带动珠三角地区发展，其起点相对较高，在高端服务方面有较多投资机会；天津自贸区的功能主要是面对东北亚市场，航运、金融租赁有较强优势；福建则主要发展台海贸易，在与我国台湾企业开展深入交流、合作方面有优势。

“一带一路”实现从 GDP 到 GNP 的新跨越

随着我国今年首次成为“净资本输出国”，GDP 或 GNI 已不足以真实反映国民财富能力，应更注重 GNP 指标。经过 35 年的改革开放，我国积累的对外金融资产达 5 万多亿美元，对外直接投资存量只有 5000 多亿美元。通过深化“一带一路”战略带动资源配置的全球化拓展，将要素禀赋优势升级形成对外投资新优势。通过资本输出带动我国全球贸易布局、投资布局、生产布局的重新调整，进而带动产品、设备和劳务输出。

同时，加快与“一带一路”沿线国家签订双边或区域投资协定，拓展我国海外经济利益。目前“一带一路”国家占我国对外投资的比重只有 13%，据测算，我国在“一带一路”国家未来十年总投资规模有望达到 1.6 万亿美元，未来 25 年内有望达到 3.5 万亿美元，占对外投资比重达 70%。

未来推进“一带一路”战略的风险与挑战

“一带一路”建设战略构想意义深远，但在聚焦“一带一路”宏大前景的同时，也需要深刻认识到，随着“一带一路”带动“走出去”的广度与深度进一步扩大，使得我国海外利益与政治经济风险倍增，具体表现为战略、安全、经贸等几大方面。

“一带一路”与大国战略关系中美俄都是陆海兼具的全球性大国，其全球和地区战略中都包含地缘战略因素，“一带一路”不可避免地要面临大国战略冲突。

一是美国推动建立由其主导的亚太合作，对我国与周边国家间既有合作机制构成竞争，在经济事务中制衡我国。2013 年，美国促动日本加入“跨太平洋伙伴关系协定”（TTP）谈判，加大“美国—东盟扩大经济合作倡议”（E3）的推动力度，扩大与东亚经济体的合作。在中亚方向，美国主导“新丝绸之路”计划，大力介入地区事务。

此外，美国“重返亚洲”将传统“第一岛链”的南端由东南亚延伸至南亚，形成了南亚（印度）、东南亚（东盟）和东北亚（日本、韩国）三大“板块”，彼此之间成“品”字形分布，其“铰合点”分别是我国台湾和新加坡。美国通过构筑三大“板块”封锁链，扼守海上战略要道，从海上遏制我国由“黄海”迈向“蓝海”，阻挠我国的“深海战略”，致使“深海战略”面临的海上压力复杂化、常态化。美日等大国通过加强印度洋海域合作，削弱我国在印度洋的影响力。

二是我国与中亚各国深化能源合作易引发俄罗斯的疑虑，担心其主导的欧亚一体化进程受阻。俄罗斯将中亚地区视为其重要的战略后方，推动与中亚国家的经济一体化进程，是俄罗斯对外政策的重要考量。俄罗斯对外政策的优先方向是进一步巩固独联体，致力于加强独联体地区一体化进程，优先任务是建立欧亚经济联盟。

三是印度一直渲染我国在印度洋和南亚地区对其“围堵”。印度非常重视其南亚影响力，并积极发展与中亚、东南亚各国的双、多边关系。近年来，印度陆续强化与印度尼西亚、缅甸、日本的双边关系，并积极与东盟深化合作；努力扩大与哈萨克斯坦等中亚国家的能源贸易规模，并深化上下游合作水平。特别是印度加强与“印太”区域各国关系与能源合作，与我国建设能源通道可能发生竞争与冲突。

“一带一路”建设将深入多个区域安全高风险地带

一是各国面临转型之困。我国周边普遍面临经济社会发展的转型压力，部分国家还出现政局动荡，不利于推进“一带一路”建设。东盟国家政治转型阵痛加剧，政争不断拖累政局稳定。中亚地区权威体制虽在延续，但执政根据和社会管理模式遭遇新挑战。

二是国别差异阻碍一体化进程。周边各国的政治制度、意识形态、发展水平差异很大，历史包袱较重，缺乏政治互信和共同的价值观，合作共赢理念较弱，致使区内一体化难以有效推进，“碎片化”和“逆一体化”趋势不可小觑。

三是“一带一路”建设面临安全威胁。“一带一路”面临“三股势力”、民族冲突、主权争议、极端主义势力以及跨境犯罪等诸多挑战。此外，东向的海上运输安全和西向拟议中的三条路线，即以欧亚大陆桥为主的北线、以石油天然气管道为主的中线、以跨国公路为主的南线存在重大的安全威胁。

加强“一带一路”区域贸易投资合作还须克服诸多难题

首先，区域整体发展水平和市场规模较低。根据 57 个主要国家的统计计算结果显示，2013 年人均 GDP 水平低于 1 万美元（世界平均水平是 10500 美元）的国家有 35 个。这些国家的人口总数达到 39.5 亿人，占全球的 55.33%，但 GDP 仅占全球的 20%；人均 GDP 为 3862 美元，仅相当于这一区域平均水平的 76.5% 和全球平均水平的 35.7%。

其次，高水平经济一体化建设明显滞后。虽然丝路地区人口众多、距离相近，具有深化彼此之间经济关系的有利条件，但由于经济发展水平差异巨大、地缘政治复杂等原因，缺乏以本地区成员为主、具有广泛代表性的多边自贸安排和有效合作机制，制约了区域内合作的深度和广度。

第三，区域内贸易占比相对较低和欧盟、NAFTA 以及东盟等在区域体化方面取得实质性进展的地区相比，“一带一路”相关国家面向区域内国家的出口和进口在全部对外贸易中的比重比较低。过度依赖于外部市场，受到区域外经济波动冲击的风险较大，同时有可能加剧区域内经济体之间的恶性竞争，压低区域整体的贸易收益水平。

第四，区域内基础设施投资存在较大缺口。亚洲地区基础设施发展依然滞后于其经济增长，且无论在质还是量上均低于国际标准，已经对亚洲经济发展造成了相当严重的制约。根据亚洲开发银行预测，未来 10 年，亚洲基础设施投资需要 8.22 万亿美元，即每年需要新增投入 8000 亿美元基础设施资金，而 2013 年，亚洲除中、日、韩三大经济体的 GDP 总额约为 8 万亿美元，用于投资的仅为 1/4 左右，投资中用于基础设施投资方面的资金仅为 20%，约 4000 亿美元，融资存在巨大缺口。

第五，贸易往来存在较多壁垒和障碍。当前，“一带一路”区域国家经贸合作还处于初级阶段。如新欧亚大铁路途经多个国家，轨距不同，换轨操作费时耗力，各国口岸合作机制尚未形成，通行便利化程度不够，物流成本偏高，一些国家的港口设施落后，增加了相互商品和服务流通的困难程度。

创新模式思路全面提升“一带一路”战略

加强“一带一路”区域协调机制

建设“一带一路”沿线国家发展水平参差不齐、利益诉求各异、国家间关系错综复杂。对沿线国家应分类指导，突出重点，全面推进，做实做细政府间合作，尽快制定研究双边或多边可接纳、互动互补、操作性强的“一带一路”方案。

一是构建双边为主、多边为辅的政府间交流机制，注重充分发挥现有的联委会、混委会、协委会、指导委员会等双边机制作用，国内各部门应有组织地与沿线国家相关部门对接，协调推动合作项目实施。

二是与本国国家发展战略有效对接。哈曾提出“哈萨克斯坦—新丝绸之路”倡议，初衷是想把本国简称欧亚大陆的交通枢纽和经济中心，并推动“2050 战略”的实施。土耳其也提出“2023 高铁战略”，主要核心是以安卡拉为中心联系 14 个省的高铁网络，形成贯通东西的交通走廊，并形成包括远东、中亚、东南亚、中东、北非五条战略走向的国际铁路走廊建设，中国应与这些国家建立项目合作和战略对接。

三是对合作意愿较强的国家，可共同成立“一带一路”建设合作规划编制小组，签署双边合作备忘录或协议，确定双方合作的领域、项目、投资主体等内容，尽早建设一批取得积极成效的合作典型项目，并对其他沿线国家产生示范效应。

四是注重老机制与新机制协调问题。在“一带一路”区域内，已经存在诸多政治经济合作机制。要充分利用并协调好上合组织、金砖国家机制、中国与东盟“10+1”，包括 TPP、TTIP、RCEP 等机制，全面加强“一带一路”下的双边、区域、多边合作框架，同时加快规则的制定和对接，并尽早参与到未来国际贸易投资新规则的制订之中。

全面提升“一带一路”基础设施水平

中国要通过率先实现互联互通为“一带一路”区域国家提供更多公共产品，帮助沿线国家开展本国和区域间交通、电力、通信等基础设施规划，提出一批能照顾双边、多边利益的项目清单。但互联互通绝不仅仅是铁路、公路、航空、油气管道、电网光纤、电信、互联网等物理上的联通，也需要以完善大通关制度为突破口，通过简化通关、检验检疫等方面手续，降低关税，推进资金流、物流、人流的便利化等多方面的努力，推进投资和贸易便利化，促进“软件基础设施”和标准的互联互通。

“一带一路”打造六大战略联盟支点

“一带一路”建设，将通过交通等基础设施的互联互通、资源的合作开发、贸易与投资的自由化等一揽子安排，推动亚欧经济一体化，这必将对当前全球经济版图产生重要影响。未来“一带一路”需要做出总体性设计，全面打造包括东盟自贸区、南亚区域合作联盟、海湾合作委员会、南部非洲关税同盟、欧洲经济与货币联盟，以及俄罗斯欧亚联盟在内的六大战略联盟支点。

制订高铁“走出去”发展总体战略

当前，世界主要发达国家高速铁路正在进入新一轮快速发展期，并呈现多强竞争格局。我国已经在轨道技术、车辆装备、移动信号等各方面，具备过硬的实力。我国应建立高铁装备“走出去”统筹协调机制，明确高铁装备“走出去”

的战略路径。通过异地投资、兼并重组、合资合作等资本运营手段，实现由产品输出到产品、技术、资本、服务输出的转变。建议政府主导成立包括设计、施工、整车、关键部件、运营等相关单位在内的联合体，发挥高铁行业的整体优势，形成国际级产业力量，以及从设备出口到系统标准输出的转换。

推出一批"一带一路"重大项目清单

"一带一路"应重点抓好一些重大工程项目，并落实早期收获成果。比如，我国应紧紧抓住全球航海业"由西向东"转移的窗口期，超越双边思维，与斯里兰卡共同打造印度洋海上航运中心，以及共同建设好汉班托塔港和科伦坡港口城等重点合作项目，将斯里兰卡打造成21世纪海上丝绸之路枢纽。积极推进若干产业园区建设，鼓励国内企业和沿线内陆沿边地区依托现有开发区和高新技术园区，通过合作、合资等灵活方式，在境外合作建立产业园区、境外经贸合作区等各种类型产业合作区。此外，加快落实建立海岸带和海洋合作联委会意向。鉴于"一带一路"战略构想具有跨流域、跨区域和陆地、海洋兼顾的特点，需要建立"一带一路"跨境区域合作与资源管理、跨境环境治理和生态安全维护机构或协调机制。

积极构建基础设施多元化投融资框架

当前，中国已经成立了亚投行和丝路基金。未来，需要以这两大机构作为投融资平台，搭建更加开放的多元化基础设施投融资框架。比如，除了中国已有的投资基金可以为基础设施融资发挥更大作用，也可以发行长期债券或设立各种创新融资工具。尤其是应该动员更多的私人部门的资金，积极推进PPP模式，增强基础设施项目对于私人部门投资者的吸引力。多边银行可以进一步推动本币债券的发行和/或地方债务融资的发展，帮助吸引长期投资者投资于基础设施PPP项目。此外对一些投资金额大的基础设施项目，可以通过国际金融组织中长期贷款、本国政府财政资金、外国ODA、本国企业及金融机构的"联合融资"方式予以推进。

最终建成"一带一路"自由贸易区（FTA）

目前，我国在建自贸区20个，涉及32个国家和地区。其中，已签署自贸协定12个，涉及20个国家和地区，分别是我国与东盟、新加坡、巴基斯坦、新西兰、智利、秘鲁、哥斯达黎加、冰岛和瑞士的自贸协定，内地与香港、澳门的更紧密经贸关系安排（CEPA），以及大陆与台湾的海峡两岸经济合作框架协议（ECFA），目前均已实施；正在谈判的自贸协定8个，涉及23个国家，分别是我国与韩国、海湾合作委员会（GCC）、澳大利亚、斯里兰卡和挪威的自贸协定，中日韩自贸协定、《区域全面经济合作伙伴关系》（RCEP）协定，以及打造中国—东盟自贸协定（“10+1”）升级版。未来逐步形成立足周边、辐射“一带一路”区域、面向全球的高标准自贸区网络，并最终建成“一带一路”自由贸易区（FTA）。

资本输出的风险点

毕吉耀　唐寅

受国内外环境条件变化影响，我国经济发展进入了新常态，进入了发展方式转变、发展动力转换的新时期。适应经济发展新常态，必须有机结合顺势而为和主动作为，更加有效地利用国际市场和国际资源，更加主动地塑造外部发展环境，更加积极地拓展发展空间，构建全方位主动开放新格局。实施“一带一路”战略，扩大向西开放，加强与周边国家基础设施互联互通，深化与沿线国家务实合作，有利于优化我国对外开放格局、拓展开放合作空间、保障国家能源安全，有利于巩固延长重要战略机遇期和树立负责任大国形象，是适应经济发展新常态的重要着力点。

加快“走出去”是实施“一带一路”战略的重要一环。当前，我国正处在由“引进来”大国向“走出去”大国转变的重要窗口期，2008～2013 年，我国对外直接投资年均增速达 12%，预计未来 10 年我国对外直接投资总额累计将超过 1.5 万亿美元，有望成为全球第二大投资国。以“一带一路”为依托，加快“走出去”步伐，主动配置外部市场资源，构建以我国为主的全球分工体系，改变我国嵌入发达国家分工体系的不利局面，是主动适应经济发展新常态的必然要求。

2014 年 7 月金砖国家开发银行正式宣告成立，11 月亚洲基础设施投资银行和丝路基金正式设立，与中巴经济走廊等相关的跨境重大基础设施项目扎实推

毕吉耀、唐寅，中国人民大学中国经济改革与发展研究院。本文载于《观察思考》2015 年第 4 期。

进，我国对“一带一路”沿线国家的资本输出将呈现规模快速扩张、形式更加多样、内涵不断丰富的发展态势，与此相关的资本输出安全问题也到了需要未雨绸缪的重要关口。如果我国对海外资产的所有权和支配权受到侵蚀，海外资产的正常运营和保值增值无法实现，境外工作人员的人身和财产安全得不到保障，对外资本输出“不安全”，那么我们试图通过“走出去”达到的战略目的将无法实现，“一带一路”建设和适应经济发展新常态也将失去有力支撑。

我国资本对外输出的主要风险点

经济增长风险

在一定程度上，我国海外资产的回报率与东道国经济增长密切相关。“一带一路”沿线国家大多属于发展中国家，工业化和城镇化远未完成，能源资源储量丰富，劳动力供给充足，应当说经济发展潜力是巨大的。但国际金融危机后，由于观念理念、体制机制、管理模式等因素，这些国家经济结构改革滞缓，经济发展方式没有实现根本性转变，未来经济增长存在不确定性，是我国对外资本输出面临的一个风险点。

市场波动风险

对外投资和海外资产运营都涉及本外币交换问题，汇率剧烈波动是我国资本对外输出面临的一个重要风险点。未来国际储备货币间汇率关系、跨国资本流动、市场预期可能出现剧烈变化，进而导致人民币与“一带一路”沿线国家货币汇率关系大幅波动。

实践表明，恶性通货膨胀将对一国经济造成严重冲击，倾巢之下岂有完卵，届时外来资本将难以实现正常运营和保值增值。就近年来的情况看，“一带一路”沿线国家通胀水平还是比较高的，例如，2011～2013年，印度通胀率分别为9.5%、10.2%、9.5%，越南为18.7%、9.1%、6.6%。综合考虑经济增长、大宗产品价格等因素，未来“一带一路”沿线国家出现恶性通胀的可能性不是很大，这个风险点总体可控。但也要看到，我国对沿线国家的一些投资项目属于公益类，比如铁路、公路等，其产出价格往往弹性不足，而成本则对原材料价格十分敏感，因此不排除未来随着国际大宗产品价格上涨，我国投资项目收益受到东道国高通胀侵蚀的可能性。

近年来，国际能源资源产品价格经历了大幅波动，作为长期性投资，未来我国对“一带一路”沿线国家能源资源投资的收益情况，也将不可避免地受到这个风险点的影响。

营商环境风险

目前，“一带一路”沿线国家仍处在现代化建设过程中，相对而言，市场和法制不是很健全，在企业开办、施工许可、合同执行、信贷获取、投资者保护、市场退出等方面，与成熟投资地区相比还有不小差距，寻租、腐败等行为时有发生，政策和管理机制调整往往难于预期。不公开、不透明、不稳定的营商环境提高了交易成本和投资收益的不确定性，增加了我国对外资本输出的风险。能源资源是我国对“一带一路”沿线国家投资的重点。在这一领域，部分国家既不断提高投资准入门槛，又设置多种经营限制，包括东道国企业须拥有合资企业控股权、外国投资需要逐步转让持有股权、资源类产品必须经粗加工后才能出口等，还不时调整相关税收、收费、土地等政策。例如，蒙古国《矿产资源法》规定其各省有权随时将任何区域作为特殊用地进行征收保护。克服投资环境的不利影响，是确保我国能源资源对外投资安全需要解决的重要问题。

地缘政治风险

“一带一路”沿线国家地处东南亚、南亚、西亚、中东欧等地区，对国际政治、安全、能源格局有着重大影响，具有独特的地缘政治地位，日益成为大国博弈的焦点区域。美国提出建设“新丝绸之路”和“印太走廊”，欧盟推动“东部伙伴计划”，俄罗斯力推“欧亚联盟”，主要大国在伊朗、叙利亚、乌克兰等问题上激烈争夺。“一带一路”沿线国家多处在现代化建设阶段，国内经济转型、体制改革与大国博弈相互交织容易引发政局动荡，甚至导致战争、内战等极端情况，给我国资本对外输出带来重大风险。2011 年，利比亚战争爆发后，我国在利比亚投资的 50 个大型基础设施建设项目，大多遭受了重大固定资产和原材料损失。

民族宗教风险

“一带一路”沿线国家地处东西方文明交汇区，覆盖了世界三大宗教发源地。由于历史和现实原因，加上极端民族主义和分裂主义的推波助澜，民族宗教冲突呈现经常化、复杂化、激烈化特征，部分国家恐怖主义组织活动猖獗。这是我国对“一带一路”沿线国家资本输出面临的重要风险点。近两年，部分位于叙利亚和伊拉克的油田和炼油厂被“伊斯兰国”（ISIS）等恐怖组织占领，其中不乏由我国投资建设和生产运营的，在非洲一些国家，极端组织绑架中资公司工作人员的情况也不时出现。特别是国外恐怖主义组织和国内“三股势力”出现相互勾结趋势，使得我国对外投资面临的安全形势更趋复杂化。

社会习俗风险

近年来，由于东道国劳工标准、信息披露、环境保护等方面的要求与国内不同，民众对企业社会责任的要求不一致，工会、社团、社区和民间组织的管理运作方式存在差异，我国企业对外投资受阻或蒙受损失的情况多次出现。例如，首钢 1992 年收购秘鲁铁矿后，多次遭遇当地工会为提高工资和改善工作条件而组织的罢工。相同的原因、相似的情况也可能出现在我国对“一带一路”沿线国家资本输出过程中。

把控“一带一路”战略实施中风险的建议

加强资本对外输出保护的顶层设计

目前，美国、德国、日本及一些发展中国家等都出台了保护对外投资的国内法律，如美国的《对外援助法案》、韩国的《海外投资促进办法》等。建议加快推进对外投资保护的国内立法，以法律形式确立我国促进和保护资本对外输出的框架。按照既要有所作为又要量力而行的原则，积极推进我国与沿线国家的各项务实合作；从服务实际经济贸易发展需要出发，促进我国与沿线国家基础设施互联互通；推进利率市场化改革、离岸人民币市场建设等金融领域改革，为资本对外输出提供可持续的金融保障；鼓励“走出去”企业重视本地化经营，采取参与当地公益活动、定期发布社会责任报告等措施增强当地民众对中国资本的认同。构建资本对外输出风险预警与管理机制，建议逐步建立涵盖事前、事中、事后全过程的风险预警与管理机制。动态跟踪东道国政治风险、贸易投资壁垒、行业投资信息等内容，定期发布国别风险报告；针对风险较大的地区，建立投资目标国负面清单，对列入清单国家实施警示或禁止进入等措施。建立由驻外使领馆、投资企业、行业协会、研究机构、政府管理部门共同组成的风险处置联动机制，研究成立专门管理协调机构负责该机制运转，实现风险处置“一门受理、全程服务”，有效保护我国海外资产和驻外工作人员安全。加强对国有企业对外投资的监督和风险审核，建立国有企业对外投资风险问责机制。

建立健全对外投资保险制度

对外投资保险实质上是一种政府保险。德国《海外投资担保准则》规定，德国所有类型海外投资都可获得投资担保，险种包括东道国征用险、毁约险、战争险等。日本的对外投资保险制度不以双边签订投资协定为前提条件，是一种单边保险制度。建议参考国际成熟经验，尽快建立健全我国对外投资保险制度，在保险范围、保险金额、保费等方面，加大对企业投资“一带一路”沿线国家的支持力度。

推动与沿线国家签署投资协定

双边投资协定、自贸区框架下的投资协定、避免投资双重征税协定等具有国际法性质，对缔约国有较强的约束力。在沿线国家国内管理制度不是很完善的情况下，这是维护我国资本对外输出安全的重要选择。建议把推动“一带一路”战略实施与构建开放型经济新体制、实施自由贸易区战略结合起来，积极与沿线国家签署双边投资协定和自贸协定，推动已有自贸区升级，促进投资自由化和便利化。

积极推进人民币国际化进程

回顾美国的“马歇尔计划”和日本的“黑字还流”可以发现，一国对外资本输出和其货币国际化是相辅相成、相互促进的。既要通过实施“一带一路”战略为人民币国际化打开更多渠道，又要通过人民币国际化为走出去企业提供更多便利和帮助企业规避汇率波动风险。建议加快推进人民币资本项目可兑换，扩大人民币在国际贸易和跨国投资中的使用，在“一带一路”沿线国家建立若干人民币离岸金融中心，扩大与沿线国家货币互换规模。

加强与“一带一路”沿线国家的人文交流

只有把互利共赢理念进一步落到实处，才能真正实现民心相通。建议把能源、资源、产业、经贸合作与人文交流更加紧密地结合起来，以常态化、机制化、规模化为要求，创新机制，在旅游观光、文艺体育、教育医疗等领域，务实推进与沿线国家合作。我国有五大自治区，那里的少数民族与沿线国家居民语言相通、习俗相近，建议多发挥地方政府在人文交流中的作用，赋予地方政府更多对外合作权限。

“一带一路”：跨境次区域合作理论研究的新进路

柳思思

20世纪90年代，地缘区位理论基于边境地区的区位特征与演化规律，提出了次区域合作的理论模型，并引发了学界关于“区域合作”与“次区域合作”的比较与争论。相关争论主要涉及“区域合作”和“次区域合作”的定义、边境区位效用的转化、机制化和准机制化、规范性和灵活性、新理论与实证研究、对新理论的评价等内容。但在我国学术界，相关新理论的观点尚未进入国内多数学者的视野。

“一带一路”实质上是跨越边境的次区域合作。近年来，受经济全球化和地区经济一体化的影响，这类次区域合作发展尤为迅速。“一带一路”是指“丝绸之路经济带”和“海上丝绸之路”，分别为中国国家主席习近平于2013年9月、10月提出[①]。它与传统的区域合作形式相较，集中于跨境地区的合作，以点带面，从线到片，继承古丝绸之路开放传统，吸纳新地缘经济学的区位理论，秉持开放包容精神，将计划中的合作项目结合起来，汇聚成一揽子合作，争取获得“1加1大于2”的整合效应[②]。李克强总理在《政府工作报告》中指出的孟中印

柳思思，北京第二外国语学院国际问题研究中心讲师。本文载于《南亚研究》2014年第2期。

① 习近平：“在哈萨克斯坦纳扎尔巴耶夫大学发表重要演讲——弘扬人民友谊，共同建设丝绸之路经济带”，载《人民日报》，2013年9月8日；习近平：“中国愿同东盟国家共建21世纪海上丝绸之路”，载《人民日报》，2013年10月3日。

② 白通社发表驻白俄罗斯大使崔启明接受专访实录，2014年4月15日，中国外交部网站。http：// www. fmpre. gov. en/mfa_ chn/wjdt — 61 1265/zwbd — 611281/tl 144496. shtnd

缅经济走廊[①]、中巴经济走廊、云南的桥头堡等都属于此类跨境次区域合作。

一、"一带一路"与跨境次区域合作的提出

"一带一路"与"跨国经济走廊"等上述案例无一例外是运用边境区位的独特性，把边境对经济发展与合作的屏蔽作用，通过政府支持、网络联系、过境需求、企业集聚等转化为中介作用，挖掘边境区位优势，并以此带动跨境经济合作，将边境区由一个国家内部的"边缘区"转化为具有发展潜力的"核心区"，增进其空间可达性与辐射力，达到双方或多方共赢的目标。亚洲地区的跨境次区域合作是20世纪90年代以来的一种新现象，在过去的研究中又被称为"自然经济领土"或"扩展性城市区域"。1993年，亚洲开发银行指出，"次区域合作是包括多个国家精心设计的地理毗邻的跨界经济区"[②]。1994年，新加坡边境区、马来西亚柔佛州、印尼廖内群岛之间三角地带构建"跨境次区域合作"。从上述定义与实例来看，"跨境次区域合作"是不同国家地理相邻的边境区间展开的协作。

从学术概念来说，跨境次区域经济合作是指若干国家接壤地区之间跨国界的经济人[③]或法人，基于平等互利的原则，通过各种生产要素的流动而实施的较长时期的经济协作活动[④]。其本质是使生产要素在跨境次区域这一地域范围内达到自由流通，从而带来生产资源的有效配置与生产效率的提升。这种合作的发展有天然优势：一是自然、人文领域的地缘优势。跨界区两侧山水相连，从地缘的视角来看往往是一个整体，具有地理上的延伸性。诸如以河流为界，则多占据河流的上游或下游；以山脊为界，各自为南侧或北侧，基本上具有类似的地貌特征，还有相同的气候植被。这种具有同类自然地理环境的特点，使其通常属于相近的自然地理单元，具有经济合作的便利条件，这无疑可以大大降低双方合作的可预

① 李克强："政府工作报告"，载《人民日报》，2014年3月7日。

② DB AnnualReport 1993, Asian Development Bank. http://www. adb. org/documents/adb—an. nual— - report…1993

③ 孟捷："经济人假设与马克思主义经济学"，《中国社会科学》，2007年第1期，第30页。

④ 李铁立："边界效应与跨境合作研究"，《东北师范大学学报》，2004年第1期。第20页。

见成本。

二是空间作用强度与梯度延展。地缘空间作用理论认为，区域作用的强度在空间距离上存在一定的规律性①。在空间上，表现为伴随空间距离的扩大，相互作用的强度减小，距离越大，作用强度越小，即具有空间强度衰减规律。因此，跨境次区域由于在边界的两侧，具有空间上的邻近性，相互合作的强度往往较大，而随着空间范围的延展，其合作的影响力也就越小，所以次区域合作往往比区域合作的强度更大，更易取得成效。此外，地缘经济学认为，边境地区具有梯度延展势能，这是其独特优势。不同国家往往处于不同的经济发展梯度，占有不同的资源要素，而边境区则作为不同梯度之间的过渡层与联系纽带，使不同国家间经济上的互补性得以实现，生产要素的跨边境流动成为可能。

三是核心城市区的过境需求。随着核心城市区的发展，对边境地区的过境需求比以往明显扩大，而过境需求的扩大为边境的经济发展带来极富活力的要素流动，将促进城市核心区与边境区的协同发展。边境地区通常是各国经济联系的重要渠道，跨国合作往往需要借助边境地区的地利优势，因此，在当前各国经济文化联系日益紧密的形势下，核心城市区过境需求的增长，也推动了跨境次区域合作的发展。

二、区域合作与次区域合作的理论比较

1648 年《威斯特伐利亚和约》签署以后，国家领土主权受到国际法的保护，国家边界空间形态的演化受到国际法的限制。但是，人类本质上具有不断拓展经济行为空间的需求，在其领土空间控制的范围受到约束以后，这种经济空间的开拓行为就表现为经济交往空间范围的拓展，因此，区域合作与次区域合作行为相应而生。

1. 区域合作

区域合作的理论基础源于新古典贸易理论和一体化理论。以瑞典经济学家赫

① 闫卫阳、王发曾、秦耀辰：“城市空间作用理论模型的演进与机理”，《地理科学进展》，2009 年第 4 期，第 511 页。

克歇尔（Heckscher）、俄林（Bertil Ohlin）为代表的新古典贸易理论对国际贸易的解释，是假定市场是完全竞争的①。贸易结构是生产要素、资本占有、自然资源的相对供给决定的，因此，对于具有不同资源特点的国家进行合作，降低国家之间关卡对贸易的阻碍作用，是促进各国经济福利增长的关键。为适应二战以后广泛出现的区域经济集团现象，20 世纪经济一体化理论开始出现并在欧美地区大行其道，此后传入亚洲。

林德特（Peter Lindert）指出，经济一体化是指“通过相同的产品市场，协同的生产要素市场，或两者的结合，获得生产要素价格的均等”②。经济学家利普赛（Richard Lipsey）根据生产要素的流动程度将经济一体化划分为六种等级递增的状态：特惠关税区、自由贸易区（商品自由流动）、关税同盟（统一对外关税）、共同市场、经济同盟与完全经济一体化③。这其中，又以关税同盟理论最受学者青睐，得到各国学界最为翔实的阐述，之后运用于关贸总协定与世界贸易组织的构建运营。总之，新古典贸易理论从自由贸易的角度，主张区域合作有利于贸易参与国各自发挥其比较优势，获取经济福利与市场收益，经济一体化理论从促进不同国家生产要素流动的视角，主张各国参与区域合作有利于经济资源的跨国自由流通，提升有限资源配置效率和降低成本。

2. 跨境次区域合作

跨境次区域合作的研究始于 20 世纪八九十年代，其理论的直接来源是地缘区位理论。美国区域经济学家埃德加·马隆·胡佛（Edgar Malone Hoover）指出，区位的特殊性在于：①生产要素流通的不完全性；②经济活动的不完全可分性；③距离成本的重要性④。生产要素中的土地、能源和水资源等是不完全流通的，资金和劳动力等是可以流通的，而可以流通的生产要素，其流通的过程也要

---

① Benny Carlson, “Knut WickseU, Gustav Cassel, Eli Heckscher, Bertil Ohlin and Gnnnar Myldalon the Role ofthe Economist in Public Debate,” Econ JournalWatch, V01. 3, No. 3, 2006。PP. 512 ~ 514.

② Peter} L Lindert, “Unequal EnglishWealth since1670,” ⁄he Journal ofPoliticalEconomy。V01. 94, No. 6, 1986, PP. 1127 ~ 1129.

③ ichard G. Lipsey, “An Economic Theory of Central Places,” 1he Economic Journal, V01. 92, No. 365, 1982, pp. 56 ~ 59.

④ E M Hoover, Introduction to 忍删 Economics (New York: Alfred 丸 Knopf, Inc., 1984), p 11.

受到监管制度、利益主体、发展程度等多方面因素的制约。

经济活动的分布则表现出有序的集聚态势，并非杂乱无章地任意分配。经济活动受到距离的制约，空间位置因素需要考虑距离成本支出。正是以上三类要素使每一个区位表现出其不同于其他区位的特殊性。边境区由于紧靠边界，其最突出的特征就是强烈地受到边界的影响，使之表现出独有的区位特性，因此带来其独特的区域空间系统和经济结构。由于理论提出的时代背景不同以及对边界认知与重视程度的差异，传统地缘区位理论和新地缘区位学对边境区位的理解也就不同。

在传统区位学中，尽管没有关于边境区位的系统阐释，但对于跨境次区域的研究仍散见于克里斯塔勒（Walter Christaller）的“中心地理学”和廖什（August Losch）的“市场区位论”的论述中[①]。以克鲁格曼（Paul Krugman）为代表的新地缘区位理论形成于20世纪80～90年代[②]。由于贸易成本的降低和生产要素的互动，尤其是资本、人力的国际移动能够改变区域资源要素禀赋状况，使经济活动的区位条件得到重新建构。克鲁格曼、李维斯（Liras）和福吉塔（Fujita）认为国家内部区位需要重新调整[③]。在以往保守的行为体中，经济活动区位导向是内向的，但在开放的行为体中，经济活动的区位导向是外向的。在这种形势下，边境区的经济功能地位提升，原有的国内核心城市区位对企业和人口

---

① Richard E. Preston, “Walter Christaller’ S Research on Regional and RuralDevelopment Planningduring World WarⅡ,” Metar, VoL 52, No. 1, 2009, pp. 4～5; Michael Sonis, “Central Place Theory afterChristalhr and FurtherExplomtiom—in MemoryofAugust Loach,” ERSA co 咖 M∞ papers, VoL 8, No. 1, 2005, PP. 1～2.

② Paul Krugman, The Spatial Economy: ∞ 泌, Regionsand InternationalTrade (Cambridge: MITPress, 1999), pp. 1～2; Paul Krugman, “What Do We Need to Know about the Imemational Monetary Sys · tem,” Essays 讥 International Finance, 1993, V01. 1, No. 19, pp. 1～2; Paul Krugman, “The IncreasingReturns Revolution in Trade andGeography,” TheAmerican Economic Review, 2009, goL 1, No. 1, PP. 61—67; Paul Krugman, “Debt, I) ehveraging, and the Liquidity Trap: A Fisher—Minsky—Koo Approach,” ⁄he Quarterly Journal of Economics, V01. 12, No. 3, 2012, PP. 1469～1470.

③ aul Mejandm—Liras Elizondo, “Essays on Regional Economics and Political Risk in Mexico,” 1993, Pp. 7～8, http: //dspace. IlliL edu/bitstream/handle/1721. 1/12702/28732600. pdf? sequence = 1; Masahisa FujitaandJacques—Francois Thisse, Econom/cs of Agglomeration, Cities, Industrial Location, andRe # oGrowth (Cambridge: Cambridge University Press, 2002), pp. I—3; WindScience andEn · neoring Research Center, Recommendation for 肌 Enhanced Fujita&a/e (Texas: TexasTechUniversityPress, 2004), pp. 1～3; Charles 丸 Doswe, “OntheImplementationof the EnhancedFujitaScale in theUSA。” Atmospheric Research, V01. 1, No. 1, 2009, PP. 554～556.

的吸引作用相对下降，引发外资、人力、企业从原来的国内核心城市区位转移到边境区位，使整体区位的经济活力对比格局重新变化，跨境次区域合作得以实现。

根据新地缘区位理论的市场潜力模型，可以推导出这样的结论：在以往的认知中，边境区位是不被重视的市场区，产业规模小，人口少，它通常属于经济活动相对较少的边缘区，但在新时代的经济背景中，边界战争冲突的可能性降低，边境地区的经济区位功能凸显，即经济发展有将边境区从国内的边缘区转化为区域共同市场中心区的趋势。在此基础上，汉森（Niles Hansen）提出了“中心边境区”（Central Border Region）的理念，即通过有效的地方支持与企业的活跃作用，边界两侧市场展开协作，跨境次区域的市场潜力被激活，各国间跨边界贸易额增长，吸引众多的企业和人力到临近国外市场的边境区集聚，“边境区”发展为“中心区”[①]。维纳布尔斯（A. J. Venables）通过对产业间互动的空间均衡研究指出，垂直联系的跨国公司向边境区位转移的可能性更大，其中，大型跨国公司可能成为跨境次区域合作的主要力量，与跨边境的互动联络有关的经济活动有在空间集合的动力，边境区成为集聚合力的作用地区之一[②]。

通过对相关理论的阐述可知，地缘区位理论将边境区位作为研究重点，关注跨境次区域合作。传统地缘区位理论作为一种静态理论，忽略了边境地区在世界环境发生改变后，次区域合作最新的动态发展过程，在这一点上，新地缘区位理论做出了补充。这里的世界环境的变化主要是指国际形势和经济发展的宏观背景，相邻国家经济、社会和人员的紧密联系对边境区位经济功能的激活机制。新地缘区位理论特别强调边境区位的比较优势，认为边境区可能成为次区域合作的中心区。新地缘区位理论学者也分析了跨边境的次区域合作对原本城市中心区的积极作用，如克里斯塔勒认为，稳定的边境区能够为中心区商品服务范围扩大到

---

① Nites Hansen, “Border Regions: A CritiqueofSpatial Theoryand a European CaseStudy,” TheAnnals of Regional Science, V01. 1 1, No. 1, 2007, PP. 3 ~ 4; Annemarie Strihan, RethinkingBorderRepre—sentations (Melbourne · Aesop Press, 2005), PP. 1 ~ 2.

② J. Venables, “Equilibrium 1. x, cations ofVerticallyLinked Industries,” lraerna na/Econom/cRev/ew, V01. 37, No. 2, 1996, PP. 341 ~ 342.

邻国提供条件①；廖什通过研究边境区发现，边境区位将在跨边界投资中使政府和企业双赢②。

3. 区域合作与次区域合作比较

表 1　区域合作与次区域合作比较

	跨区域合作	跨境次区域合作
研究视角	宏观	中观和微观
研究重点	核心国家辐射边缘国家	边境区位影响核心城市区位
动力机制	国家	国家、边境省份的地方政府和企业
合作性质	一定程度的排他性	非排他性
合作要求	机械化	准机制化
合作特点	规范性	灵活性

如表 1 所示，区域合作与次区域合作具有如下不同点。

第一，两者的研究视角、合作性质不同。区域合作要求一定程度的主权让渡，如欧盟区域合作、北美经贸合作等，这意味着参与国在某些领域将囿于超国家机构的主控，对于亚洲大多数国家和地区来说，这样做的政治成本、经风险较大，也不符合亚洲国家主张不干涉内政的传统理念，所以大规模、高层次、机制化的区域合作尽管初衷良好，但近年来成效不大。但跨境次区域合作相较而言，对参与方要求主权成本低，容易被参与方接受，对参与方的制度硬性要求和超国家机构管理依赖并不强烈，因此，无须实施统一的制度、法律和规范，就可以轻松跨入次区域合作的门槛。另外，全国范围参与一体化也无益于对国家主体民族工业的维护，跨境次区域经济协作就不需要全国范围的行政和体制变动，因此就降低了参与方的政治和经济成本，降低了双方、多方的合作门槛，而且一旦某个区域内部的次区域经济合作取得成功，它的经验与收获就会很快外溢到其他地区。

① Richard E. Preston, “Walter Christaller’ S Research on Regional and RuralDevelopment Planningduring World Warn.” PP. 9 ~ 10.

② Michael Sonis, “Central Place Theory after Christaller and FurtherExplorations—in Memory of August Lsseh.” PP. 9 ~ 10.

第二，两者的参与主体与关注重点不同。跨国区域合作研究关注核心成员国，而跨境次区域合作关注边境省份的经济效应①。次区域经济合作不论是边境区间经济行为体的互通有无，还是邻国企业集团在东道国边境地区的投资与商贸行为，边界两侧地区都成为经济事务开展的空间。跨境次区域经贸合作不歧视非成员方，具有一定程度的开放性，鼓励其他国家或地区参与合作之中。因为边境地区往往是一国内的经济发展边缘区、欠发达区，经济发展基于内部本身的人才、资金和技术，不足以提高其区位竞争力，还必须借助外部资源资本引进，特别是相邻国家和地区资金的投入，调动地区经济活力，形成边境地区企业集聚。此外，从持续发展的角度，边境省份需要开辟域外市场，边境区位优势之一就是其能够充当开拓国外市场的桥头堡，如云南。因此，相较于传统区域经济集团对成员国互惠而歧视非成员国，跨境次区域经济合作不歧视非成员方，具有鲜明的包容性。

第三，两者的动力机制不同。跨境次区域合作中以地方政府、企业为主导的功能性一体化作用鲜明。地方政府是推动跨境次区域经贸合作的重要力量。能够对次区域合作起到扶持和协调作用。次区域经济合作的内容涉及多个方面，比如跨境双方、多方不同部门的合作或生产要素领域的流通，这些合作需要政府不同部门的相互协调。当然，次区域合作的发展与区域合作一样，都离不开国家的支持，比如交通线路的建成，交通设施的建设必须与配套项目接轨，这种大型合作涉及与交通相关的各种服务网点，建筑规划路线以及管理审批程序等，如“一带一路”、跨境经济走廊等，最终决定权仍然取决于国家的态度。

第四，两者的合作要求各有特色。传统区域合作理论强调规范性和机制化，如欧盟，而跨境次区域合作注重灵活性，不规定统一的制度形式。依据边界两侧政治制度、经济构成和社会文化差异程度来看，次区域合作也可以分为“同质次区域合作”与“异质次区域合作”②。从涉及边界的数量来看，不同数量的政治实体在地理空间上交汇，具有不同结构特色的次区域合作随之产生。根据空间结

① Asian Development Bank，Greater Mekong Subregion，Economic Cooperation Program（ManilaPhilippines Press，2012），PP. 7 ~ 8.

② 吴殿迁：《区域经济学》，科学出版社 2003 年版，第 111 页。

构上的不同，可以将次区域合作分为双边、三边和多边等类型。如中国—巴基斯坦次区域合作属于双边，图们江次区域合作属于三边（中、俄、朝），孟中印缅次区域合作属于四边。

第五，跨境次区域合作发挥的作用主要体现在促进沟通、辐射外溢和凝聚区间共识三个方面。其一，有利于跨越边界的流通。随着中国经济的持续快速发展，经济竞争已经由以比拼核心城市，逐渐过渡到探求经济增长带的新阶段，有效利用边境省份创建新的价值成为国家获得比较优势的新力量。跨境次区域合作促进了边界双方、多方彼此信息的互动、人员的交流和生产要素的合理配置，降低了跨越边境的交易费用。当前中国与周边的边境省份日益成为重要的经贸口岸和人员交通要道。其二，激活了边境省份的发展活力，并以点成面，由线到片，带动整个区域发展①。边境省份日益成为双方、多方扩大经济、人文、社会互动的重要平台。边界问题曾经被视为动荡之源，随着中国与邻国关系的发展，边境省份反而日益成为促进经贸合作与维护共同安全的新亮点。其三，促进跨越边境区间的战略互信，形成跨边境的区间共同发展的意识。中国与周边国家从对峙到互通，从互通到建立战略协作关系，从战略协作关系到建立战略伙伴关系，合作不断升级。在跨边境次区域合作中，成员之间的非层级关系使成员心理需求得以补充，对成员参与跨边境交往积极性的提高具有重要作用，从而对合作目标的实现、合作效率的提升发挥重要影响。

三、跨境次区域理论背景下“一带一路”的动力机制

“一带一路”是典型的跨境次区域合作。“一带一路”不是一国的事，而是相邻各国共同的事业；不是某个区域的利益独享地带，而是跨国界的利益共享地带。旨在将安全互信、地理毗邻、经济互补的优势转化为切实合作和共同发展。边界在传统意义上称为封闭型边界，地缘政治、军事属性居主导地位，随着国际政治冲突的整体缓和，边界双方为了边境居民生活的需要，在边界开始设置开放

① 卢光盛等：“中国对缅甸的投资与援助：基于问卷调查结果的分析”，《南亚研究》，2014 年第 1 期，第 26 ~ 27 页。

口岸，边界由屏蔽效应向中介效应转变，边界的经济功能得到激活。国家为促进跨境共同发展，给予次区域合作以空前的重视，地方政府出于刺激地方经济发展的考量，主动推进跨边境的合作，企业的跨境互动也日趋频繁。经济合作不仅体现在自由贸易上，生产要素的流通也趋于动态化，资源配置效率提升，跨边境投资、跨境技术合作活跃，作为国家间领土划分依据的边界由“政治封闭线”向“经济接触带”演化，在此过程中，国家、地方和企业三者成为跨境次区域合作的重要推动力量。

其一，国家是跨境次区域合作的引导力量。习近平主席、李克强总理推动的“一带一路”、经济走廊，就是次区域合作的代表。跨境次区域合作将为传统边境地区带来包括人口职业的变化、发展模式的调整与产业结构的优化，这其中包括资源、资本和产业的扩散，使其经济发展战略从内向（Inward—looking）变为外向（Outward—looking），从封闭转为开放，从依赖进口的保守型转向出口导向型。在当前经济全球化形势下，边界对生产要素和贸易互动的阻碍作用日渐减弱，成为不同国家物质、信息交流的中介面。事实上，完全开放和完全封闭的边界均是不存在的。边界被视为国家间交往的中介，就表现出一定的“过滤功能”，即边界对于有利于国家经济和社会发展的产品、资本、信息的流动是开放的，而对于损害其发展大局的流动则是过滤掉的，这就是边界的中介效应①。

其二，地区政府是跨境次区域合作的推动力量。长期以来，除了少数沿海边境省份之外，陆上边境地区往往是一个国家经济发展的较落后地区。由于受传统地缘政治的影响，各国从军事战略、政治安全的角度考虑，对边境地区的经济发展持犹疑态度，加之远离本国的商业中心，往往不能有效地接受核心城市区的经济扩散。在此形势下，边境地区政府借助跨边境合作，可以扩大市场规模，有利于边境区位企业的发展，同时，使其成为内陆企业拓展国外市场的前沿地带。正如前文所述，在中国与南亚的次区域合作中，云南省就在积极发挥这样一个桥头堡的作用。

---

① 李铁立、姜怀宇：“边境区位、边境区经济合作的理论与实践”，《人文地理》，2004 年第 6 期，第 3 页。

其三，企业是跨境次区域合作的活跃力量。企业通过与客户、供应商以及与其他组织的联系，激活跨境次区域合作。从当前各国已经形成产业集聚的区位来看，能够促使企业集聚的经济区位，称之为优势区位；反之，难以吸引企业集聚的经济区位，则成为劣势区位①。因此，能否成功吸引企业集聚就成为界定某个特定区位优劣的标准之一。在跨境次区域合作中，一方面跨境合作必须依赖于企业参与才具有活力，另一方面，跨境合作的建设又能促进企业的发展与规模化，两者是互相依赖、互相影响的关系。企业通过引进与外销、竞争与合作、探讨与学习，进行技术转移与创新活动，积极构建跨境次区域合作的互动平台。边境区两侧的企业得到发展，次区域合作平台的建设也空前活跃，为国家之间建立经济联系奠定了基础。

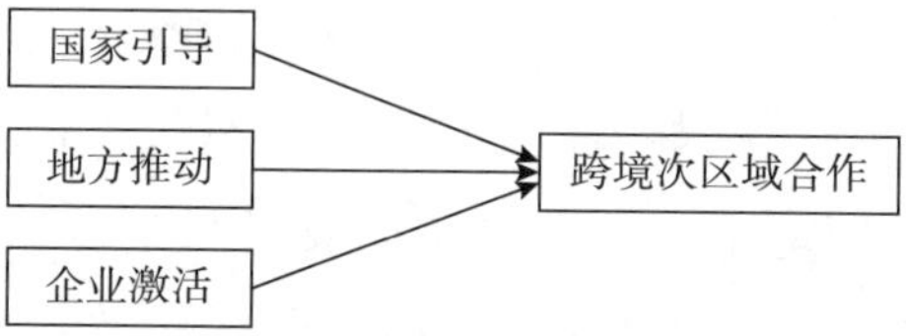

图1　跨境次区域合作的动力机制

“一带一路”与其他跨境次区域合作一样，其合作的长期推进还需要考虑成本。成本来自于生产要素成本、空间联系成本和市场交易成本。第一，生产要素成本优化。建立工业园区能够为准备投身于“一带一路”的企业提供良好的公共物品，使企业可以利用邻近的金融服务业和制造业技术，还可以方便地使用其他地区的人力资源。第二，空间联系成本优化。企业存在的联系成本主要体现在时空跨度上，因为产品的运输需要费用，重要信息的传递还可能需要面谈的形式，时间成本和空间成本就更要考虑在内，因此，在“一带一路”战略规划中，政府需要考虑建立经济走廊与交通要道，缩短多方之间的时空距离，以保障跨境次区域合作的发展。第三，市场交易成本优化。一方面，我们需要鼓励投身于“一带一路”的企业，给予税费适当减免等优待；另一方面，我们需要完善边境区的交易制度，激发其经济功能，提升其经济地位，为企业跨境合作提供便利，

① 刘蕊萍：“中国参与次区域合作研究”，《西南财经大学学报》，2007年第1期，第35页。

以达到跨边界优势互补、共同发展。根据跨境次区域合作理论的规划，“一带一路”合作的发展随着时间的推移表现出不同特色。在“一带一路”规划的早期，由于邻国边境区或是在社会、文化、习俗等方面与中国具有相似性，或是边境区间在历史上就有长期交往互动的传统，如“丝绸之路”，因此，这些类似点与亲近感是“一带一路”的推动力量。当“一带一路”发展到一定规模之后，信息采集成本和交易成本均可降低，众多大型企业、中小企业、区外企业和邻国企业形成复杂的产业内和产业间集聚群，集中了市场信息，降低了供求双方的选择费用，同时，集聚群还有助于降低企业间协议谈判、制定、实施以及仲裁争议等契约成本。

总之，以“一带一路”为代表的跨境次区域合作，与以往的合作形式相较，有其自身的特色，它的理论支撑是新地缘区位研究，关注跨境区位的变化与经济发展潜力，合作形式具有多样性，对区外参与方具有包容力，能带动其他区位共同发展。次区域合作的整体发展前景是光明的，但不是所有的跨境次区域合作都能获得成功，如何考察次区域合作的预计成效，除了上述动力机制之外，还有如下两项干预变量需要考虑：一是地缘政治环境的恶化，这是阻碍跨境次区域合作达成的关键变量。一般情况下，一个和平、稳定的地缘政治环境，有利于跨境市场拓展与利用邻国资源，使跨境区成为投资区位的优先选项。因此，如果要推进跨境次区域合作，我们需要尤为关注跨境区的地缘政治环境与世界地缘政治格局的变化态势。二是空间可达性配套难以到位，这是阻碍跨境次区域合作能够长期运营的重要变量。空间可达性包括地理空间可达性和制度空间可达性两个领域。前者是指跨境地区与国内核心城市的交通、通讯等联系的便捷尺度，后者是指由制度因素决定的跨境区对外经贸、文化交往的容易程度。

“一带一路”战略下的中国与中东欧经贸合作

姚玲

中东欧16国地处欧洲东部与中部，包括阿尔巴尼亚共和国、波斯尼亚和黑塞哥维那、保加利亚共和国、克罗地亚共和国、捷克共和国、爱沙尼亚共和国、匈牙利、拉脱维亚共和国、立陶宛共和国、马其顿共和国、黑山、波兰共和国、罗马尼亚、塞尔维亚共和国、斯洛伐克共和国和斯洛文尼亚共和国。总面积133.6万平方公里，总人口1.22亿。2013年中东欧16国GDP总额为1.5万亿美元，人均GDP为1.23万美元。贸易总量1.6万亿美元，其中出口7897亿美元，进口8086亿美元。2013年，习近平主席先后提出共建“丝绸之路经济带”和“21世纪海上丝绸之路”的战略构想，为中国深化与中东欧国家经贸合作带来新的契机。

一、中国与中东欧国家经贸合作日益紧密

从地理位置而言，中东欧16国（以下称中东欧）地处“丝绸之路经济带”与“21世纪海上丝绸之路”的拓展区域。“一带一路”战略的提出，得到中东欧国家的积极响应，有力地推动了中国与中东欧贸易与投资合作的进一步发展。

1. 中国与中东欧贸易显著增长

2014年，中国与中东欧进出口贸易额为602.3亿美元，较2009年（323.9

姚玲，商务部国际贸易经济合作研究院。本文载于《国际商务财会》2015年第2期。

亿美元）增长85.9%，占中欧贸易总额的比重从2009年的8.9%上升至9.9%。其中，中国对中东欧出口额从263.5亿美元增至437.1亿美元，增长65.9%；中国从中东欧进口额从60.5亿美元增至165.2亿美元，增长173.0%。同期中国与欧盟双边贸易、中国对欧盟出口及从欧盟进口分别增长69.0%、57.0%和91.2%。过去5年间，中国与中东欧的贸易结构不断优化，机电和高新技术产品贸易所占比重已超过6成。目前，中国物美价廉的日用消费品在中东欧深受当地消费者喜爱。而通过在华举办中东欧国家特色产品展（如2014年6月在中国宁波举行），中东欧国家牛羊肉、奶制品等优质农产品，以及食品、葡萄酒和其他产品在中国的知名度进一步提高，近两年来带动中东欧国家优势商品对中国出口实现大幅增长。

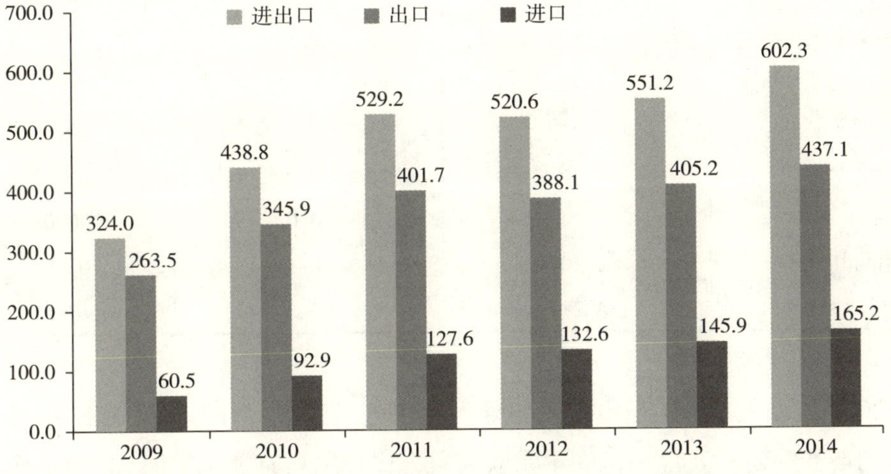

图1　中国与中东欧16国贸易往来（单位：亿美元）

资料来源：中国海关。

2. 中国对中东欧投资取得突破

据商务部统计，截至2013年底，中国对中东欧投资存量为14.3亿美元，比2009年末增长了1.5倍。匈牙利、波兰、捷克、罗马尼亚和保加利亚是中国在中东欧地区投资的5大主要目的地。截至2013年底，中国对上述五国投资存量总计达12.9亿美元，占同期对中东欧投资存量的90.0%。

表 1　　中国对中东欧 16 国投资情况

	2013 年存量（万美元）	占比（%）	增速（%）
匈牙利	53235	37.2	4.9
波兰	25704	17.9	23.5
捷克	20468	14.3	1.1
罗马尼亚	14513	10.1	-9.9
保加利亚	14985	10.5	18.2
斯洛伐克	8277	5.8	-3.8
克罗地亚	831	0.6	-3.7
立陶宛	1248	0.9	79.1
塞尔维亚	1854	1.3	186.6
波黑	613	0.4	1.0
斯洛文尼亚	500	0.3	0.0
阿尔巴尼亚	703	0.5	58.7
爱沙尼亚	350	0.2	0.0
拉脱维亚	54	0.0	0.0
黑山	32	0.0	0.0
前南马其顿	209	0.1	703.8
合计	143281	100	7.5

数据来源：商务部网站。

2013 年以来，中国与中东欧领导人会议先后通过《中国—中东欧国家合作布加勒斯特纲要》及《中国—中东欧国家合作贝尔格莱德纲要》，将投资作为双方合作的重要领域，推动中国对中东欧多个国家投资快速增长，在对上述 5 个主要投资目的地保持增长态势的同时，对塞尔维亚、马其顿等前南斯拉夫国家投资更是实现飞跃，投资领域涵盖机械、化工、电信、物流商贸等各个方面。欧盟统计局数据显示，中国对中东欧投资分布广泛。其中，制造业投资主要集中在波兰、匈牙利地区大国。主要投资项目包括：烟台万华实业集团收购匈牙利宝思德（BorsodChem）化学公司（2011 年，投资额 12.63 亿欧元）、广西柳工集团并购波兰 HSW 公司工程机械部（2012 年）、湖北三环集团并购波兰最大的轴承制造企业 KFLT 轴承公司（2013 年 5 月）、山东金禾生化集团和安徽丰原索尔诺克生化公司分别投资约1亿欧元在匈牙利设立柠檬酸工厂（2014年）等。

基础设施和能源领域投资主要集中在塞尔维亚、阿尔巴尼亚和马其顿等巴尔干半岛的中东欧国家，近年来表现突出。2013～2014年，中国企业在塞尔维亚投资诸多项目，包括Kostolac煤电厂升级改造、摩拉瓦运河水电站及多瑙河米海洛·卜平大桥建设等。

3. 中欧班列加强了中欧贸易往来

为促进对欧商品贸易往来，中国各省市纷纷开通至欧洲国家的集装箱直达列车。国际金融危机前，主要有呼和浩特—法兰克福班列、富士康国际联运专列、北京—汉堡集装箱示范列车、乌鲁木齐—德国汉堡集装箱专列；2011～2013年，先后开通了“渝新欧”、“汉新欧”、“蓉欧”、“苏满欧”及“郑新欧”5趟班列。中欧间所有班列都以中东欧国家为中转站或者终点。2014年，随着“渝新欧”和“郑新欧”两个班列实现回程货源零的突破，以中欧班列构建的国际物流大通道的影响力逐步增强。据中国铁路总公司的数据显示，2014年共开行中欧班列308列，发送集装箱26070标准箱，较上年同期多开228列，增长285%，促进了中欧沿线各国间经贸交流发展。中国与中东欧国家间商品的双向流动得到进一步加强。

2015年，中国企业建设的塞尔维亚贝尔格莱德至匈牙利布达佩斯的匈塞铁路将开工建设，预计2017年完成，从而为“中欧陆海快线”（希腊比雷埃夫斯港—马其顿斯科普里—塞尔维亚贝尔格莱德—匈牙利布达佩斯）的贯通创造条件。届时，陆海联运将成为中国与中东欧贸易货物运输的另一种方式，与目前正在大力发展的中欧班列运输相互配合，将进一步增加铁路运输在中欧货物运输中的比重，充分发挥铁路运输时间最短（比海运节省1/2～1倍时间）、成本相对低廉（低于空运，高于海运1倍）及承运商品附加值较高的优势，一定程度上改善中国与欧盟货物贸易西重东轻的格局，实现中国与中东欧货物和能源运输多元化。

二、中国与中东欧国家经贸合作前景广阔

2013年11月，中国与中东欧第二次领导人会晤通过《中国—中东欧合作布

加勒斯特纲要》，将中国—中东欧合作视为中国与欧盟合作的新增长点，将互联互通列为中国与中东欧合作的六方面内容之一。2014 年 12 月，中国与中东欧第三次领导人会晤通过《中国—中东欧国家合作贝尔格莱德纲要》，将互联互通视为双方合作的第一要义，将双边合作推向新的高度。中国与中东欧以互联互通为抓手，将进一步扩大双边贸易规模、增加相互投资及拓宽融资渠道，给双方合作带来广阔空间。

1. 基础设施领域建设合作蕴含着巨大机遇

中国企业在基础设施建设方面有较强实力和丰富经验。中东欧国家在港口、铁路、公路、电站、通信等基础设施方面具有较大的发展需求。目前，中国企业正在积极寻求以工程承包、公私合营（PPP）、建设—经营—转让（BOT）等多种方式参与中东欧基础设施建设的机会，并取得初步成效。中国企业参与建设的波黑斯坦那里火电站、塞尔维亚科斯托拉茨电站一期改造项目都进展顺利。为增强合作效果，中方政府主管部门、金融机构和企业应根据外方需求和中方可能尽快确定重点项目和早期收获清单，一国一策，着力推进。在合作过程中，中国企业需认真研究并遵循当地法律、法规和市场环境。同时，对于欧盟国家，企业要适应欧盟标准；对于非欧盟国家，可积极推动输出中国标准。

2. 以装备制造为重点的产业合作大有可为

中国企业在基础设施建设方面有成熟经验和技术，铁路、电力、港口、化工机械等装备质量上乘，性价比高，在国际市场上具有竞争力。把中国装备制造与中东欧国家基础设施建设有效对接起来，不仅可以促进中东欧国家经济发展，也可以充分利用中国装备产能，实现互利共赢。尤其在高铁技术方面，双方互补性强，合作有助于打造中欧物流新动脉，产生远大于“1 + 16”的经济效益。而环保和能源合作则对中国与中东欧拓展科技创新，以及加强核电、风电、水电、太阳能发电等清洁电力领域的合作提出了现实的要求。

3. 构建新的投融资合作框架已经成为可能

当前，中国与中东欧在投融资领域已经设立“100 亿美元专项贷款”、30 亿美元的“中国—中东欧投资合作基金”。2014 年 11 月，中国宣布出资 400 亿美元成立的“丝路基金”，将为中国与“一带一路”沿线中东欧国家开展合作提供有力的投融资支持。在上述资金带动下，中国—中东欧国家可以市场化运作为基础，结合既有投融资安排，加快推动投融资模式创新，打造中国—中东欧投融资合作新框架。包括：提高100亿美元专项贷款的优惠力度，降低融资成本；推动本币结算，进一步促进双边贸易与投资；启动第二期10亿美元的中国—中东欧投资合作基金，推动股权投资，鼓励中国企业和金融机构积极参与中东欧国家的公私合营合作和私有化进程；促进中东欧国家企业与金融机构在中国境内发行人民币债券等。

4. 提升中国与中东欧贸易规模有很大空间

双方确定了未来5年将双边贸易额从当前的500亿美元提升到1000亿美元的目标。为实现该目标，双方必须优势互补，进一步加强各自优势产业领域的贸易合作。从具体措施来看，双方有必要加强海关、质检相互认证合作，提升通关和人员往来的便利化水平，为双方企业扩大贸易规模、优化贸易结构创造良好条件；推动中欧投资协定谈判，落实好中国与各国的避免双重征税协定，积极商签社保协定，促使中东欧国家放宽市场准入、技术标准等方面的限制，为中方企业投资提供投资便利化支持。

在“一带一路”战略背景下中国与海合会国家贸易发展与展望

肖维歌

自2013年12月我国“一带一路”战略提出之后，我国对外经贸合作出现了新局面，对外贸易逐步走向多元化，其中，我国与海合会成员国的贸易显著提速，2013年双边贸易额达到1730亿美元，比上年增长14.6%；2014年海合会成员国重启和中国建立自由贸易区的谈判。海合会（海湾阿拉伯国家合作委员会（Gulf Cooperation Concil），简称海合会（GCC））国家——沙特、科威特、阿联酋、巴林、卡塔尔、阿曼——位于“一带”与“一路”的交汇点上，在“一带一路”战略背景下，加快发展我国与海合会国家的贸易并挖掘双边贸易潜力，对实现我国外贸转型发展、调整贸易的地理方向和巩固贸易地位都具有十分重要的指导作用。

一、中国与GCC国家贸易发展现状

1. 贸易规模增长迅速，我国以逆差主

中国与GCC国家的经贸合作深入始于2004年中阿合作论坛的建立，同年中国与GCC在北京签署经济、贸易、投资和技术合作框架协议，启动双边自贸区谈判，双边贸易发展活跃，2010年中国—GCC建立战略对话机制，双边贸易步

肖维歌，绍兴文理学院。本文载于《对外经济实务》2015年第3期。

入了快速发展的轨道（图 1）。自 2004 ~ 2013 年，我国与 GCC 贸易额从 247. 32 亿美元增长到 1653. 47 亿美元，年均增速 28. 1%，远高于同期我国外贸年均增速 18. 1% 的水平，其中中国向 GCC 出口从 104. 36 亿美元上升至 596. 77，年均增速 23. 7%，从 GCC 进口由 142. 96 亿美元上升至 1056. 70 亿美元，年均增速 32. 4%，而同期，我国外贸出口年均增速 18. 6%，进口年均增速 17. 7%。由于从 GCC 进口年均增速显著高于出口年均增速，我国对 GCC 贸易逆差不断扩大（图 1），2012 年，中国对 GCC 逆差 464. 52 亿美元，创历史新高，2013 年稍有下降，但依然达到 459. 93 亿美元占双边贸易额的 28%。

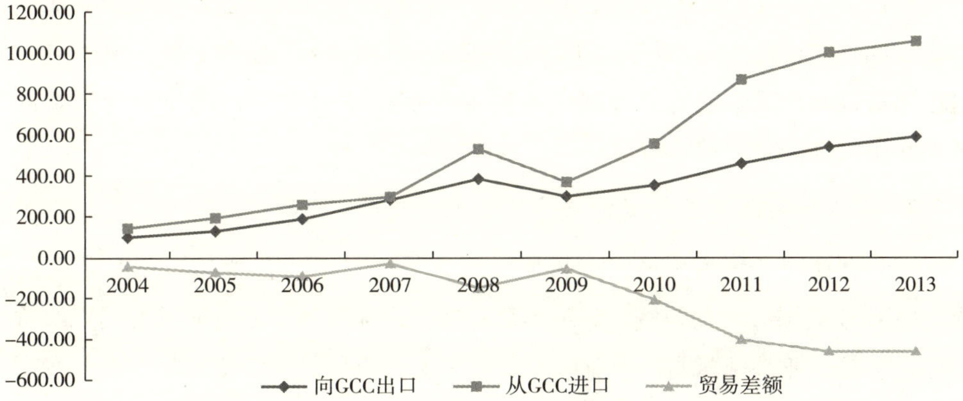

图 1　2004 ~ 2013 年中国与 GCC 国家的贸易状况

2. *贸易商品结构体现明显的互补性*

国际上广泛采用的国际贸易商品分类是联合国的《国际贸易标准分类》（SITC），其将国际贸易商品分为 10 大类，其中 0 ~ 4 类为初级产品，5 ~ 9 类为工业制成品。按此分类方法，我国从 GCC 进口商品非常集中，主要是第 3 大类，即矿物燃料、润滑剂和原料，中国从 GCC 的石油、天然气进口呈明显的上升趋势，2004 ~ 2013 年，其占中国从 GCC 进口总额的比重从 79. 47% 升至 84%，其次为第 5 大类，化学成品及有关产品，主要是与石油有关的石化和塑料等产品，但是该产品进口呈明显下降趋势，2004 ~ 2013 年，其占中国从 GCC 进口总额的比重从 17. 83% 下降至 13. 85%，但是这两项总和占中国从 GCC 进口总额一直维持在 97% 左右。

我国向 GCC 出口商品主要集中在 6 ~ 8 类，即按原料分类的制成品、机械和运输设备以及杂项制品，2004 ~ 2013 年，这三类产品出口占中国向 GCC 出口总额的比重保持在 92% ~ 94%。随着 GCC 国家开放程度的提高和国内建设的展开，中国向 GCC 工业制成品出口内部结构也发生了明显的变化。从出口增速上看，2004 ~ 2013 年均增速超过 100% 的商品包括皮革、皮革制品、钢铁、发电机械设备、金属加工机械、其他运输设备以及摄影仪器、设备和供应品、光学产品、钟表等；从出口规模看，2004 年，中国向 GCC 出口还以纺织、服装及有色金属为主，其占当年中国向 GCC 出口总额的三成以上，到 2013 年，出口以钢铁、一般工业机械、设备和机器零件、电信和录音机音响设备和仪器以及服装及衣服配件为主，四项共计占中国当年向 GCC 出口总额的 34.3%。总体上看，中国向 GCC 国家出口以其严重缺乏的工业制成品为主，而从 GCC 进口的则以中国稀缺的原油等初级产品为主，双边贸易结构具有明显的互补性。

3. 双边贸易地位迅速提升贸易规模的扩大

一方面体现了贸易国经济的协同发展，另一方面也是贸易国相互需要的结果。GCC 成员国石油和天然气储量丰富，能源产业发达，是世界重要的能源输出主体，但是工业基础薄弱，工业生产和居民生活用品严重依赖国际市场，我国是世界能源消费大国，原油进口依存度 2014 年达到 59.6%，同时我国又是世界制造业大国，丰富廉价的工业产品和生活消费品需要广阔的销售市场。

贸易产品的互补性既推动了双边贸易的发展，也促进了双边经济的协同发展。2004 ~ 2013 年，中国向 GCC 出口占中国出口比重从 1.76% 上升至 2.7%，从 GCC 进口占中国进口比重从 2.55% 上升至 5.42%，而同期，GCC 向中国出口占其出口比重从 5.01% 上升至 9.75%，从中国进口占其进口比重从 6.76% 上升至 11.20%，双边贸易总额占中国对外贸易总额的比重从 2.14% 上升至 3.98%，年均增长 7.9%，占 GCC 对外贸易总额的比重从 5.63% 上升至 10.23%，年均增长 7%。当前，GCC 国家已上升为中国第八大贸易伙伴，而中国是 GCC 第三大贸易伙伴。

中国与 GCC 国家贸易规模的扩大是双边经济发展和需要，贸易结构的互补性则体现了双边比较优势的差异性，贸易地位的提升是双边贸易可持续发展的良好预兆。所有这些都是由双边贸易的发展条件决定的。

二、一带一路背景下中国与 GCC 国家贸易的发展条件

1. 中国—GCC 自贸区谈判为双边贸易可持续发展奠定了的基础

中国—GCC 自贸区谈判始于 2004 年，2005 年双方建立了自贸区谈判工作机制，制定了谈判工作大纲，并就货物贸易的关税减让等问题进行了磋商，到 2008 年，双方共举行 4 轮谈判，在货物贸易谈判大多数领域达成共识，并启动了服务贸易谈判。2009 年第五轮谈判双方就货物贸易主要关切和服务贸易初步出价进行了深入磋商，并就原产地规则、技术性贸易壁垒、卫生和植物卫生措施、经济技术合作和自贸协定案文等议题广泛交换了意见。2010 年中国—沙特经贸联委会第四届会议上双方明确要加快推动中国—GCC 自贸区谈判，为双边贸易发展创造更加自由便利的环境。

当前我国改革开放的新格局就是以“一带一路”为纲，以自贸区为目，推进中国—GCC 自贸区势在必行。2014 年中国—GCC 自贸区谈判重启，这是机遇也是挑战，GCC 成员国和我国经济具有较强的互补性，自贸区谈判的推进对双边贸易的扩大提供了动力和条件，这也是重要机遇。特别是我国现在正经历从制造业大国向制造业强国转变的转型升级，生产能力不断提高，产品品质不断改善，产品技术含量也在逐步升级，这更为我们抓住机遇，迎接挑战，扩大对 GCC 出口提供了条件。随着我国工业化建设的推进和居民收入水平的提升，能源消费激增，对 GCC 油气资源的进口需求也在激增，而推进中国—GCC 自贸区谈判，也为双边贸易的可持续发展奠定了基础。

2. 中国—GCC 战略对话机制为双边经贸深入广泛合作明确了方向

中国—GCC 自贸区谈判还在进行中，中国—GCC 战略合作伙伴关系正在以战略对话的形式推进着。迄今为止，中国—GCC 战略对话机制已进行三轮。2010 年在北京启动第一轮战略对话，并签署了《中华人民共和国和海湾阿拉伯国家合作委员会成员国关于战略对话的谅解备忘录》，奠定了双方进一步合作的基础；2011 年第二轮战略对话在阿联酋首都阿布扎比举行，双方明确要根据《谅解备

忘录》以及2004年在北京签署的“经济、投资和技术合作框架协议”，进一步完善双方在贸易、投资、能源、文化、教育、科研、环境、卫生等领域的磋商、协调与合作机制，并为此制定行动计划，确定具体时间表，尽早完成自贸区谈判；原定于2012年的第三轮战略对话推迟至2014年在北京举行，双方签署了《中华人民共和国和海湾阿拉伯国家合作委员会成员国战略对话2014年至2017年行动计划》，并发表了《中华人民共和国和海湾阿拉伯国家合作委员会第三轮战略对话新闻公报》，公报确定了双方在政治、经贸、能源、环境保护和气候变化、文化、教育、卫生、体育等领域的合作目标，强调双方应加快自由贸易区谈判进程，认为双方经济互补性强，建立自由贸易区符合双方的共同利益。

双边战略对话机制逐步分层次明晰了双方对对方的重要性，如果说第一轮战略对话是“敲门砖”，第二轮则夯实了双方合作的“基本平台”，第三轮进一步明确了双方合作的必要性和重要性，确定了双方经贸合作的目标，还为双方进一步合作制定了行动计划。中国—GCC战略对话机制为双边交流合作特别是经贸合作搭建了阶梯，每一轮对话都会登上一个新的台阶，促进双方在更广阔的层面上深入合作。启动战略对话以来，双边贸易额增长迅速，2011年双边贸易额猛增了44.51%，2011~2013年双边贸易年均增速22.37%，2014年上半年双边贸易额就接近了2013年全年的贸易量。双边战略对话不仅直接带来了贸易量的扩大，也促进了双边在投资和能源领域的合作，中国企业在基建、消费品和电信等领域加大了对GCC的投资力度，GCC也进军中国管理市场，双边投资活动带动了投资品的贸易，间接促进了双边贸易的发展。中国——GCC战略对话的进行与不断升级为双边经贸深入广泛合作描绘了前景，明确了方向。

3. “一带一路”战略为中国—GCC双边贸易注入了活力

中国在2013年提出“一带一路”（One Belt and One Road，简称OBAOR）战略，“一带”即丝绸之路经济带，“一路”即21世纪海上丝绸之路，“一带一路”战略体现了我国改革开放的新格局，也是提振我国经济的重要战略部署。“一带一路”战略在经贸合作方面覆盖贸易、投资、基础设施互联互通、金融、区域经济一体化等广泛领域。

“一带一路”战略经中国提出后，得到了GCC成员国的广泛响应，GCC成员国地处亚、欧、非三大洲交界处和伊斯兰文化圈中心地带，是中东地区最大的商贸中心，辐射中东、非洲以及中亚和南亚等地区，是“一带一路”的重要节点，其多个国家位于我国出口欧洲和非洲的重要通道上。“一带一路”战略的实施促进了中国—GCC 互联互通，双方在该战略框架下通过重启自贸区谈判和加强双边战略对话，逐步促进贸易和投资的便利化，不断扩大双边贸易和投资规模，提高贸易投资水平，促使双方在贸易投资领域的合作潜力充分释放。将中国的优势产能和 GCC 的比较优势充分结合，“一带一路”战略将为中国—GCC 双边贸易注入新的活力，促使双边贸易迸发新的生机，双边在巩固货物贸易的基础上，还可不断加强文化交流和信息沟通，促进服务贸易、金融投资合作，带动双边经济的可持续发展。

当然，中国与 GCC 成员国在政治经济体制、宗教信仰、文化等方面存在较大的差异，在双边贸易发展过程中，也面临着严峻的挑战。有挑战就有机会，在共建“一带一路”的大环境下，通过加强双边战略对话，促进双边自贸区谈判，中国—GCC 国家贸易会有新的突破。

三、中国与 GCC 国家贸易展望

1. 加强双边能源贸易与合作

GCC 成员国石油储量占世界已探明储量的约 45%，天然气储量约占世界 23%，作为世界主要能源消费国之一，中国从 GCC 进口商品主要为石油和天然气，自 2006 年美国石油进口下降开始，亚洲国家特别是中国激增的能源消费需求形成了 GCC 能源出口的新保单，双边能源贸易增长迅速。2004 年启动双边自贸区谈判时，中国油气进口占 GCC 油气出口比重为 5.85%，占中国油气总口的比重为23.67%，2010 年双边战略对话机制建立后，2011 年中国油气进口占 GCC 油气出口比重上升至 10.81%，增长了将近 1 倍，占中国油气总进口的比重为 25.86%，随着双边自贸区谈判和战略对话的持续推进，到 2013 年，中国油气进口占 GCC 油气出口比重已上升至 12.03%，占中国油气总进口的比重则上升至 28.17%，达到历史新高。2004～2013 年，中国油气进口年均增速26.37%，GCC

成员国油气出口年均增速 20.46%，中国从 GCC 油气进口占中国油气总进口年均增速 2.24%，而 GCC 向中国油气出口占其油气总出口年均增长 8.57%，GCC 对中国油气出口增长迅速。能源贸易在未来很长一段时期都将是双边贸易的重要内容。

“一带一路”战略进一步拉近了中国与 GCC 成员国的关系，增进了互访和交流，在该战略背景下，随着自贸区谈判和战略对话的进行，希冀 GCC 能向中国石油企业开放油气上游勘探开发市场，促进双边能源合作和双边贸易的可持续性。

2. 提升中国制成品出口技术含量，扩大对 GCC 制成品出口

中国—GCC 成员国贸易的另一主要交易对象就是工业制成品，其中 GCC 向中国出口制成品主要是源于其资源优势的第 5 大类化工产品，而中国向 GCC 出口制成品则是源于中国的生产制造优势的第 6、7、8 三大类，包括按原料分类的制成品、机械和运输设备以及杂项制品。从产品技术含量和要素密集度的角度来看，2004 ~2013 年，我国出口 GCC 产品中低技术含量制成品增速最快，年均为 35.59%，劳动和资源密集型制成品出口增速最慢，年均为 23.62%，中等技术含量和高技术含量制成品出口年均增速分别为 29.25% 和 30.55%。低技术含量制成品出口增速经历了一个过山车，从 2004 年的 20.75% 上升至 2008 年的 93.81%，之后开始下降，2013 年降至 8.12%，而高技术含量制成品出口则呈缓慢上升之势，2004 ~2013 年我国向 GCC 高技术含量制成品出口占制成品出口的比重从 15.15% 上升到 19.09%，中等技术含量制成品出口比重也有所上升。这一方面是我国制造业转型升级促进了产品技术含量的不断提高，另一方面则是 GCC 市场对制成品消费水平的提升使然。由于中国与 GCC 成员国贸易长期表现为逆差，GCC 的资源优势源于天然，我国的生产制造优势则重在人为，要缩小逆差，扩大出口，关键是要充分发挥我们的生产制造优势，适应 GCC 市场对制成品的高端要求，借助制造业转型升级的优惠政策，利用“一带一路”战略的优势环境，不断提升制成品的品质和技术含量，充分发挥我们的优势产能，扩大对 GCC 高水平制成品出口。

3. 促进双边服务贸易发展

基于当前的经济发展和贸易现状，中国—GCC 能源与制成品贸易无疑是最值得关注和需要充分发展的，但是，随着世界服务经济的发展，特别是中国步入世界服务贸易大国之后，中国—GCC 服务贸易也是值得期待的。2004～2013 年，GCC 服务易年均增长 16.54%，其中出口年均增长 14.91%，进口年均增长 17.19%，进口需求增速明显。GCC 进口服务需求增长最快的是运输和旅游服务，其次是商业服务，出口服务增长最快的是其他商业服务，其次为通讯和旅游服务。而同期我国服务贸易年均增长 18.55%，其中出口年均增长 16.84%，进口年均增长 19.87%，进口增速高于出口增速。

我国服务出口增长最快的是金融服务，其次为文化和娱乐服务、许可证服务、保险服务、计算机和信息服务以及建筑服务，进口增长最快的也是金融服务，其次为文化及娱乐服务、旅游服务、计算机和信息服务。总体上，中国和 GCC 成员国服务贸易都具有较快的增长速度，加之双边市场容量可观，而双方在服务贸易的交易对象上又具有显著的差异，所有这些都为双边发展服务贸易提供了良好的条件和发展空间。此外，相较于货物贸易，服务贸易更有助于居民福利水平的提升，所以，积极促进双边服务贸易发展，既符合双边经济发展的需要，也有助于增进两国人民的福利水平。

随着双边重启自贸区谈判、持续推进战略对话机制，加上“一带一路”战略的利好推动，中国—GCC 成员国经贸发展正面临难得的机遇期，抓住机会就是获得了制胜法宝。为此，我们应该加快推进产业和产品转型升级，充分发挥我国的优势产能，拓宽外贸渠道，促进我国外贸持续健康发展。

“一带一路”战略下的港口转型升级之路

张国华

随着“一带一路”战略的提出，我国融入全球的步伐进一步加快。2014 年 11 月在北京召开的 APEC 会议的重要主题就是加强全方位基础设施与互联互通建设，这标志着“一带一路”战略正式成为一项着眼于亚太地区合作发展的重要政策。“21 世纪海上丝绸之路”的建设，也为我国港口转型升级发展提供了难得的历史机遇。

解读：“一带一路”战略与经济全球化

改革开放以来，我国港口实现了跨越式发展，在长江三角洲、珠江三角洲、环渤海湾、东南沿海、西南沿海五大区域形成了规模庞大并相对集中的港口群。21 世纪以来，全国港口吞吐量以年均 16.5% 的速度快速增长，港口货物吞吐量、集装箱吞吐量保持世界首位。“一带一路”战略与经济全球化为我国港口转型升级带来新的历史发展机遇。

1. “一带一路”战略加快融入经济全球化步伐

“一带一路”战略助推沿海内陆双向开放。既要提升东部开放水平，又要加快西部开放步伐，加强互联互通，构建内陆、沿边和沿海地区全面开放格局。“一带一路”战略是我国参与经济全球化发展与区域经济一体化发展的必然选

张国华，国家发改委城市中心综合交通研究院院长。本文载于《热点聚焦》2015 年第 3 期。

择，在全球视野下，对外促进优势资源资本输出，加快我国港口走出去参与全球重点港口建设运营步伐；在国家视野下，促进沿海内陆双向开放，优化城镇化总体格局，加快产业转型升级，促进东中西部优势互补、协调发展，通过发展海洋经济，港口发展向服务型、知识型港口模式转变，进一步提升东部开放水平。

经济全球化背景下，海运对经济发展起着重要支撑作用。从15世纪地理大发现以来，国际航运中心的变迁与全球经济重心的演变相辅相成。据统计，目前国际贸易总运量中的2/3以上由海洋运输承担，全球80%以上的经济总量集中于沿海200公里的腹地范围。2013年我国成为世界第一货物贸易大国，海运通道运输的货物贸易额占我国对外贸易总额的65%左右，且90%以上的进口货物通过海运完成。

2. 新型城镇化战略为港口升级发展带来机遇

过去30多年间，我国利用低劳动力成本、低环境成本、低用地成本在国际产业转移中取得竞争优势。但是由于高物流成本、高市场交易成本、高生产性服务业成本，导致我国企业的竞争优势越来越小，尤其是我国企业的物流成本占销售额的比例高达20%～40%，发达国家仅有9.5%～10%。新型城镇化战略提出要以城市群为主体形态，大城市要优化内部空结构、促进城市紧凑发展，构建“两横三纵”城镇化战略格局，促进城镇化格局更加优化。这既需要港口进一步发挥国际航运功能，支撑国家对外开放，同时也需要港口带动中西部内陆地区及港城转型发展。

3. 政府和市场之间关系的转变

计划经济时代，港口发展过度依赖政府主导，企业按照国家计划执行规定任务。这造成运营模式单一、经营业务面窄、资源配置效率低下、港口同质化竞争严重的局面。市场经济时代，政府承担权力清单、责任清单，“法无授权不可为”；企业承担负面清单，“法无禁止即可为”。利用市场经济手段引导，根据市场需求与供给变动引起价格变动实现资源再分配，形成结构多样的港口发展模式，通过港口间有序竞争，提高港口服务水平是大趋势。发挥市场经济调节资源配置的决定性作用，是我国港口未来发展需要重点解决的问题。

挑战：港城互动弱，经营模式单一

根据美国哈佛大学教授迈克尔·波特的“竞争发展阶段理论”，虽然我国目前已成为世界制造业中心，港口吞吐量全球第一，但经济总体仍处于投资驱动阶段，港口处于第一代航运中心发展阶段，以生产要素配置、基础航运为主，依然存在软实力不足、可持续性弱、沿海内陆衔接不够、港城互动弱、港口运营模式单一等问题。

1. *港口硬件基础设施条件较好，航运服务、综合环境等软实力待提升*

（1）港口硬实力完备，软实力不足。改革开放以来，我国港口发展取得了巨大成就。2013 年全球港口吞吐量排名前 20 位的港口中，我国占 14 个；排名前 10 位的港口中我国占到 8 个。我国港口以货物装卸和造船为主导业务，依赖于其腹地的外贸实力和本地工业竞争力，港口吞吐量极易随生产制造业中心转移而转移，可持续性弱。对比构成世界航运中心的关键要素，我国港口在航运服务、航运金融、法律、保险等产业链条方面仍存在较大差距。以上海港为例，2012 年上海港吞吐量位居世界第二，集装箱吞吐量位居世界第一，但是据《新华·波罗的海国际航运中心发展指数报告（2014）》，上海港在全球国际航运中心发展指数排名中仅位列第七，其他如天津港、大连港、厦门港等更是榜上无名。对比上海港与其他世界航运中心数据可以看出，上海港航运基础设施等硬实力完备，航运服务、航运金融、法律等软实力欠缺（见表）。

表　　上海与世界航运中心关键要素比较

要素	相关指标	上海	香港	新加坡	伦敦	纽约	鹿特丹
运输能力	深水泊位数	46	24	42	48	150	650 泊位
	码头长度（米）	12298	7694	10300	9429	17997	23898
	集装箱吞吐量（万 TEN）	3362	2229	3258	350	550	1162
航运服务	航线通达程度	300 航线	380 航线 550 港口	250 航向 600 港口	100 多国家港口	200 多航线，370 多港口	500 条航线 1000 港口

续表

要素	相关指标	上海	香港	新加坡	伦敦	纽约	鹿特丹
航运服务	船舶密度班/月	2700	1520	3600	—	—	2455
	二手船舶交易额/亿元	25	80	—	1233.46	—	—
	航运经纪公司注册数	13	35	—	400	—	—
	注册船舶运力/万吨	1393	3600	3300	1560	—	—
	船运相关产业	中低端的航运服务业发展较好，高端的航运金融、仲裁等较滞后	重点支持国际中转和自由港的功能培育	重点支持国际中转、国际海事中心的建设和航运衍生品的创新	重点发展金融保险、海事仲裁、航运信息等高端的航运服务业	重视航运服务业与金融、贸易的整合	—
	入驻航运组织数量	1	10	—	48	—	—
	海事仲裁	57	429	—	3648	—	—
	税收	类多率高	类少率低	类少率低	类少率低	类少率低	—
航运市场	经济贸易自由度	自贸区	自由港	自由港	—	自贸区	港城一体化

注：笔者根据各港口资料整理。

（2）港口同质化竞争严重，缺乏合理分工协同发展。在我国普遍存在港口无序竞争，建设相对过剩，腹地重叠，货物单一，经济结构同质化，相互合作协调少等问题。港口竞争不仅是自身条件、吞吐能力、运营效率的竞争，也是支撑港口经济的自然条件、集疏条件，尤其是腹地经济的竞争。环渤海 5800 公里海岸线，星罗棋布 60 多个港口，2014 年全国港口货物吞吐量排名前十大港口中，唐山港、天津港、烟台港、威海港、青岛港、日照港六大港口的运输产品基本都为煤炭和矿石等大宗物资。

2. 沿海与内陆衔接不够，通道结构亟待改善

“一带一路”国家战略的提出，虽然强化东、西双向开放格局，但由于既有

港口的区位及产业、对外贸易优势，在今后相当长时期，东部沿海地区仍将是我国对外开放的重要扇面，其与内陆地区衔接明显不够。主要表现在东部沿海地区港口铁水、水水中转比例低，集疏运主要依靠公路，大大限制了腹地范围。如天津港大宗散货的67%、集装箱的98%依靠公路运输，铁路运输严重不足，导致港口腹地范围狭小，约70%的散货、80%以上的集装箱来自京津冀地区，对西北部带动作用不足；上海港铁路集装箱集疏运仅占1%，利用长江转运货物仅占8%，江海联运优势并未有效发挥，导致上海港90%以上的集装箱货物都集中在长三角地区。相比而言，美国洛杉矶港铁路集装箱比例高达43%，德国汉堡港也有30%的集装箱依赖铁路运输。我国中、西部地区由于外向交通受限，对外开放度不够，国际贸易量较低，与地区均衡发展战略不相适应。

3. 港口经营集中，外向度低

与计划经济体制相适应，我国港口经营集中于港口相关领域，以货物装卸、物流仓储、造船业为主，经营模式单一，业务面窄，服务对象以本国本区域为主。相比较而言，全球著名跨国港口通过建立全球港口经营网络在集装箱等港口经营上占据着主导地位。香港和记黄埔、半岛与东方、美国装卸服务、新加坡港务局、国际集装箱码头服务公司、鹿特丹ECT码头6家公司占全球港口集装箱处理量40%以上。和记黄埔在全球目前拥有29个港口，共162个泊位，在我国内地、香港及全球船运贸易中各占50%、25%和14%。

出路：港城协同发展，多元跨界经营

“一带一路”战略背景下，港口总体布局和功能要与国家重大经济产业布局、城镇空间格局有机结合，促进航运中心向服务型、知识型转变，完善集疏运体系，扩大港口经济腹地，发挥港口对国家城镇化战略的有效支撑。

城市群层面上，应将港口等重大交通基础设施和产业布局、空间结构三者高度协同、交互融合，城以港兴，港为城兴；剖析产业链条在全球组织、空间集聚等过程中的基本市场经济规律，促进临港产业沿信息化、高附加值方向发展；发挥市场在资源配置中的决定性作用，发展多元跨界经营。

1. 与“一带一路”战略结合，提升航运中心功能，推进港口“走出去”步伐

（1）航运中心向服务型、知识型转变。新型城镇化背景下，港口发展要把握航运服务产业链，做强港口服务、船舶运输等航运主业，整合航运辅助业，拓展航运衍生服务业，向附加值更高的微笑曲线两端转移；提升国际中转比例，加强国际航运流动，改善航运政策环境，提升吸引力；加快高端运输服务业发展，推进自贸区，拓展航运金融，集聚培育代表全球竞争力水平的高端航运人才。

（2）港口群功能分级，优势互补。统筹国内港口发展，要注重沿海港口总体功能分级，与亚太临近港口错位竞争，同时要注重港口群内合理分工、错位发展、优势互补。

（3）建设21世纪海上丝绸之路，推进港口“走出去”步伐。鼓励港口走出去参与国外重点港口的建设、运营，积极融入全球航运体系，满足我国进出口贸易及能源资源进口需求，排除我国海运通道安全隐患，为国际贸易提供物流支点。

2. 与国家新型城镇化战略结合，完善集疏运体系，促进港城联动发展

（1）完善集疏运体系，推进水水中转、铁水中转。结合国家“一带一路”战略，长江经济带应充分发挥内河运输、铁路运输对港口集疏运的支撑作用，扩大港口腹地，带动中西部发展。

（2）“城以港兴，港为城用”。探索创新“港—城”空间有序开放、高效管理模式，依托于全球产业链条，组织以港口为代表的全球运输网络、全价值链的产业分工网络、城市群的空间网络，形成港城集聚效应，实现临港产业用地与城市宜居空间和谐发展。利用港口带动城市发展，提高城市吸引力，促进人才集聚，服务港口及临港产业发展，参与全球航运竞争。

（3）临港产业转型升级。传统临港产业仅仅打造制造业集群、扩大港口腹地不足以支撑港口的可持续发展。港口未来发展依托集装箱码头和临港加工区，利用港口集散过程中形成的现代物流链，借助现代化理念和信息处理手段，建设物流园区，建立配送功能，构建国际物流中心。以信息技术为平台，实现金融、

商务、设计、资讯、中介等现代服务业与港口产业（航运、物流）的网络式交互，拓宽港口的服务领域，提升服务的附加值。推动产业创新，优化产业环境，支撑高端服务业发展需求。

3. 与市场配置资源结合，推进跨界多元经营

港口经营上借鉴发达国家先进的模式，港口行政管理和公共基础设施由政府负责开发，经营性基础设施、上部设施、港口装卸作业和引航、拖带等港口辅助作业由企业经营管理，扩大投融资渠道，引入竞争，提高效率。同时，通过创新经营管理体制和经营策略，开辟多元经营领域，拓宽港口功能。

“一带一路”战略与国家新型城镇化背景下，利用港口交通服务创造新的应用、新的价值的企业才是未来港口运营商的赢家。贯彻交通、产业、空间三要素协同发展理念，实现基础设施之间的功能互补，构建多元化资本结构，是“一带一路”战略下港口产业未来发展的重要道路。

推进“一带一路”战略 发展现代航空运输

付超奇

建设丝绸之路经济带和21世纪海上丝绸之路（以下简称“一带一路”），是国家根据全球形势深刻变化。统筹国内国际两个大局作出的重大战略决策，对于构建我国全方位对外开放新格局，促进世界和平发展，具有重大意义。为迅速推进“一带一路”建设迫切需要改善交通运输条件，打造空中丝绸之路，发展现代航空运输业，相较于传统的海运、铁路、高速公路等交通方式具有时效性、可达性和产业带动性三方面的特征，具有明显的优势和重要的现实意义。

一、发展航空运输业对建设“一带一路”的意义

1. 时效性强，能够大幅提高“一带一路”沿线国家地区交往效率

“一带一路”从北非、中东欧到我国东西跨越1万多公里；从俄罗斯到最南东非、印度南北绵延七八千公里。在如此广阔的空间范围内开展经贸合作，对交通运输方式的时效性提出了很高的要求。从水运看，从上海到埃及苏伊士运河需30天，到阿姆斯特丹需40天。就铁路运输看，从连云港沿新亚欧大陆桥到中亚的阿斯塔纳需15天，到欧洲的鹿特丹需30天。国内比较著名的渝新欧、郑新欧、蓉新欧等货运专列，单程均需约15天乃至更长；高速公路运输时效性基本上与铁路相同。而就空运来看，从上海到中亚的塔什干需7小时，到中东的迪拜

付超奇，宁夏回族自治区发展改革委。本文载于《宏观经济管理》2015年第4期。

需9小时，到法兰克福仅需12小时。

综合对比，航空运输具有明显的时效快优点。在工作生活节奏日益加快的现代社会，水运、铁路、高速公路将会逐渐淡出“一带一路”沿线国家客运以及对时效性要求高的货运的需求领域，而航空运输能充分满足此类需求，并承担起提高交往效率的重任。

2. 具有较高可达性能够大大深化一带一路沿线国家地区的一体化进程

“一带一路”国家覆盖亚非欧广大地区，地形地貌非常复杂。发展水运、铁路和高速公路交通受环境影响很大。港口只能布置在沿海、沿江适宜地区，内陆地区不具备发展水运的基础条件。铁路、高速公路必须布置在地形比较平缓、地质比较稳定的地区，且因单价太高只能连接两端及沿线地区，无法深入广大内陆腹地（铁路高速公路1000米造价均约1亿元人民币）。如果线路上有河流、山地还需要修桥建隧，进一步增加成本。一条国际铁路或国际高速公路至少也得几百上千亿元人民币。基于上述原因，广大内陆地区无法充分发展水运、铁路、高速公路等运输方式。而航空运输则具有明显的可达性优势。无论是在山区、沙漠，还是在高原、岛屿，只需少量土地建设机场跑道，就能够发展航空运输业，与外部世界建立密切联系。航空运输建设成本较低，3000米的机场跑道只需3亿元人民币，且维护费用很低。由此可见，航空运输能以较低的成本，将“一带一路”沿线广大地区，尤其是地理上比较封闭的地区联结起来，而且将这些地区直接推向开放的前沿，促进“一带一路”的一体化发展。

3. 较强产业带动性能够大大促进“一带一路”沿线国家和地区产业发展

“一带一路”建设的最终目的是促进沿线地区经济发展，形成休戚相关的利益共同体。航空运输业能直接带动飞机制造、维修和租赁等航空产业蓬勃发展。同时，能迅速促进现代物流产业发展。电子电器设备、通信设备、医疗器械特殊金属及塑料部件制造等产品附加值高、运输时效要求高的高新技术企业随之大量出现在机场周边，刺激航空物流产业进一步扩张，并对其他物流企业产生了更大吸引力，形成不断自我加强的循环。此外，随着当代知识经济的发展，对公司和机构人员的流动性要求大为提高，尤其是在广告、法律、数据处理、会计审计、金融、咨询以及公共关系等需要经常和客户进行沟通的行业。航空运输业能充分满足这种要求，从而吸引大量上述产业集聚在机场附近，促进机场附近总部经济、现代商贸服务业的发展。由于航空运输产业有着较长的产业链条，故对经济的带动作用较其他运输方式更为明显。据统计，在全世界各种运输方式中，航空运输的运量占全部的6.6%，但创造的价值量占48.9%。航空运输业的投入和产出比是1∶8，在各类行业中比较高的。因此，建设空中丝绸之路，发展航空运输业，有利于促进“一带一路”沿线国家经济发展，将交流合作成效体现在实际的经济发展成果上，并通过经济的融合发展带动交流合作的进一步深化拓展。

二、阿拉伯国家具有作为建设空中丝绸之路突破口的优势

由于航空运输业具备上述优势，故应以其作为推进“一带一路”建设的重要抓手，大力打造空中丝绸之路。但由于“一带一路”沿线国家众多，必须集中资源、精准发力，才能起到提纲挈领、事半功倍的效果。综合考虑，阿拉伯国家应该是推进空中丝绸之路建设的理想突破口。

1. 位置居中承东启西的核心区位优势

阿拉伯国家尤其是海湾阿拉伯国家，位居亚洲、欧洲、非洲的几何中心，扼守苏伊士运河、红海、曼德海峡、亚丁湾、霍尔木兹海峡等交通要道，区位优势十分突出，自古以来就是战略要地。当前，东亚是世界经济增长的最重要引擎，西欧是世界经济技术最发达的地区之一，而非洲作为世界重要的原料产地和消费市场，经济也在持续高速增长。阿拉伯国家作为丝绸之路经济带和21世纪海上丝绸之路的交汇点，在以其为中心8小时的飞行半径内，覆盖了全世界约2/3的人口和约65%的经济总量，是洲际远程航线的中转点和枢纽。以其为空中丝绸之路的突破口，能充分借助其区位优势，迅速对接“一带一路”的其他区域，收到很好的引领效果。

2. 良好的航空运输产业基础

近年来，海湾阿拉伯国家充分利用自身区位优势，大力发展航空运输产业，成为世界航空运输领域最具竞争力的地区。迪拜国际机场、多哈国际机场在世界

上享有盛名，人员、货物吞吐能力在世界机场中排名靠前。规模更大、设备更加先进的迪拜世界中央机场也正在有序建设中，力图打造全球最大机场。该地区的阿联酋航空、卡塔尔航空、阿提哈德航空均已成长为世界著名的航空公司。同时这些航空公司克服国内市场狭小的制约，专攻于发展跨国航运，国际业务量均达到95%以上。根据IATA（国际航空运输协会）统计，按照2013年世界航空公司国际货邮周转量排名，这3家公司分别位居第一、第九、第十六位；按照国际旅客周转量排名，分别位居世界第一、第十、第二十九位。在这些航空公司的带动下，阿联酋、卡塔尔这两个国内航空运输市场几乎为零的国家，在2013年世界航班运输总周转量排名中击败众多拥有巨大国内市场的大国，分别位居世界第三、第十五位，且年度增速分别达到16%和12%，远远超过世界平均4%的增速。因此，海湾阿拉伯国家已成为世界航空产业的枢纽，并拥有极为广阔的发展前景。以其为空中丝绸之路的突破口，不仅有利于我国学习、借鉴其航空运输发展经验，更有助于我国借助该地区业已较为发达的国际航运业务优势，实现事半功倍的效果。

3. 巨大的经济发展潜力

阿拉伯国家拥有极为丰富的石油天然气等资源，是世界主要的油气供应地，也是我国最主要的原油进口来源地。据初步统计，2013年我国共消费了5.14亿吨原油。其中，有约25%从阿拉伯国家进口。此外，海湾石油富国历年来积累了大量的石油美元，迫切希望丰富投资组合，实现降低风险、保值增值的目的，我国高速发展的经济、稳定的政治环境为阿方提供了很好的投资选择；我国也需要引入更多的外资，用于经济社会建设。双方在资金供需上存在很好的匹配性和结合点。除能源、金融合作外，阿拉伯人口达3.5亿人，2014年地区生产总值超过3万亿美元，是世界重要的市场。阿拉伯国家总体上属于中等偏低收入国家，基础设施相对落后，对我国生产的消费品以及机械设备需求很大，与我国经贸合作互补性强，开发潜力巨大。但目前，阿拉伯主要国家（沙特、阿联酋、科威特、阿曼、卡塔尔、巴林、阿尔及利亚、埃及、利比亚、摩洛哥、约旦、苏丹、叙利亚）从我国的进口额仅占其进口总额不到16%，与我国存在巨额贸易顺差（2013年达约400亿美元）。以其为空中丝绸之路的突破口，能够增进中阿了解，深化合作层次，帮助我国商品、服务、装备、技术开拓其巨大的消费和投资市场。同时，有利于为我国经济发展获取更多能源、金融资源。

4. 重要的地缘政治地位

阿拉伯地区覆盖西亚北非1400多万平方公里土地，国家总数达22个，均是阿拉伯同一民族国家，语言宗教相同，风俗习惯相似，在一些重大问题上立场相近，是世界地缘政治舞台上的重要力量。同时，阿拉伯又是伊斯兰文化和宗教的起源地，在全世界16亿穆斯林群体中拥有巨大的影响力。开罗、利雅得是世界著名的旅游胜地和宗教圣地，迪拜充分体现了现代物质文明和创新理念，在东西方文化交流的桥梁作用十分突出。在当前的多极化世界中，我国和阿拉伯国家均有深化双方交流合作、平衡自身现有地缘政治环境的强烈愿望。以其为突破口，能够促进我国与阿拉伯国家在国际事务中良性互动，对我国营造国际形象、拓展国际空间、提升国际影响具有重要意义。

三、政策建议

目前，我国对阿航空运输业务仍有如下的不足：一是缺乏宏观的战略指引；二是缺乏门户机场支撑；三是对阿航线不够多；四是临空港经济业态不丰富。为解决这些问题，建议采取如下措施。

1. 制定空中丝绸之路相关规划

充分认识到发展现代航空运输业对“一带一路”建设的促进作用，对我国提升国际竞争力、推动经济转型升级、改善人民生活水平的重要意义，将建设空中丝绸之路作为重要战略加以推进。充分学习阿联酋、卡塔尔、美国、新加坡等国利用航空运输业发展经济的先进经验和成功案例，在紧密联系我国国情基础上，制定空中丝绸之路建设规划。以推动“一带一路”建设为目标，以建设世界航空大国、国际航空强国为导向，以发展临空港经济为抓手，以阿拉伯国家为突破口，明确工作任务和实施路径，制定支持措施，务实推动空中丝绸之路建设。

2. 建设空中丝绸之路门户机场

建设空中丝绸之路，在具备区位优势的地区打造面向“一带一路”的门户机场是关键。由于“一带一路”国家基本上位于我国以西，而我国幅员辽阔，东西跨度5000多公里。在此背景下，广大中西部地区“一带一路”国家的客货流如以东部的北京、上海、广州为枢纽机场，则必须先往东再折返往西，浪费大量时间和航程。因此，应在我国西部的银川、西安、成都、重庆、昆明等地建设面向“一带一路”的门户机场。银川位居我国西北部的雅布赖国际航路，空域潜力大，加之宁夏与阿拉伯国家长期保持密切交往，通过成功举办中阿博览会等重要活动，已成为我国与阿拉伯交往的综合性平台，具备打造面向阿拉伯国家门户机场的条件。通过新建空中丝绸之路门户机场，就近集散中西部地区的“一带一路”客货流，可迅速提高空中丝绸之路运行效率。

3. 发展通往阿拉伯的空中航线

加大与阿拉伯国家的航权双向开放工作力度，鼓励国内航空企业将阿拉伯作为重要市场培育，改善服务品质，提高竞争力。支持阿联酋航空、卡塔尔航空、阿提哈德航空、沙特航空等在西部地区关键机场开通更多的涉阿航线，或者引入其与国内企业组建合资航空公司，并给予在合资公司中控股权、运营权方面的支持。借助这些阿拉伯航空公司发达的国际航线网络、丰富的运营经验、高端的服务品质，吸引“一带一路”客货流集聚，助推西部地区有潜力的机场打造“一带一路”门户机场。

4. 完善临空港经济业态

鼓励“一带一路”门户机场周边地区结合当地实际，大力发展高端农牧产品加工、信息技术、精密制造、航空物流、航空制造、会展、咨询、金融等产业，丰富航空经济业态。在此基础上，建设一批产城融合的现代化航空经济区，一方面，支撑空中丝绸之路的客货运往来；另一方面，承接空中丝绸之路带来的信息、资金、技术扩散，打造落实空中丝绸之路发展成果，推动国家经济结构转型升级，扩大对外开放，提升群众生活水平的综合性平台。

能源资源合作：共建“一带一路”的着力点

石泽

“丝绸之路经济带”和“21 世纪海上丝绸之路”（以下简称“一带一路”）是我国深化与大周边地区区域合作的战略构想，包括经济、社会、文化等诸多方面。在“一带一路”建设中以“能资”合作为抓手，不论从我国与周边国家经济结构的禀赋、社会发展需要和互补优势的角度，还是我国与周边国家已经具备的合作基础和条件来看，都是最为现实和可行的。因此，应将“能资”合作置于大周边区域合作的优先方向，着力加以推动。

一、“能资”合作在推动中国周边区域合作中的重要意义

1. 有助于为区域经济合作和各国可持续发展提供长期动力

推动与周边国家“能资”合作，深化我国与资源国、过境国的互利共赢关系，有利于实现我国“能资”供给的多元化、运输的安全与便利化、定价机制的合理化。这对于保障我国“能资”安全，拓展发展空间，支撑经济持续健康发展具有重要意义。同时，发挥我国与资源国、过境国的互补优势，建设“能资”基础设施，既可帮助资源国振兴“能资”产业，也可为我国资本和技术增值提供机遇；进而为周边国家提供广阔的经济增长空间。这也正是“能资”合作作为发展引擎的长期动力所在。

石泽，中国国际问题研究院国际能源战略研究中心。本文载于《新疆师范大学学报》（哲学社会科学版）2015 年 1 月。

2. 有助于推动各国形成命运共同体

周边地区集中了一批重要能源生产国，这些国家急需实现能源销售的多元化、引进中国能源技术和投资，进而利用中国经济成果发展自己，加快建设本国“能资”基础设施。周边国家在“能资”、市场、资金及技术方面与我国具有较高互补性；深化该领域合作符合各方发展利益，利于促进地区共同发展和繁荣。同时，“能资”合作具有战略属性，我国与资源国、过境国在传统能源、新能源、铀、金属矿产、能源运输、水利、电力等方面的深入合作，具有外溢到经济、社会各领域的潜力，从而推动政策沟通、道路联通、贸易畅通、货币流通、民心相通，增强双边战略互信。这既有助于实现我国经略周边、打破围堵、维护国家安全的战略目标；更对深化我国与周边各国双边关系，形成命运共同体具有重大推动作用。

3. 有助于维护周边地区的和平与稳定

“能资”领域的相互依赖及其辐射效应，可成为地区和平的“压舱石”；我国周边地区一些国家经济、社会发展薄弱，而“能资”合作对其振兴经济、发展社会事业作用巨大，这对于维护地区政治稳定亦具有重要意义。此外，一些周边国家对中国快速发展尚有较大疑虑；而能源资源合作为我国践行“亲、诚、惠、容”周边外交新理念和“睦邻、安邻、富邻”的周边外交政策提供了有利平台。我国可借此向周边国家展示我打造友好稳定、共同富裕的地区环境的诚意，从而逐步化解部分周边国家对中国快速发展的不适应感，建构利于地区和平稳定的话语环境。

4. 有助于建立国际能源新秩序

加强与周边地区资源国、消费国、过境国间能源合作，对于提升我国在全球能源治理中的地位具有重大推动作用。与周边国家达成公正的能源交易规则和定价机制，推动落实“能资”运输“过境自由、非歧视、不妨害”原则，进而形成和构建区域能源合作机制，利于加强我国在全球能源问题中的话语权，推动国际能源秩序更为公正、合理、高效。此外，“能资”合作涉及国家多、辐射领域广，可成为地区多边能源合作机制建设的基础；并可借此打造环周边国际能源战略协作平台。这对于推动我国与周边国家形成独特的能源供需板块，改变严重失衡的国际能源战略格局意义重大。

二、中国与周边地区“能资”合作的内涵

1. “能资”合作的内容

从“能资”种类的角度来看，“能资”合作以能源合作为重心，进而涵盖“能资”的全部种类。其中，能源包括煤炭、石油、天然气等化石能源，以及核能、风能、水能、太阳能、地热能、海洋能以及生物质能等非化石能源。资源则包括矿产和非矿产两类，前者既包括化石能源，也包括各类金属、非金属矿产；后者既包括非化石能源，也包括水资源、生态资源如渔业、林业资源等。中国与周边各国在资源禀赋、资金、技术等方面互补性强，且都面临推动经济社会发展的历史任务；各方在各种“能资”，尤其是油气资源合作方面均有很大潜力。

从“能资”产业环节的角度来看，“能资”基础设施建设、勘探开发、贸易、道路与管线运输、运输安全、冶炼加工、营销渠道等上、中、下游环节，均可以成为中国与周边各国的合作领域。在上游领域中，中国的资本、技术同周边各国的资源禀赋间具有天然互补性；中游领域中的运输及其安全是各方共同的重要关注点；下游的市场和高附加值产业合作则可将各方利益牢固捆绑在一起。中国与周边各国在“能资”产业各环节的合作，将为带动整个周边地区的区域合作提供动力。

2. “能资”合作的特点

首先，“能资”合作具有经济性。“能资”首先具有大宗商品功能：各类“能资”是周边地区各国谋求经济发展、社会进步必然大规模生产和消费的商品，也是各国间国际贸易增量的重要来源。其定价机制、贸易与结算方式、运输成本等因素深刻影响各国经济社会发展成本。同时，石油的金融功能日益彰显：石油成为投资组合的重要部分、石油期货市场和石油定价规则成为大国博弈场

域、石油价格受期货市场影响加深、金融衍生工具介入石油商贸使其成为套利工具①。周边地区集中了一批重要能源生产与消费国，其合作也将涉及能源的金融功能。

其次，“能资”合作具有外溢性。“能资”领域的国际合作涵盖大宗商品贸易、交通及能源基础设施、跨境油气管线建设与运营、“能资”定价规则等领域，并可外溢到诸多产业经济部门及关税、金融、法律等方面的合作。

最后，“能资”合作具有战略性。对于主要“能资”生产国，“能资”出口往往是重要财政来源；对于消费国，“能资”进口直接关系到经济、社会的可持续发展；双方在“能资”领域的合作事关国家安全、政治稳定全局。因此，“能资”合作也经常成为国家间博弈的战略筹码，以此达成重要政策目标。

3. 合作方式

中国与周边各国开展“能资”合作的具体方式，可以概括为实体项目合作与软环境构建两类。实体项目包括扩大“能资”贸易规模、合作进行勘探开发与基础设施建设、开展“能资”道路运输合作、共建共营油气管线、冶炼加工与市场合作、共建共营新能源设施及相关技术合作等。近年来中国与俄罗斯达成的石油增供协议和东线供气协议，中国与土库曼斯坦达成的天然气出口协议，以及中国环周边跨国油气管线的修建，均是“能资”实体项目合作的典型案例。继续落实、深化、开拓“能资”务实合作，将充实区域合作的内涵。合作软环境建设则包括投资与贸易便利化、交易本币化、创新合作模式、提升双多边关系、构建良好国际条法和舆论环境等。

三、中国在周边地区开展“能资”合作面临的机遇与挑战

当前，在周边地区推动中国与各国开展“能资”合作，既有难得的机遇，也面临严峻的挑战。

① 张宏民：《石油市场与石油金融》，中国金融出版社 2009 年版，第 32 页。

1. 周边地区开展“能资”合作的机遇

（1）发展合作是地区主流

习近平在2013年10月召开的“周边外交工作座谈会”中指出，“我国周边充满生机活力，有明显发展优势和潜力，我国周边环境总体上是稳定的，睦邻友好、互利合作是周边国家对华关系的主流”①。尤其是“一带一路”沿线主要涵盖中国大周边地区，以和平、合作、发展为主流的国际形势是推进地区“能资”合作的重要机遇。

首先，中国与周边国家间的政治互信逐步加深。中国先后与俄罗斯、哈萨克斯坦、吉尔吉斯斯坦、塔吉克斯坦解决了历史遗留的边界问题，为双边和多边关系的友好发展夯实了政治基础。在我国与一系列周边国家确立“战略合作关系”之后，近期，中俄签署《中俄关于合作共赢、深化全面战略协作伙伴关系的联合声明》，两国关系上升到了前所未有的高度；中国与文莱确立“战略合作关系”；中国与土库曼斯坦、塔吉克斯坦、吉尔吉斯斯坦、蒙古国都建立了“战略伙伴关系”。

其次，周边国家多以振兴经济为优先方向，愿意通过合作谋求共同发展和繁荣；在经济全球化浪潮中，区域合作进程加快。近年来，中国与“丝绸之路经济带”沿线各国在经贸、能源、文化、社会、环境保护、非传统安全领域的功能性合作已经越来越密集。

最后，地区热点问题总体可控，地区安全形势趋稳。中亚国家都与中国建立战略伙伴关系，双边关系向好：“（中印）双方签署边防合作协议，加强了领土争议的危机管控能力”；“伊朗核问题谈判出现新机遇，达成阶段性成果”②。欧亚经济联盟进程取得实质性成果，一体化趋势发展迅猛。上海合作组织积极探索，力图在区域合作中取得进展。

近年来，中国与周边一些国家虽出现纠纷，但出于未来发展的考虑，地区国

① 习近平：《让命运共同体意识在周边国家落地生根——在周边外交工作座谈会上的讲话》，2013年10月25日，http：//www. fmprc. gov. cn/mfa_ chn/zyxw_ 602251/t1093113. shtml.

② 曲星：《2013年国际形势特点及中国外交创新（代序）》，转自中国国际问题研究所著：《国际形势和中国外交蓝皮书（2014）》，世界知识出版社2014年版，第5～8页。

家并无意与一个上升的大国反目。

（2）中国在周边地区的影响力增强

首先，中国与沿线各国经贸关系日益密切。中国经济保持良好的上升势头，对地区经济的拉动作用和贡献逐年增长，无疑向近邻国家释放出积极的信号。“中国已经是120多个国家和地区最大的贸易伙伴，每年进口2万亿美元商品，为全球贸易伙伴创造了大量就业岗位和投资机会”①。2013年，中国对俄罗斯的贸易额已接近900亿美元，与中亚五国的贸易额为502.8亿美元，与后者的贸易增长率为9.4%②。

中国与周边国家睦邻互信和务实合作深化，越来越多的周边国家希望能够分享中国的发展机遇。相对于欧美经济复苏缓慢而言，中国投资能力的增长，在制造业和基础设施等领域的技术及管理经验丰富，这也激发了相关国家的合作热情。

其次，周边国家与中国经济、社会发展呈高度互补性，与我国开展能源合作的愿望增强。资源、市场、资金以及技术的互补性使中国与周边国家经贸合作具有巨大的发展空间。俄罗斯正面临经济发展与国家转型的难题，亟须扩大出口、引进投资。哈萨克斯坦正在实施工业创新发展战略，并开始把引资和合作重点向非资源领域转移。蒙古和其他中亚国家均把发展交通、矿产品和农产品加工、轻工业、服务业置于经济发展的优先内容，对“中吉乌铁路”及相关公路网建设抱以期待。中国、哈萨克斯坦、俄罗斯、蒙古四国次地区合作机制构建的前景十分看好。南亚国家与中国在基础设施和科技领域合作潜力巨大；打造地区国家期待的“中巴经济走廊”与“孟中印缅经济走廊”将会盘活整个区域的经济融合并推动互联互通建设。

再次，国际能源形势变化提升了中国市场的地位。在美国加快推进能源独立的背景下，其对中东、中亚油气产区的依赖度降低。2008年以来，美国自中东

---

① 中华人民共和国商务部：《姚坚就“中国成为世界第一货物贸易大国”发表谈话》，2014年3月1日，http://tzswj.mofcom.gov.cn/article/f/201403/20140300504985.shtml.

② 中华人民共和国国务院新闻办公室：《2013年全年进出口情况新闻发布会》，2014年1月10日，http://www.scio.gov.cn/xwfbh/xwbfbh/wqfbh/2014/20140110/index.htm

的石油进口累计减少了16%[①]。与此同时，中国、印度等新兴经济体成为全球能源消费的稳定增长源，占据全球能源消费增量的绝大部分，成为中东、中亚石油最重要的战略买家[②]。在此背景下，中东、中亚产油国有意向我国开放油气上游产业，以能源合作带动与我国的经贸合作，进而推进自身经济结构调整的愿望强烈。而中国适度开放能源下游产业与市场，对周边资源国吸引力更为巨大。2014年初的乌克兰危机促使美欧意图制裁俄罗斯能源部门、减少自俄能源进口，这将促使俄罗斯更加看重远东市场，深化与中国的“能资”合作。

（3）深化“能资”合作基础良好

首先，中国与周边国家已有大量制度化经济合作。近年来，上海合作组织框架下经贸合作不断深化，“区域全面经济伙伴关系协定”“中日韩自贸区”两项谈判也在2013年取得了积极的进展。同时，中国与周边国家积极参与亚太经济合作组织（APEC）、20国集团（G20）、金砖国家等多边合作机制。通过推动地区“能资”合作不断深化发展，现有国际机制的内涵将更加丰富、基础也更为牢固。

其次，周边国家对中国认同度提高，地区国际政治话语环境良好。在和平崛起过程中，中国政府一直重视同周边地区各国发展友好关系。中国奉行与邻为善、以邻为伴和睦邻、安邻、富邻的周边外交方针，近期更是提出坚持奉行正确的义利观和“亲、诚、惠、容”新理念，意在同周边各国共同营造平等互信、包容互鉴、合作共赢的地区环境[③]。中国外交日渐展现出的自信、开放和负责的大国风范，务实有效的睦邻友好政策和推动建设和谐周边、和谐世界等新理念已被越来越多的国家所理解和接受。

再次，中国与周边国家“能资”合作成果丰硕。2013年，中俄能源合作达

---

① Elizabeth Rosenberg：“Energy Rush：Shale Production and U. S. National Security”，Center for a New American Security，February 2014.

② Brookings Institution：“Energy and Security：Strategies for a World in Transition”，February 2014.

③ 杨洁篪：“在纷繁复杂的国际形势中开创中国外交新局面”，《国际问题研究》，2014年第1期，第2~4页；参见《中华人民共和国与俄罗斯联邦关于合作共赢、深化全面战略协作伙伴关系的联合声明》，2013年3月23日，http：//www. fmprc. gov. cn/mfa_ chn/zyxw_ 602251/t1024243. shtml.

到新高度，双方共同“构建牢固的中俄能源战略合作关系”①；双方于2013年达成长期原油供应协议并就天津炼化厂合作达成协议、原油增供协议、俄罗斯通过东、西管道向中国供应天然气协议、中石油购入俄亚马尔液化天然气项目股权协议，及核燃料协议②。中国与土库曼斯坦、哈萨克斯坦等中亚国家的油气贸易逐年扩大；A、B、C、D四条于中亚地区跨境进入我国的油气管线初步建成或开工。中国与中东传统油气产地的能源贸易也保持了稳中有升的趋势。中国与周边国家既有的“能资”贸易及相关产业合作，为进一步营建共同利益奠定了基础。

2. 周边地区深化“能资”合作面临的挑战

中国面向大周边地区提出“一带一路”战略构想既给沿线地区国家带来前所未有的机遇，同时在周边环境时刻变化发展的形势下，也存在一些瓶颈和隐患。

（1）大国博弈造成的负面影响

首先，美国全球战略向亚太倾斜，推行“亚太再平衡”战略，力图挤压中国的发展空间。美国对中国崛起的疑虑和偏见较深，鼓吹东亚地区局势不稳的根源在于中国军事力量的快速发展及其对外政策的愈发强硬。美国2013年涉华军力报告称：“中国宣称其崛起是和平的，没有追求霸权和扩张领土的愿望。然而，由于中国不断增长的军事力量缺乏透明度，美国对中国意图的担忧持续加深”。一些美国学者建议美国在军队部署、军事技术、能源等方面加强美日同盟以制衡中国。由此，美国以“亚太再平衡”为名，在中国周边地区排兵布阵，强化军事联盟，破坏了该地区开展“能资”合作的政治环境。美国主导“新丝绸之路”计划，大力介入地区事务。此外，为了牵制中国，美国在南亚、中亚指责中国主导的合作项目存在环境、古迹保护隐忧，给项目实施制造障碍。

其次，中国与中亚各国深化“能资”合作易引发俄罗斯的疑虑，担心其主

① 《2013年是中俄能源合作的突破年》（俄罗斯能源部部长诺瓦克陪同梅德韦杰夫总理参加第18次中俄总理定期会晤期间发表的讲话），http：//world. people. com. cn/n/2013/1023/c1002－23297464. html.

② “Military and SecurityDevelopments Involving thePeople ´sRepublic ofChina 2013”，at。http：//124. 202. 164. 5/download/43763140/64143746/1/pdf/58/160/1367979705914_ 160/2013_ China_ Report_ FINAL. pdf.

导的欧亚经济一体化进程受阻。俄罗斯将中亚地区视为其重要的战略后方，推动与中亚国家的经济一体化进程，是俄罗斯对外政策的重要考量。“俄罗斯对外政策的优先方向是进一步巩固独联体，致力于加强独联体地区一体化进程，优先任务是建立欧亚经济联盟”。2013 年，吉尔吉斯斯坦、塔吉克斯坦申请加入俄罗斯、白俄罗斯、哈萨克斯坦三国关税同盟；亚美尼亚正式加入关税同盟。俄主导的欧亚经济联盟取得重要进展。

中国与中亚各国“能资”合作深化发展，互联互通建设不断取得成绩，俄罗斯对此难免疑虑。例如，俄罗斯担心“中吉乌铁路”使用的标准轨与俄式轨不能衔接，导致中亚国家增加对俄离心倾向。中国与中亚各国达成大宗“能资”贸易协定、拓展上下游合作领域、加强互联互通建设，都使俄罗斯产生类似担忧。如何在“丝绸之路经济带”“能资”合作中与俄罗斯互利共赢、助其充实欧亚经济联盟、避免恶性竞争，是“能资”外交工作的一个挑战。

再次，印度对中国地位的上升有所顾虑，且两国间在国际“能资”贸易中存在竞争。印度非常重视其南亚影响力，并积极发展与中亚、东南亚各国的双、多边关系。近年来，印度陆续强化与印度尼西亚、缅甸、日本的双边关系，并积极与东盟深化合作；努力扩大与哈萨克斯坦等中亚国家的能源贸易规模，并深化上下游合作水平。

作为发展中大国，印度加强与“印太”区域各国关系与“能资”合作，是合乎国际政治、经济规律的；但又难免与中国产生竞争。2013 年 7 月，《印度斯坦时报》就曾发文质疑中国与哈萨克斯坦在卡沙甘油田项目中的合作，是“抢了印度的合同”。避免与印度发生零和甚或负和竞争，同样需要良好的“能资”外交工作。

（2）边界和水资源争端的负面影响

我国周边涵盖广大海陆区域，面临尚未解决的海界、陆界和水资源争端挑战。首先，周边个别国家受域外大国和地缘政治的形势影响较深。其次，我国与个别周边国家间尚存边界问题。日本在钓鱼岛归属问题上挑衅中国的主权。我国南海水域受别有用心的敌对势力挑唆，形势复杂。中印划界问题至今没有根本解决，双方对此总体上能保持冷静、克制，但在一些具体事务中难免出现摩擦。日本与韩国也有独岛等领土争议。部分中亚国家间的领土纠纷时常激化，成为地区不稳定的因素。再次，“丝绸之路经济带”沿线部分国家间存在水资源争端。中国与哈萨克斯坦间存在跨界水资源问题。此外，南亚和中亚国家间水资源争端更是久拖不决，存在爆发冲突的隐患。

（3）周边地区国家存在不稳定因素和安全隐忧

首先，我国周边地区涵盖的南亚、中亚及西亚均处在欧亚大陆的“不稳定弧”上，社情民情复杂，矛盾叠加，热点时有爆发。2014 年 10 月 26 日，美国及北约从阿富汗撤军，地区恐怖势力蠢蠢欲动。域内外国家围绕阿富汗前景的博弈错综复杂，阿富汗国内未来安全形势不明，冲突外溢的可能性增加；其与巴基斯坦交界地区暴力事件不断，影响地区稳定与经济合作。中国境内外“东突”“藏独”民族分裂势力遥相呼应，采取政治颠覆与暴力对抗相结合的方式，大肆进行分裂新疆和西藏的破坏活动，影响边疆安全稳定。中国与中亚国家之间的油气管网及人员安全面临考验，对我国经济社会稳定构成全局性影响。

其次，一些国家政权交接形势不明，且其国内民族、宗教、政治角力复杂，存在动荡隐忧。哈萨克斯坦、乌兹别克斯坦政权将逐渐进入敏感的交接期，其国内各政治力量间的矛盾仍在发酵，中亚地区的地缘环境酝酿着新变化。政治形势的变化对中国与相关国家开展“能资”合作、进行大项目建设等潜存负面影响。

最后，东北亚地区，朝鲜核危机时有爆发，半岛局势持续紧张。日本国内的军国主义势力滋长，美日构筑军事同盟，都成为影响周边合作的制约因素。

推动大周边地区的“能资”合作符合时代发展的趋势，不仅将拉动各国的经济发展，也将提升周边地区和“一带一路”沿线地区整体的经济社会发展水平。实践证明，搭建涵盖大周边地区开放性的“能资”合作平台，畅通各层次的对话和沟通渠道、制定可行的合作规则、确定务实的合作项目，是开展“能资”合作和保障其可持续运营的重要途径。当前，推进“能资”合作既要抓住难得的发展机遇，也要妥善应对严峻挑战。“能资”合作是一个具有战略属性和长期合作的领域，既需要日积月累的扎实推进，也亟待我们去探索和实践。

“一带一路”区域能源合作中的大国因素及应对策略

杨晨曦

2013年，中国领导人提出了共建丝绸之路经济带和21世纪海上丝绸之路两大倡议，被合称为“一带一路”。“一带一路”建设是我国深化与西部、南部大周边地区各国区域经济合作的战略构想，包括经济、社会、文化等诸多方面[①]。美国、俄罗斯、印度是“一带一路”沿线地区具有重大影响的国家，在区内拥有广泛的利益。在全球化时代，中国推动的“一带一路”能源合作与上述三国的利益存在竞争甚或矛盾，这是国际政治、经济中的客观现象，并在一定程度上具有规律性。积极管控这些竞争与矛盾，彰显良性竞争、抑制恶性竞争，将矛盾控制在秩序的范围内，在良性竞争中共同获益，将有助于争取关键国家的支持。

一、大国博弈对“一带一路”能源合作的影响

首先，美国全球战略向亚太倾斜，推行“亚太再平衡”战略，在安全事务中制衡中国影响。美国对中国崛起的疑虑和偏见仍深，其政、学界普遍认为，东亚地区局势不稳的根源在于中国军事力量的快速发展及其对外政策的愈发强硬。美国2013年涉华军力报告称：“中国宣称其崛起是和平的，没有追求霸权和扩张领土的愿望。然而，由于中国不断增长的军事力量缺乏透明度，该地区对中国意

杨晨曦，中国国际问题研究所国际战略研究部。本文载于《国际政治与经济》2014年第4期。

① 钟声．丝路精神，贯穿古今开新篇——聚焦“一带一路”倡议的时代意义（上）［N］．人民日报，2014－2－25。

图的担忧持续加深”①。由此，美国以“亚太再平衡”为名，在中国周边地区排兵布阵，强化军事联盟。美国对东亚安全事务的介入，一定程度上刺激个别国家在领土海洋争议中不断对华挑衅，破坏了推动地区能源合作的政治环境。美国推动建立由其主导的亚太合作，对中国与周边国家间既有合作机制构成竞争，在经济事务中制衡中国。2013 年，美国促动日本加入“跨太平洋伙伴关系协定”（TTP）谈判，加大“美国—东盟扩大经济合作倡议”（E3）的推动力度，扩大与东亚经济体的合作。在中亚方向，美国主导“新丝绸之路”计划，大力介入地区事务②。此外，为了牵制中国，美国在东南亚、南亚、中亚指责中国主导的合作项目存在环境、古迹保护隐忧，给项目实施制造障碍。

其次，中国与中亚各国深化能源合作易引发俄罗斯的疑虑，担心其主导的欧亚一体化进程受阻。俄罗斯将中亚地区视为其重要的战略后方，推动与中亚国家的经济一体化进程，是俄罗斯对外政策的重要考量。“俄罗斯对外政策的优先方向是进一步巩固独联体，致力于加强独联体地区一体化进程，优先任务是建立欧亚经济联盟”③。2013 年，吉尔吉斯斯坦、塔吉克斯坦申请加入俄罗斯、白俄罗斯、哈萨克斯坦三国关税同盟，亚美尼亚正式加入关税同盟。俄主导的欧亚经济联盟取得重要进展。

中国与中亚各国能源合作深化发展，互联互通建设不断取得成绩，俄罗斯对此难免疑虑。例如，俄罗斯担心“中吉乌铁路”使用的标准轨与俄式轨不能衔接，导致中亚国家对俄离心。中国与中亚各国达成大宗能源贸易协定、拓展上下游合作领域、加强互联互通建设，中国与中亚各国能源合作深化发展，互联互通建设不断取得成绩，俄罗斯对此难免疑虑。例如，俄罗斯担心“中吉乌铁路”使用的标准轨与俄式轨不能衔接，导致中亚国家对俄离心。中国与中亚各国达成

① Military and Security Developments Involving the People' s Republic of China 2013 [EB/OL]. http://124.202.164.5/download/43763140/64143746/1/pdf/58/160/1367979705914_160/2013_China_Report_FINAL.pdf.

② Michael D. Swaine, Mike M. Mochizuki, Michael L. Brown, Paul S Giarra, Douglas H. Paal, Rachel Esplin Odell, Raymond Lu, Oliver Palmer, Xu Ren. China' s Military & the U. S. – Japan Alliance n 2030 [R]. Carnegie Endowment for International Peace, May 2013.

③ 陈玉荣：“2013 年俄罗斯外交：大国风范，成就突出”，中国国际问题研究所：《国际形势和中国外交蓝皮书（2014）》，世界知识出版社 2014 年版。

大宗能源贸易协定、拓展上下游合作领域、加强互联互通建设，都使俄罗斯产生类似担忧。如何在“一带一路”能源合作中与俄罗斯互利共赢、助其充实欧亚经济联盟、避免恶性竞争，是能源外交工作的一个挑战。

再次，印度对中国在区内地位的上升有所顾虑，且两国间在国际能源贸易中存在竞争。印度非常重视其南亚影响力，并积极发展与中亚、东南亚各国的双、多边关系。近年来，印度陆续强化与印度尼西亚、缅甸、日本的双边关系，并积极与东盟深化合作①；努力扩大与哈萨克斯坦等中亚国家的能源贸易规模，并深化上下游合作水平。作为发展中大国，印度加强与“印太”区域各国关系与能源合作，是合乎国际政治、经济规律的，但又难免与中国产生竞争。2013 年 7 月，《印度斯坦时报》就曾发文质疑中国与哈萨克斯坦在卡沙甘油田项目中的合作，是“抢了印度的合同”②。

二、加强中美良性沟通与合作

1. 中美间的竞争与合作

中美之间在政治、经济、贸易、安全、文化等诸多方面存在竞争甚或矛盾，其中一些甚至具有结构性特征。中东、海湾等世界主要能源产区，一直是美国防止世界能源秩序失序和应对重大突发事件的重要战略区。以石油为代表的能源资源兼具大宗商品、金融和地缘政治属性，又与美元霸权密切相关③。因而对于美国来说，在中东、中亚主要能源产区维系其主导地位，不仅是维护能源进口安全，更是维护其全球霸权的重要支柱④。在美国能源进口下降的背景下，能源生产国普遍变得更加重视与中国的关系⑤。而中国推动开展“一带一路”能源合

---

① NitinGokhale. India's Rising Regional Military Engagement. The Diplomat，2014，(2).

② India loses Kashagan Oil Field to China. Hindustantimes，2013 -7 -2，(5).

③ 徐建山：“论油权——初探石油地缘政治的核心问题”，《世界经济与政治》，2012 年第 12 期，第 117 ~120 页。

④ Charles L. Claser. How Oil Influences U. S. National Security. International Security，2013，(2)：112 - 146.

⑤ Elizabeth Rosenberg. Energy Rush：Shale Production and U. S. National Security. Center for a New American Security，February 2014.

作，无论是扩大贸易规模、进行基础设施建设，还是建立能源合作机制，都将扩大自身在主要能源产区的影响力。美国与中国在相关地区影响力的此消彼长，对美国的主导力形成了挑战，易于引起美国的反制。

同时，中美在“一带一路”沿线能源领域中，也存在巨大的合作潜力。在东南亚，中美在“大湄公河次区域合作”（GMS）能源互联互通、能源政策等方面已经进行合作并取得一定成果；在中亚，中美在地区安全事务、管线安全维护等领域拥有共同利益；在中东，中美在确保能源供应稳定、运输安全、价格合理及基础设施建设方面合作潜力很大①。尽管中美两国在“一带一路”沿线能源领域中存在一些矛盾，但上述功能性合作仍可以比较顺利地开展。通过相应的合作，中美之间可以扩大共同利益、增进共识，减少美国对中国推动“一带一路”能源合作的抵触情绪。

2. 推动中美在大项目建设方面的合作

推动中美在“一带一路”能源合作重大项目建设方面的合作，其目的在于创造互利共赢的空间，进而最大限度地降低美国对我推动相关国际合作的疑虑和抵触。

在东南亚，中美都是 GMS 的重要参与方。作为 GMS 的发起者，亚洲开发银行（亚行）为地区能源合作项目提供资金支持。借助亚行贷款，次区域国家建成了一批发电和输电设施，地区电力交易迅速扩大：老挝从 20 世纪 90 年代末开始从泰国进口，自 2009 年从云南进口；越南自 2004 年起从云南进口；云南自 2008 年起从缅甸进口；柬埔寨分别自 2008 年、2009 年和 2010 年从越南、泰国和老挝进口②。中国与各国通过 GMS 实施了电力联网合作：自 2004 年 9 月云南河口至越南老街 110 千伏线路正式送电，截至 2011 年 8 月底，中国南方电网累计向越南送电 209 亿千瓦时，向老挝北部供电 1.36 千瓦时。今后若干年，能源基础设施建设仍将是 GMS 的重头戏。中美可以在东南亚重大能源基础设施建设

---

① 贾秀东、王友明、王洪一、苏晓晖：“中美合作共赢潜力探讨——两国在东南亚、南亚、中东、非洲和拉美地区的合作”，中国国际问题研究所：《CIIS 研究报告》，中国国际问题研究所，2014 年 5 月。

② Great Mekong Subregion Power Trade and Interconnection: 2 Decades of Cooperation [R]. Report of Asian Development Bank, September 2012.

项目中进行合作，鼓励中资企业、学术机构、非政府组织与美国相应官、产、学机构开展合作。

在中东地区，中美两国企业已经在伊拉克能源领域进行合作；而投融资、技术研发、勘探、开采、运输等领域中，两国企业的合作空间仍很巨大。同时，阿联酋、沙特等国正积极提高能源效率，发展新能源以提高能源多元化水平。中美两国企业与中东各国企业可凭借资金、技术优势进行三方合作；通过帮助中东地区可再生能源生产，能够相应地增加油气资源出口。中东能源供给安全方面的合作具有战略性和敏感性，两国政府应在重大项目中起到主导作用。

在南亚地区，在促进阿富汗经济发展和安全稳定方面，中美具有共同利益。中国更多参与阿富汗矿产资源开发有助于促进阿经济发展。中国的投资增加了阿富汗政府收入，帮助政府维持高额的安全支出；这其中包括北约正在为阿富汗培训的大规模安全部队所需的经费。

美国和北约也希望中国继续加大对阿富汗经济援助。在此基础上，可推动中美在阿富汗能源基础设施、互联互通重大项目中的合作，以商业和经济的规则共享利益。

中亚地区是欧亚大陆的“十字路口”，也是中、俄、美三国战略利益汇集之地，地缘政治、民族、宗教形势错综复杂，地区能源合作牵一发而动全身。但中美合作仍可在页岩气勘探、开采项目中有所作为。

3. *在热点问题上保持中美良性沟通*

在2013年7月举行的中美第五轮中美战略与经济对话中，中美共同决定就能源资源问题加强对话沟通。“双方认识到对加强全球能源安全具有共同目标。承诺继续讨论中国在能源安全与能源需求方面的关切。中美双方承诺在稳定国际能源市场、应急反应、确保能源供应多样化、合理有效利用能源等诸多领域加强合作、对话和信息共享”①。这反映了中美双方对加强全球范围的能源对话的强烈愿望。中美可在此框架下，针对“一带一路”能源合作所涉问题创新沟通机

① 第五轮中美战略与经济对话框架下战略对话具体成果清单，http：//politics. people. com. cn/GB/n/2013/0712/c1001 -22185064. html，2013 -7 -12/2014 -4 -11.

制，将“一带一路”能源合作中涉及中美双方的重大问题纳入其中，在尊重彼此利益诉求的前提下，及时就相关热点问题进行交流。

三、深化中俄能源战略合作

1. 大力推动中俄能源合作

俄罗斯对中国推动“一带一路”建设及相关能源合作总体上持积极态度，中俄能源合作对于双方更是具有战略意义。目前，中俄能源合作水平不断攀升，中俄能源合作的巨大潜力和互补性正在逐渐释放，双方均从中获益。今后可在如下几个方面继续加深合作。

第一，充分落实已有协议，继续扩大贸易规模。2014 年5 月，中俄两国在历经 10 余年谈判后最终达成为期 30 年的东段天然气管线长期供气协议，每年供气量达到 380 亿立方米，两国间能源贸易规模获得了质的飞跃。双方同意尽快落实解决管线建设及其相关融资、技术问题，确保达成 2018 年开始供气并逐步提高供气量的目标。同时，中俄能源贸易尚有巨大发展空间，通过两国总理定期磋商机制下设的能源会谈，推动两国企业扩大油气贸易规模，提高东段油气管线供应量，加深相互依赖水平。

第二，加强能源互联互通建设。目前，中俄间管道油气运输能力相对有限，难以满足两国能源合作需求；海上运输能力亦未得到充分开发。推动能源基础设施建设是“一带一路”能源合作题中之意。必须加快落实中俄西部管线建设、推动两国达成新的管线建设协议，实现能源运力大幅度提升；开展两国间海上油气运输通道建设调研，实现能源运输方式的多元化，减轻管道运输安全压力。

积极谋划欧亚大陆南北向（纵向）互联互通项目，合作推动以乌鲁木齐为中心，北通远东及新西伯利亚、南至印度的纵跨欧亚大陆的油气管线建设。俄罗斯长期以来一直力图开辟进入亚太和印度洋的便捷通道，使自己在新西伯利亚和远东的能源资源更便利地进入东亚、南亚、东南亚市场。中、印则由于能源资源短缺，始终希望利用更为便捷的通道进口俄罗斯东部地区的能源资源产品。相关项目的建设将牢固捆绑三国利益，深刻改变欧亚大陆能源、地缘格局，并对世界政治格局产生影响。

第三，深入开展能源技术合作。中俄在非传统油气勘探与开发、新能源技术开发与利用方面，都有广阔的合作空间。中国页岩油气勘探开发技术正在不断成熟，资本力量雄厚；俄罗斯页岩油气储量巨大，产储比优势明显。两国在相关领域的合作，辅之以扩大贸易规模和运输通道建设，将大为深化两国能源合作水平。中俄新能源技术利用方面同样有着广泛合作空间：如俄罗斯已有计划升级国家公共交通，实现油改气，并已下调燃气相关税收，对电动汽车实行零关税；而中国新能源汽车技术相对成熟，有较好投资能力。目前，中俄新能源汽车企业间合作已经逐步达成，俄方也在税收、土地方面提供政策支持。类似的新能源技术及利用合作也将为“一带一路”沿线天然气富集国家作出范例。

2. 正确处理双方利益关系

首先，协调中俄对中亚的政策。俄罗斯在中亚拥有一系列重要战略利益，抱有明显的“后院意识”，并力图在2015年之前建成欧亚经济联盟。对于俄罗斯来说，在乌克兰危机和西方制裁的背景下，落实关税同盟变得尤为迫切；俄方迫切需要在相关领域中得到中国实实在在的政治支持。而积极开展与中亚各国经济战略合作，对于中国维护国家能源安全和西部安全稳定都具有战略意义。

中俄两国的目标并不冲突：中国不谋求在中亚地区的主导地位，且是地区安全稳定的受益者；俄罗斯推进的欧亚经济一体化既不抵消中亚各国开展对华经济合作的需求，也并不过于排斥中国。欧亚经济联盟与丝绸之路经济带完全可以并行不悖地共同发展。“俄方认为，中方提出的建设丝绸之路经济带倡议非常重要，高度评价中方愿在制定和实施过程中考虑俄方利益。双方将寻找丝绸之路经济带项目和将建立的欧亚经济联盟之间可行的契合点。为此，双方将继续深化两国主管部门的合作，包括在地区发展交通和基础设施方面实施共同项目”①。

中俄可在双边、多边关系框架下积极协调对中亚合作。协调中俄两国政府、企业和非政府组织等多方力量，共同参与中亚地区能源合作，使俄罗斯在合作中

---

① 中华人民共和国与俄罗斯联邦关于全面战略协作伙伴关系新阶段的联合声明，http://www.fmprc.gov.cn/mfa_chn/zyxw_602251/t1157763.shtml.

受益，努力实现互利多赢。可逐步推动形成“欧亚经济联盟 +1（中国）”模式，推动中国与该机制的合作；中国的经济发展能力与俄罗斯的安全保障能力相结合，可以带动整个地区的稳定、繁荣。积极协调中俄印三边合作，为使俄、印在“一带一路”能源合作中看到长远利益及三方利益汇合点，可从既有的三方外长会晤机制入手，逐步提升其级别以协调、涵盖更广泛的合作领域，进而推动俄、印在欧亚大陆南北向联通项目建设、三国能源资源贸易与运输等事项中与我开展三边合作。“中俄印合作是维护世界和地区安全稳定的重要因素。中俄将继续努力巩固三方战略对话，以增进相互信任，协调在当前国际和地区问题上的共同立场，促进互利务实合作”①。

其次，协调中俄能源上下游合作。能源产业涉及上游的勘探开发、中游的运输、下游的炼化与销售等高附加值产业，能源贸易只是国际能源合作中较为初级的水平。中俄在天津炼化厂和亚马尔气田液化天然气项目中的合作，开启了中俄间能源上下游产业链的合作。通过向俄方开放一定量的下游产业，中国实际上为俄方留出了更多的高产业附加值空间，将双方利益捆绑在一起；这也可以看作是正确义利观和亲、诚、惠、容理念的具体实践。而上游合作对于中国获得长期、稳定、价格合理的能源供给非常有益。上下游产业链的深入合作，将大大提升中俄能源合作水平。

四、扩大中印共同能源利益

1. 中印在能源领域中的竞争与共同利益

中国和印度都是人口总量庞大、国内油气资源相对匮乏，而经济和能源需求增长又十分迅速的发展中大国，贡献了全世界能源消费增量中的绝大部分。2010 ~2011 年度印度能源消费达到 5.22 亿吨油当量，预计至 2016 ~2017 年度，印度能源消费将达到 6.81 至 7.38 亿吨油当量②，其中，石油对外依存度超过

---

① 中华人民共和国与俄罗斯联邦关于全面战略协作伙伴关系新阶段的联合声明，http://www.fmprc.gov.cn/mfa_chn/zyxw_602251/t1157763.shtml.

② Sunjoy Joshi. The Search for Energy Security: India's Perspective //Shiley J. Tellis, Sean Mirski. Crux of Asia: China, India and the Emerging Global Order. Carnegie Endowment for International Peace, 2013. 222.

70%。迅速增长的能源消费促使印度大力寻求长期稳定的能源进口源和安全的运输通道。而中国的石油对外依存度也已接近60%。因此，两国都在努力争取与中东、中亚乃至非洲油气产区国进行能源合作，积极扩大自身在相关地区的政治、经济影响力。对于两国来说，扩大与能源产地国合作，几乎都是经济因素与政治因素各半。

以中亚地区为例，中印均与之毗邻的地理位置使得两国“找油”方向难免发生竞争。而中亚国家经济相对落后，能源出口方向一直比较单一；因此他们将能源作为重要政策工具，既要努力实现能源出口的多元化以保障经济利益，又在大国之间寻求平衡①。加之油气资源的不可再生性和战略性，决定了中印之间博弈在一定程度上具有零和性特征，进而导致两国企业在与中亚能源贸易、上游投资等领域竞争十分激烈。由于中印油气进口源高度重合，两国在中东、非洲能源产区也面临类似的问题：两国企业在中东、非洲能源勘探、开发、基础设施建设等项目中屡屡碰面。中国大力推动“一带一路”能源合作，几乎必然要面对来自印度官方和企业的直接竞争。

也要看到，中印在“一带一路”沿线能源领域中既有竞争点，也有很大的合作空间。国际关系实践中，通常很难将两国竞争或矛盾消弭于无形，但将共同任务与挑战转化为合作动力和共同利益从而扩大合作、管控矛盾，却是一条可行路径。目前，中印在能源领域中面临很多共同挑战：两国能源进口高度依赖中东及非洲地区，并开始从里海、西伯利亚地区大量进口；海上能源通道面临海盗与自然灾害等非传统安全威胁；陆上油气管线安全维护困难；能源结构单一且均以煤炭为主；能源效率较低；面临“亚洲溢价”压力；温室气体减排压力巨大；可再生能源和清洁能源利用不足等②。中印可选择在如供给安全保障、能源技术开发与利用等关键领域开展合作；并将这些合作充实到“一带一路”框架之中，有利于扩大中印共同利益，也有益于提升印度能源自给水平、缓和中印在能源产地的竞争。

---

① Shi Ze, Yang Chenxi. India's energy worries spark fears of China. Global Times, 2013-11-10, (10).
② 李渤：《经济全球化背景下的中印能源合作模式》，时事出版社2012年版，第68~93页。

2. 推动中印能源供给安全合作

能源供给安全涉及购买与运输两个方面。在购买方面，中印均面临着生产国政治安全形势变化的挑战，西方大型能源企业、中印两国企业之间也经常展开激烈竞争。西方大型能源企业是中东等主要能源产区的先到者，掌握着大量优质油气田和先进、低成本的勘探开采技术，并且是交易与定价规则的制定者。中印企业在与其竞争中长期处于弱势，无法得到理想的能源合同，只是近几年来中石油、中石化、中海油等中国大型石化企业的崛起对其有所平衡。近年来，虽然中资企业屡屡在竞争中战胜印度企业，但激烈的竞争经常使两国企业付出远超经济成本原则限度的高昂资本，以“天价”获得开采权。这种竞争只会对卖方有利，加之中印在油气定价权中处于弱势又缺乏合作，而使两国在全球能源价格高企的同时，还不得不接受“亚洲溢价”①。此外，中亚和西亚北非各国国内和地缘政治稳定相对脆弱，中印企业与之签订的开采、贸易合同不得不面对相应的政治、安全风险。

目前，中印两国企业已经开始在第三国协作勘探和开采油气资源。如苏丹“大尼罗河项目”、共同开采伊朗雅达瓦兰油田、联合收购加拿大石油公司在叙利亚的石油资产等②。积极推动类似合作，可以减少中印两国企业间不必要的竞争，并有利于达成经济上更为有利的结果。此外，中印作为亚洲重要的能源进口方，若能在国际能源定价权领域积极合作，不仅可以提高两国的整体议价能力、缓解“亚洲溢价”效应，甚至可以为形成亚洲范围的油气输入国集体议价机制奠定基础。短期内，积极推动印度企业参与中国筹建中的“上海原油期货市场”，形成更为公平的亚洲原油定价机制，可作为中印两国能源合作的重要抓手。

在运输方面，中印海陆能源运输通道安全均面临较大风险。印度洋航线区域国际政治形势复杂、海盗活动频繁。过去 30 年，包括中印在内的亚洲各国得益于美国主导的国际秩序，获得了相对稳定的进口市场和比较安全的海上通道。随着美国能源进口减少和中东政策调整，其开始要求新兴国家分担相关安全责任，

---

① 潘艺心：“对中印能源合作的战略思考”，《国际石油经济》，2012 年第 10 期，第 44 页。

② 李渤：“地区安全环境变动中的中印能源合作”，《国际经济合作》，2013 年第 5 期，第 93 页。

全球能源投资与海上通道安全面临新挑战[①]。但这也为中印合作进行海上通道安全保障提供了契机，相关合作将有力缓解中国油气进口“马六甲困局”。同时，中印中亚油气管线面临诸多共同风险。共同推动订立管线安全国际条法、合理规划俄—中—印管线，均是两国合作的潜力所在。

3. 推动中印共同参与全球能源治理

中印两国在全球能源治理中的话语地位薄弱，难以通过国际规则的制定有力保护国家能源安全。目前，全球能源供需初现板块化趋势，涵盖中东、中亚产区与东亚、南亚消费区的亚洲供需板块开始形成。从中印同为重要能源净进口国的角度出发，可联合推动形成亚洲油气进口国协调机制，进而联合生产国共同建立亚洲地区性油气市场。中印可共同推动“亚洲主要石油供应国与消费国部长级圆桌会议”机制化，以此为起点共同参与全球能源治理，增强话语权力。

在2014年5月于上海召开的亚信峰会上，中国倡导“共同、综合、合作、可持续”的亚洲安全观，努力走出一条共建、共享、共赢的亚洲安全之路。习近平主席在亚信峰会讲话中提出：“中国将同各国一道，加快推进丝绸之路经济带和21世纪海上丝绸之路建设，尽早启动亚洲基础设施投资银行，更加深入参与区域合作进程，推动亚洲发展和安全相互促进、相得益彰”[②]。“一带一路”能源合作为亚洲发展助力，深化各国相互依赖水平，也将为亚洲安全作出贡献。

---

① 全毅、刘京华：“全球能源格局巨变中的中印能源安全问题”，《和平与发展》，2012年第5期，第64页。

② 习近平．积极树立亚洲安全观 共创安全合作新局面——在亚洲相互协作与信任措施会议第四次峰会上的讲话，http：//www. fmprc. gov. cn/mfa_ chn/zyxw_ 602251/t1158070. shtml.

“一带一路”建设中的金融支持主导作用

蒋志刚

“丝绸之路经济带与21世纪海上丝绸之路”战略是中国根据全球形势深刻变化，统筹国内国际两个大局做出的重大战略决策。作为现代经济的核心，金融在国家战略中具有举足轻重的地位。金融支持“一带一路”的总体双多边合作思路是：以“规划先行、金融先导”为基本原则，以规划整合各方资源，以金融“走出去”，统筹带动中国技术、装备、标准等中国因素和企业“走出去”，创新金融体系，服务实体经济，发挥好开发性金融的主导作用，拓展“一带一路”金融服务布局。

一、跨境通道、资源能源、基础设施是建设重点，需要开发性金融发挥主导作用

1. “一带一路”建设中具有金融需求的主要领域及存在的问题

（1）主要领域。一是交通、港口等跨境通道领域，丝绸之路通道的铁路、公路、管道需要提升通道能力。二是能源资源领域，丝绸之路跨越的中亚、俄罗斯等地区，矿产、石油、天然气等资源储量丰富，开发潜力巨大。三是基础设施领域沿线的中亚、东南亚等国家基础设施较为落后，需要加强基础设施建设。

（2）目前金融合作存在的主要问题。受经济发展水平的影响，“一带一路”

蒋志刚，国家开发银行。本文载于《国际经济合作》2014年第9期。

沿线国家政府的财力有限，难以提供主权担保，影响项目还款来源的稳定性，也增加了银行和企业的融资担保成本。此外，许多国家还存在法律法规不健全、政府效率低、信用体系不完善、汇率波动较大等问题，均延长了项目推进的周期，导致资金成本上升。“一带一路”沿线各国也在政策协调、产业整合等方面出现较多冲突。另外，一部分“一带一路”沿线国家的政局动荡，国家缺少长远发展的稳定性，影响金融机构开展国际业务和金融合作。

2. “一带一路”建设金融需求的主要特点

（1）资金需求量大，投资回报期长，市场不完善，需要以开发性金融为主导。首先，由于涉及的国家经济状况差异大，而且大部分是欠发达国家和地区，能源资源开发、交通基础设施等各领域均存在投融资期限较长、未来收益不确定、资金需求量大、回报周期长的问题，绝大部分需要采取“先期扶持、长期获益”的开发理念。其次，涉及的国家多数市场环境欠缺，制度不完善，商业贷款不愿介入。能源资源、基础设施的建设需求出现了融资瓶颈，这正是开发性金融的优势，即建立政府和市场之间的桥梁，弥补市场的缺失，以市场化的方式服务国家战略。

（2）跨境金融合作层次较低，集中度较高，需要总体的规划和长远的蓝图进行整体统筹。目前，中国与东盟和中亚等国的合作缺乏长远规划及分阶段实施的具体措施。各国进行货币互换等合作时，更多是迫于当前防范金融危机的需要，对长远的金融与货币一体化目标考虑不足，具体步骤需要进一步磨合。同时，大部分国家的贷款业务主要集中在油气资源开采、管道运输等能源领域，其他行业并未形成真正满足银行要求的有效现金流。较为单一的信用结构会造成贷款集中度过高，对贷款风险的缓释带来不利影响。因此，沿线各国的跨境金融合作还需要总体的规划和长远的蓝图来进行整体统筹。

（3）涉及多个国家、多个币种的广泛跨境金融合作。丝绸之路涉及的国家和地区较多，绝大部分的金融服务需要多个国家的货币金融体系相互合作，涉及货币兑换、金融基础设施的联通、监管协调，以及双边、多边层面的跨境货币金融合作框架的设计等。

（4）金融需求迫切，需考虑金融的长期可持续性。丝绸之路涉及的国家收入水平差异较大，大部分国家属于低收入国家，本国尚未启动工业化进程，金融基础设施缺乏，本国经济金融缺乏良性循环的条件，与这些国家开展经济金融合作。既要注重开发性投资的特点，同时也要避免陷入简单“扶贫”的陷阱。区分国际援助和财政支持，确保长期金融的可持续性。

二、创新金融体系，服务实体经济

1. 金融支持体系建设的基本逻辑

（1）金融支持体系建设的总体目标是服务实体经济。建设“一带一路”对中国与沿线国家在产业、贸易和投融资等领域加强跨界合作提出了新要求，涉及能源、资源、交通、电信、水电、农业、化工、纺织、科技创新、文化等各个层面。金融支持体系的建设必须紧紧围绕服务“一带一路”建设的实体经济需求变化而展开，实体经济的需求就是金融服务的供给所在。

（2）金融服务实体经济的具体表现是推进跨境产业、贸易和投资合作的可及性、便利性和安全性。可及性是指发挥金融的融资功能，使得各类跨境合作项目能获取必要的，而且是成本可以承受的资金支持，主要解决的是“一带一路”建设中的资金不足或昂贵问题。便利性是指通过金融机制消除各类跨境合作的障碍，例如，解决货币兑换、支付结算方面的障碍，以促进交易顺畅进行。安全性是指发挥金融的风险管理功能，降低各类跨境合作中的风险包括政治风险、信用风险、人身财产风险等。

（3）金融服务实体经济必须建立在沿线各国政府（包括中央政府和地方政府）、投资者（包括企业和个人）和各类金融服务机构（包括银行和非银行）密切合作的基础上。跨境项目的金融合作主要分为两类：一是金融机构依托已搭建起来的、正规的、政府间的合作对话平台开展业务。例如，在上海合作组织银联体机制下开展贷款。二是金融机构根据沿线国家的金融需求直接进行业务拓展。

（4）各类金融工具必须与其他各类政策工具密切配合，形成联动。金融工具必须与国家对外援助政策、经济制裁政策等相互协调、配合。

2. 主要建议

（1）增加跨境产业、贸易和投资合作融资的可及性。

①银行信贷支持。大力发挥国开行等开发性金融机构的作用，其中包括：利用外汇储备充实其资本金；鼓励在上合组织银联体框架下扩大信贷融资规模和服务范围；鼓励加强与国际开发性机构（如亚洲开发银行、欧洲复兴银行、世界银行等）以及国际知名商业银行开展合作，借助其他合作机制实现多渠道融资，并积极考虑参加国际银团招标，借助辛迪加贷款方式降低风险，扩大贷款规模；丰富业务品种，积极开展国际并购贷款、工程项目贷款、国际保理等创新型业务。

②大力发展国际债券市场，充分利用直接融资渠道为"一带一路"建设服务。鼓励更多的沿线国家政府和机构在香港等离岸市场发行人民币债券；优先允许重点拓展的沿线国家在中国境内发行人民币债券，即熊猫债券；根据沿线国家的特点探索国内债券市场的新品种，如伊斯兰债券、丝绸之路大型合作项目特种债券等；研究将沿线国家更多的重要机构纳入人民币合格境外投资者（QFII）试点范围。

③鼓励机构投资者、民间资本的介入。鼓励保险公司、社保基金、企业年金等合格境内机构投资者参与投资。目前保险公司和社保基金的监管政策都允许其将资产规模的20%进行海外投资，可以通过扩大QDII额度和范围、改善外汇管理等方式、促进这些长期资金积极参与。鼓励民间资本通过BOT、PE基金等方式参与投资。

（2）增加跨境产业、贸易和投资合作的便利性。

①加强货币合作。全面开展与沿线国家的贸易本币结算，由边境贸易扩大到一般贸易，进一步扩大与沿线国家双边本币互换协议的规模，在加大人民币经常项目自由兑换和结算使用范围的前提下，积极探索实现人民币资本项目可兑换的多种途径。鼓励人民币"走出去"探索开展跨境个人人民币结算试点，推动境内银行为境外项目提供人民币贷款业务等。研究探索人民币回流机制，允许符合条件的合格机构以人民币为计价货币，募集海外人民币资金，依法发起设立公募或私募证券基金，并投资国内推进人民币与周边其他国家货币的直接挂牌、兑换和交易。研究建立中亚地区的人民币清算中心，扩大代理行数量。发行中国与相关国家通用的银行卡，扩大银联卡在沿线国家的使用范围。

②加强金融机构合作和业务合作。支持沿线国家金融机构与中国在对方境内互设分支机构。加强沿线国家商业银行之间的合作，通过建立全面代理行关系，加强在汇付、托收、信用证等国际结算方面与境外商业银行建立账户往来关系，并在此基础上创新更加便捷高效的支付工具和支付方式。在境内外本外币密集使用的地区尝试设置兑换点和自动存取款设备，便利小额现金交易。探索建立同城票据交换市场，便利口岸及接壤国家双方资金清算。在国内边境地区探索建立国际大宗能源、棉花等商品现货或期货交易中心。加强各国金融领域的信息交流、人员培训和项目库建设。

③加强金融基础设施合作。加强沿线国家中央银行和金融主管部门的沟通与协作，建立上海合作组织各国间金融主管部门协调合作机制，定期交流沟通区域内金融形势协调各自立场沿线国家之间建立双边本币/外币跨境流动统计监测合作机制建立信息交流机制。包括定期对货币结算代理行的资信程度给予公布。建立区域征信体系、区域金融信息披露管理系统。建立区域反洗钱合作系统，定期公布沿线国家反洗钱动态，切实加强对跨境制造，贩运假币犯罪活动的打击力度等。

（3）增加跨境产业贸易和投资合作的安全性。

①大力发展贸易信用保险和海外投资保险。拓展贸易信用保险的业务范围，特别是大力发展中长期业务。改善现有海外投资保险的制度设计和运行，开发外汇保险、海外无捆绑贷款保险等新产品。

②鼓励中国商业保险公司开展各类与海外投资活动有关的人身和财产保险通过在沿线国家建立分支机构或者与本地保险公司开展合作等方式，为中国海外合作项目提供财产保险、责任保险等保障。

③鼓励银行与保险公司开展合作。在银行发挥积极作用的地区，保险机构都要介入，提供相应服务，以充分满足多样化的金融需求。

三、在落实“一带一路”战略中发挥开发性金融作用的建议

发挥开发性金融的先导和主力作用，配合国家有序实施“一带一路”战略，加强互联互通合作，通过与“一带一路”相关国家设立经贸和产业合作园区、建设跨境通道等举措、实现点线面结合的辐射效应。

1. 通过发挥开发银行的规划合作平台优势，使“一带一路”战略规划落到实处

从国内情况来看，当前西部各省区对“一带一路”的认识、推进进度、省内谋划等方面存在较大差异，通过统一规划，推动有关各方在统一框架下开展工作推动跨省规划的切实履行和各方力量的高效整合。从国外情况来看，开发银行通过战略规划区域规划、专项规划、国别规划构建完善的规划体系，点线面相结合，逐步细化落实。重点区域合作规划，以多边合作沟通思想，促进共识，深化区域多边多领域合作。重点领域专项规划加强经贸合作，促进产业转移获取资源能源。重点国别规划合作以重点国别为支点，加强各国别的规划合作，与合作国发展规划相结合，推动“一带一路”落地，实现与沿线国家的互利共赢。

2. 积极推动乃至主导金融力量在“一带一路”建设中发挥不可替代的作用

一是继续支持上合组织银联体、东盟银联体等发挥更大作用，研究在物流和贸易等领域推进联合融资机制，推动丝绸之路国家间的商品自由流通。二是参与相关多边合作银行、基金的设立工作。国开行可发挥已形成的业务优势，在上述机构的组织建设过程中担任出资方、协调方、受托经营管理方等不同角色，为“一带一路”建设提供多渠道、多元主体的融资支持。

3. 规划与项目库建设结合，与重大项目同步推进，在“一带一路”重大项目建设领域发挥主力作用

规划落实的关键是项目的确定和实施，因此建立“一带一路”重大项目库十分重要。一是根据前期规划的成果，确定优先发展行业与领域，成批量开发项目，并加快建立“一带一路”重大项目库。二是对项目库进行分类管理，分类跟踪推进，对成熟类项目，在各方政策支持下尽快实现评审和发放。三是根据项目进展情况，适时与中外各方联合召开投资论坛、项目推介会，引进投资人，推动项目落地。四是对符合要求的项目，视不同情况国开行既可以独家提供“投贷债租证”综合金融服务，也可以组织各家金融机构，组合各种金融资源，设计一揽子系统解决方案。

“一带一路”金融区域化路径

赵志刚

当前，我国经济发展业已进入新常态发展阶段。社会主义经济新常态内涵不仅体现出市场经济运行客观规律，更体现出优化结构、稳定增长、政府顶层设计的战略意义。基于顶层设计而实施的“一带一路”战略对于解决产能过剩问题、优化经济结构和行业布局、拓宽我国战略空间、促进区域稳定繁荣、推动全球经济发展具有重大意义。据统计，2010～2013年，“一带一路”地区对全球经济增长的贡献率高达41.2%。随着“一带一路”战略深入实施，该区域的经济引擎作用将日益显现。金融作为现代经济的核心，势必融合到这一战略框架及其所衍生的区域经济一体化之中。而科学的金融发展路径不仅对于这一战略实施具有重要意义，更是契合国际金融危机后金融区域化发展的重要趋势。

金融需求的视角

“一带一路”战略的实施，有利于促进基础设施、装备制造等产能过剩行业重组和优化，刺激新产业、新业态、新技术和新商业模式加快发展，势必引发大量投融资需求，给金融机构带来广阔的发展空间。

基建投资需求

以全方位基础设施建设为突破，实现互联互通，是“一带一路”战略实施

赵志刚，特华博士后科研工作站、中国邮政储蓄银行战略发展部。本文发表于《中国金融》2015年第5期。

的基石。受经济发展水平和经济发展差异化的制约，目前区域内多数国家和地区的基础设施建设还存在“联而不通、通而不畅”问题，必须进行建设和改造：一是交通基础设施，涉及铁路干线建设、公路网建设和港口改造；二是资源基础设施，包括能源与其他矿产资源的勘探开发、道路与管线运输、冶炼加工等领域；三是线网基础设施，主要指电信固网宽带的升级改造和智能化电网建设。2014年我国非金融类对外直接投资有望突破1000亿元，接近吸收外资总额。在“一带一路”战略带动下，我国对外直接投资将出现爆发式增长，其缺口需依靠国内资金解决，银行、信托、金融租赁等行业将迎来巨大发展机会。

贸易融资需求

“一带一路”沿途各国和地区经济资源、产业结构互补性强，随着区域一体化、贸易自由化进程的推进，各国和地区在农业、工业、能源、科技等众多领域开展贸易的前景广阔。2013年，我国与“一带一路”国家的贸易总额超过1万亿美元，占我国外贸总额的1/4。根据相关测算，未来十年，中国与“一带一路”沿途国家的年均贸易增长率将在20%～30%，其中蕴含着海量的贸易融资需求。相对于“一带一路”沿线各国，我国商业银行在贸易融资方面具备领先优势，可通过提供出口信贷、服务贸易项下的融资、成套设备信保融资、跨境供应链金融等服务，迅速抢占国际市场，改善信贷资产结构，对冲国内经济增速换挡和利率市场化带来的不利影响。

保险服务需求

我国企业在实施“一带一路”战略时面临较大的不确定性，既包括东道国经济动荡、金融危机等所引发的资产贬值、汇兑限制和汇率动荡等金融风险，也包括沿线国家政局动荡所引发的地缘冲突风险。这些风险可能为企业开展经贸合作蒙上阴影，需要用保险进行缓释：首先是政策性保险。在交通运输、电力、电信、建筑、高铁等产能输出过程中，需引入海外投资险等政策性保险维护投资安全；同时，在大型成套设备出口融资中引入出口信用保险，可有效撬动信贷杠杆。其次是商业保险。随着区域经济合作加深，各方人员往来将急剧增多，人身、财产安全保障的需求也较为迫切，跨境商业性保险产品亟待创新。

人民币结算需求

由于历史原因，很多大宗商品从开采、运输到销售都使用美元支付和清算，而美国经常利用美元的特殊地位，根据自己单方面的利益制定货币政策。人民币已被“一带一路”地区很多国家视为排除外界干扰的一种新希望，特别是一些与美国关系并不密切的国家，以及虽为美国盟友但希望在货币上有新选择的海湾国家。同时，为解决“一带一路”贸易中货币结算不统一的问题，也需要把人民币尽快上升为地区主要国际货币，以保障沿线国家贸易互通的公平性、便捷性和收益性。

一带一路战略实施中的金融政策创新

金融支持“一带一路”建设是一项系统工程，既要发挥好市场在金融资源配置中的基础性、决定性作用，政府也要做好顶层设计，从体制、机制上推进金融创新，应对好“一带一路”战略实施中的金融需求。

进一步壮大开发性金融

开发性金融是介于政策性金融和商业性金融之间的金融形态，在实现政府与市场两种机制的有效连接、克服“政府失灵”和“市场失灵”方面有其独特优势。“一带一路”中的基础设施项目大多带有公共产品属性，社会效用较高，但投资周期长、经济收益偏低，需发挥开发性金融的主要力量。首先要加大开发性金融机构资本金补充力度。进一步完善国家开发银行、中国进出口银行等开发性金融机构的资本金补充机制，利用外汇储备充实资本金，提高以上缴税收、利润作为资本金再投入的比例。其次要引导商业银行与开发性金融机构开展合作。以定向宽松、税收优惠等手段，鼓励商业银行与国内、国际开发性金融机构紧密合作，采用银团贷款、委托贷款等方式支持“一带一路”基础设施项目投资。

完善多元化的筹资机制

“一带一路”战略资金需求量巨大，政府难以包打天下，必须创新筹资机制，鼓励社会多元化投资。一是要鼓励民间资本参与“一带一路”信贷项目。完善民营资本参与海上丝绸之路银行的收益分配机制，进一步激发民营资本的参与热情。结合混合所有制改革，发展以民营资本为主导的“一带一路”股权投资基金。二是要加快 PPP、BOT 等投融资模式的配套制度建设。尽快明确 PPP、BOT 模式的合规性，择机将其提升到立法层次，并适度给予一定税收减免和财政补贴。在“一带一路”重要节点上，由规划部门和相关管理部门有意识地设计多个 PPP、BOT 创新方案，尽快进入招标实际操作，发挥范本的引领带动作用。三是要吸纳境内外资金支持战略开发项目。充分依托政府信用，向境内外金融市场发行“一带一路”战略专项债券，引导外汇储备、社保、保险、主权财富基金等参与“一带一路”投资。

大力发展跨境保险产业

我国跨境保险发展相对薄弱，承担跨境保险特别是投资保险的机构较为单一，对跨境产业、贸易和投资合作的支撑和保护能力不足，需尽快补齐短板。一是大力发展出口信用保险和海外投资保险。拓展出口信用保险的业务范围，特别是要发展中长期业务。改善现有海外投资保险的制度设计和运行，指导有关金融机构开发外汇保险、海外无捆绑贷款保险等新产品。二是引导商业保险公司开展与海外投资有关的人身和财产保险。鼓励商业保险公司在沿线国家建立分支机构或者与本地保险公司开展合作，为我国海外合作项目提供财产保险、责任保险等保障。三是鼓励保险公司与银行开展合作。在银行发挥积极作用的地区，都要安排保险公司介入，提供相应服务，以充分满足多样化的金融需求。

加快推进人民币国际化

“一带一路”给沿线国家带来经贸合作新机遇的同时，也给人民币国际化注入了新动力。一方面，要扩大我国与“一带一路”沿线国家本币互换规模和范围。完善人民币跨境支付和清算体系，加快人民币跨境支付系统（CIPS）建设，扩容人民币跨境贸易结算试点机构。大力培育人民币离岸市场发展，进一步加强金融基础设施建设，充分利用自贸区、沿边金融综合改革试验区等推动跨境人民币业务创新。考虑为有需要的国家建立人民币清算行安排，便利各国相关机构进入中国银行间债券市场。另一方面，要支持境内外机构和个人使用人民币进行跨境直接投融资。稳步推进资本项目开放，放宽金融机构跨境贷款审批。鼓励境内外银行为跨境项目提供人民币贷款，引导更多的沿线国家政府和机构在香港等离岸市场发行人民币债券，优先允许重点拓展的沿线国家在中国境内发行人民币债券。

加强国际区域金融合作

“一带一路”战略涉及数十个国家和地区，包含多样化的金融市场环境和制度安排，仅靠单边努力难以发挥协同作用、应对风险挑战，必须建立健全多边金融合作机制。这一合作机制的架构不仅顺应国际金融危机后金融区域化发展的客观现状，更奠定了我国金融国际化的坚实基础。

加强区域金融监管合作

以东亚及太平洋中央银行行长会议组织（EMEAP）、东盟与中日韩（10+3）金融合作机制等为主要载体，从多边合作入手，逐步建立“一带一路”区域金融监管合作机制。一是强化区域监管当局间的协调一致。进一步加强与“一带一路”沿线国家监管当局间的沟通互动，扩大信息共享范围，提升在重大问题上的政策协调性和监管一致性，逐步在区域内建立高效监管协调机制。二是构建区域性金融风险预警体系。实现对“一带一路”区域内各类金融风险的有效分析、监测和预警，及时发现风险隐患，确保区域金融安全稳健运行。三是形成应对跨境风险和危机处置的交流合作机制。完善共同应对风险和处置危机的制度安排，协调各方的行动，共同维护区域金融稳定。

促进金融机构双向进入

推动我国与“一带一路”沿线国家金融机构互相设立跨境分支机构，提高沿线国家的金融一体化程度。一方面，鼓励国内金融机构“走出去”，通过在沿线国家设立银行分支机构配合装备产能输出，增进对当地经济金融环境、投融资政策的了解，与当地金融机构开展银团贷款、并购债券、融资代理等金融合作，以银行的跨境一体化经营服务于跨境产业链。另一方面，欢迎沿线国家金融机构“走进来”。沿线国家金融机构来华设立分支机构，将为我国企业利用其海外丰富网点资源和地缘优势“走出去”提供直接触点，为跨境商业合作提供跨境结算、资金池、内保外贷等金融服务，丰富我国跨境金融支持载体。

做大做强多边金融机构成立多边金融机构是促进区域金融合作的重要手段。我国已牵头筹建亚洲基础设施投资银行和“丝路基金”，旨在以共同出资、共同受益的多边金融合作方式，向“一带一路”沿线国家和地区的基础设施、资源开发、产业合作等有关项目提供资金支持。国际金融机构正式运作后，要充分发挥其在金融支持“一带一路”战略中的领军作用，重点是撬动各国、各界资本共同参与。一是充分发挥中国政府的影响力和信用背书作用，吸纳成员国乃至全球资本。二是持续扩大业务范围、提升服务价值、强化协调能力，以丰厚回报凝聚各国金融资源。三是保持开放、包容、公平的市场化运作模式，增强自身信誉、稳定资金来源。

建立区域金融安全保障机制

随着区域经济合作的深入，金融安全挑战压力加大，有必要在宏观和微观两个层面，建立一套更加有效的金融安全保障机制，抵御要素波动和信息不对称带来的各类金融风险，维护良好的投融资环境。

夯实国家金融安全保障基础

随着金融开放进程加速，根据“三元悖论”，货币政策独立性、汇率的稳定性、资本的流动性之间的矛盾加大，外部金融风险可能更迅速、更直接地冲击我国的金融安全，必须尽快提升国家金融安全保障能力。一是进一步理顺金融要素价格市场形成机制。有效的价格体系是压缩套利空间和防范外部冲击的必要条件，要逐步推进利率市场化进程，以 Shibor 为完善基准利率的形成机制和传导机制的支点，拓展利率市场改革的深度和广度。二是完善国家金融风险预警体系。紧密跟踪国际金融形势变化，设立国际游资的预警体系和机制，对金融风险进行分类分级综合管理，制定国家应对突发性金融风险的处理预案。三是牵头区域成员国共同成立金融稳定基金。发起建立金融风险国别援助机制，减缓金融风险蔓延、加剧，确保区域成员国金融安全。

强化企业金融风险抵御能力

在海外投资和产能输出过程中，要不断提升企业抵御金融风险的能力。一是完善企业金融风险管理体系。引导企业加快构建对外投资金融风险控制和防范机制，建设境内外机构的全球统一风险管理平台，实现境内外风险战略的统一、政策制度的统一、风险计量的统一以及风险评估的统一。二是发起海外投资风险补偿基金。按照“政府引导、市场运作、利益共享、风险共担”的原则，针对海外投资风险特点，设立援助性基金，提升企业海外投资风险的缓释能力。三是加强金融风险信息服务和咨询服务。商务部、人民银行等政府部门和社会专业咨询机构要充分利用其经济信息资源优势、专业能力，为企业提供海外投资金融风险信息服务和解决方案。

进一步加强与“一带一路”国家的金融合作

易诚

习近平总书记2013年9月、10月在出访中亚、东南亚国家时提出了共建“丝绸之路经济带”和“21世纪海上丝绸之路”的战略构想，得到了有关国家积极响应。习总书记指出，共建丝绸之路经济带，可以从加强政策沟通、加强道路联通、加强贸易畅通、加强货币流通和加强民心相通几个方面先做起来，以点带面，从线到片，逐步形成区域大合作。加强货币流通、深化金融合作，是丝绸之路经济带和21世纪海上丝绸之路建设的重要组成部分，具有重大意义。

一、旨在维护区域金融稳定的多边合作

中国人民银行通过参与东亚及太平洋中央银行行长会议组织（EMEAP）、东盟与中日韩（10+3）金融合作机制等区域合作机制，增加了与相关地区国家的沟通交流，提升了我国在区域金融合作中的参与力度。

EMEAP机制下，1995~1997年间，鼓励成员间签署双边美元国债回购协议，共同抵御危机影响。2007年成立副行长级别的货币与金融稳定委员会，逐步构建区域危机管理框架，定期发布宏观监测报告，关注全球及地区经济金融风险。人民银行在推动各方成立副行长级别的货币与金融稳定委员会中发挥了积极作用，并任首任主席。

10+3机制下，2000年5月各方通过《清迈倡议》，建立双边货币互换协议

易诚，中国人民银行研究局副局长、研究员、经济学博士。本文载于《甘肃金融》2014年第4期。

网络。2010 年 3 月，清迈倡议实现多边化（CMIM），总规模为 1200 亿美元。2012 年 5 月，CMIM 资金规模扩大到 2400 亿美元，新增危机预防功能。2013 年 5 月，各方通过了 CMIM 修订稿。目前各方正在履行国内审批程序，并据此修订操作指引，增强 CMIM 可操作性。此外，2011 年 5 月，10 + 3 宏观经济研究办公室（AM – RO）作为 CMIM 经济监督机构开始运营，首任主任由中方担任。目前各方已就将 AMRO 升级为国际组织的协议达成一致，并各自履行国内程序。

二、推动建立区域投融资机构

2010 年 9 月，我国领导人首次正式提出设立上合组织开发银行（上合银行）的倡议。此后，上合组织各成员国领导人多次重申支持设立上合银行，绝大多数成员国积极响应该倡议。2013 年 10 月，习近平主席赴印尼出席亚太经合组织峰会时提出筹建亚洲基础设施投资银行（亚投行）的倡议。李克强总理在随后出席的东盟领导人系列会议上再次重申了这一倡议。建立区域投融资机构，促进我国与周边国家的基础设施建设，有利于加强我国与周边国家战略合作，促进和深化与周边国家经济合作，拓展经贸关系；带动国内企业走出去，消化国内富余产能；推动人民币国际化。

三、人民币跨境使用

跨境人民币业务政策框架基本建立。在目前的政策框架下，跨境人民币业务范围覆盖所有经常项目、对外直接投资、外商来华直接投资等，境内所有从事进出口货物贸易、服务贸易及对外直接投资、外商直接投资的企业均可自主选择以人民币进行计价、结算和收付。此外，陆续开展了境外机构投资银行间债券市场、境外项目人民币贷款以及人民币合格境外机构投资者境内证券投资（RQFII）、人民币和非主要国际储备货币的挂牌等业务，双边货币合作不断深化，人民币跨境循环使用渠道日渐顺畅。人民币在跨境贸易和投资中的使用进一步扩大。一是跨境贸易人民币结算业务保持较快发展。2013 年 1 至 12 月，全国共办理经常项下跨境人民币结算业务 4.63 万亿元，同比增长 57.6%，其中货物贸易结算金额 3.02 万亿元，同比增长 46.4%，占同期海关进出口总额的 11.7%。至 2013 年 12 月末，与境内发生人民币实际收付业务的境外企业所在国家和地区为 222 个。二是跨境投资人民币结算业务有序开展。2013 年 1 至 12 月，全国共办理人民币对外直接投资结算金额 856 亿元，外商直接投资结算金额 4481 亿元。截至 2013 年 12 月末，境外项目人民币融资已批贷项目金额 1041 亿元，贷款余额 402 亿元；除 QFII 试点机构外，共有 131 家境外机构获准进入银行间债券市场。三是境外机构在境内开立人民币账户个数稳步增加。截至 2013 年 12 月末，境内代理银行为境外参加银行共开立人民币同业往来账户 1954 个，账户余额 9196 亿元；境外企业在境内共开立人民币结算账户 13267 个，账户余额 728 亿元。

开展双边本币互换。2008 年以来，中国人民银行与香港、马来西亚、白俄罗斯、印尼、新加坡、乌兹别克斯坦、蒙古、哈萨克斯坦、泰国、巴基斯坦、阿联酋、土耳其、乌克兰等中央银行或货币当局及欧央行签署了 23 个双边本币互换协议，互换总规模超 2.5 万亿人民币。双边本币互换协议在维护金融稳定、便利我国与其他国家或经济体的双边贸易和投资方面发挥了积极作用。

促进双边本币结算。截至 2013 年末，人民银行共与 9 个国家的中央银行签订了本币结算协定，其中与越南、蒙古、老挝、尼泊尔、吉尔吉斯斯坦、朝鲜、哈萨克斯坦等 7 个国家的中央银行签订的为边贸本币结算协定，允许在我国与周边国家的边境贸易结算中使用双方本币或人民币；与俄罗斯和白俄罗斯 2 个国家中央银行签署的为一般贸易本币结算协定，允许在边境贸易和一般贸易中使用双方本币或人民币进行结算，降低了相关企业和个人的汇兑成本，规避了汇率风险，对促进我国与这些国家的经贸往来发挥了积极作用。

其他合作安排。一是签署跨境抵押安排。2013 年 11 月，人民银行与马来西亚央行签署了跨境抵押安排，为金融机构提供流动性，增强了市场信心，维护金融稳定。二是开展货币直接交易或挂牌交易。2010 年，人民币对马来西亚林吉特、俄罗斯卢布在全国银行间外汇市场挂牌交易。目前，我国与新加坡正在就开展直接交易进行磋商。2011 年以来，云南省开展了人民币对泰铢的银行间市场区域交易，山东、吉林、广西和新疆等地开展了人民币对韩元、越南盾、老挝基普、哈萨克斯坦坚戈等周边国家货币的银行柜台直接挂牌交易。三是关于清算行安排。继港澳清算行和台湾清算行安排后，2013 年2 月，人民银行授权中国工商银行新加坡分行担任新加坡地区人民币清算行。10 月，中新联委会第 10 次会议确定新加坡市场 RQFII 投资额度为500 亿元人民币，并承诺将在条件成熟时开展 RQDII 投资新加坡市场。2014 年 3 月 28 日，人民银行与德意志联邦银行签署在法兰克福建立人民币清算安排的合作备忘录，之后，将确定法兰克福人民币业务清算银行。

四、互设金融机构与项目融资合作

截至目前，我国包括工、农、中、建、交、国开行、进出口银行、中信银行及富滇银行等 9 家银行机构在包括俄罗斯、新加坡、越南等 14 个国家设立了 33 家机构，机构形式有子公司、分行、代表处。包括俄罗斯外贸银行公开股份公司、泰国开泰银行（大众）有限公司等 8 个区域内国家的 31 家银行机构在我国设立了 72 家机构，机构形式包括子公司、分行、代表处。

中资金融机构对“一带一路”沿线主要国家合作项目和基础设施建设提供了有力的金融支持。截至 2013 年 9 月末，国家开发银行在“一带一路”周边 29 个国家累计承诺贷款 1767 亿美元。截至 2013 年底，进出口银行对“一带一路”沿线国家贷款余额约 2461. 75 亿人民币，项目主要涉及交通、电力、能源、水利、通信等基础设施建设，高新技术产品、大型成套设备和机电产品出口，以及农林牧渔和矿产开发等领域。同时，配合信贷支持政策，国内金融机构积极开展了为相关合作国家提供战略规划咨询、项目策划、投融资顾问、风险管理为一体的综合性金融服务，以银行“走出去”推动企业“走出去”。

五、金融市场合作

开放银行间债券市场。截至 2013 年 12 月末，26 家获批投资银行间债券市场的境外央行中有十余家来自丝绸之路经济带地区，在推动我国债券市场对外开放的同时，也提升了人民币的知名度。

促进亚洲债券市场开放。EMEAP机制下的亚洲债券基金和10+3金融合作机制下的亚洲债券市场倡议分别从债券需求角度和供给角度尝试推动亚洲债券市场的发展。

亚洲债券基金（ABF）共分两期。ABF1成立于2003年6月，投资于8个EMEAP成员发行的主权与准主权美元债，初始规模为10亿美元。ABF2成立于2004年12月，投资于上述8个成员的本币债券，初始规模为20亿美元。ABF2下设泛亚债券指数基金和单一市场基金，规模各为10亿美元。与ABF1仅限于EMEAP成员进行投资不同，ABF2在基金运作一段时间后向公众投资者开放。人民银行积极参与了两期亚洲债券基金的发行和管理工作，2011年亚债中国债券指数基金成功实现转开放。亚洲债券基金通过引入区域债券指数以及各成员市场分指数实施被动式管理，在完善市场基础设施、提供方便和低成本的本地区债券市场投资工具、消除各成员市场障碍以及带动私人部门的示范效应等方面发挥了重要作用，促进了各成员本币债券市场的发展和开放。

亚洲债券市场倡议由泰国于2003年在10+3框架下提出，其宗旨是发展本地区债券市场，促进亚洲储蓄投资于本地区，为本地区经济发展服务。自启动以来，亚洲债券市场倡议在推动区域债券市场发展、促进债券品种和投资主体多元化、加强债券市场监管合作、完善债券市场基础设施等方面发挥了积极作用。2008年，10+3通过了亚洲债券市场倡议新路线图，以进一步促进本币债券的发行、需求和监管以及市场基础设施建设。2012年，区域信用担保与投资基金成立，初始总规模为7亿美元，为10+3国家的公司发行可投资级及以上的本币债券提供担保，促进本币公司债市场的发展。此外，目前各方还就成立多币种债券发行框架、区域债券清算中介等问题进行探讨。

论“一带一路”建设给人民币国际化创造的投融资机遇、市场条件及风险分布

保建云

“一带一路”建设，即丝绸之路经济带与海上丝绸之路建设，是新时期我国实施对外开放战略的重要举措，伴随着“一带一路”建设，人民币在沿路国际贸易和国际投融资领域使用范围和使用规模将不断扩大，依托于“一带一路”的人民币贸易圈和人民币货币区的构建和形成指日可待。丝绸之路经济带与海上丝绸之路建设为人民币国际化创造了难得的投融资机遇和市场条件，同时，也给人民币国际化带来了系统性与非系统性风险。如何抓住“一带一路”建设创造的投融资机遇和市场机会有效预防和控制可能出现的各种风险，是人民币国际化过程中必须面对的重要课题。

此前，已有文献从国际区域合作和贸易保护主义角度，对“一带一路”沿路部分国家和地区之间的区域合作与贸易发展问题进行了较为系统理论与实证研究。在当前的讨论中，有文献从国家战略、地缘战略和地理空间、角度研究丝绸之路经济带建设问题。也有文献从海洋战略、建设战略和博弈论、角度研究丝绸之路经济带建设问题。本文以相关文献为基础，探讨“一带一路”建设给人民币国际化创造的投融资机遇、国际市场条件和面临的风险问题，试图弥补现有文献的某些不足。

保建云，博士，中国人民大学国际关系学院教授，博士生导师。本文载于《天府新论》2015 年第 1 期。

一、“一带一路”建设为人民币国际化创造投融资机遇

丝绸之路经济带与海上丝绸之路建设不仅能够为中国与沿路国家的商品流通与金融合作提供良好的基础设施条件，也将为人民币国际化创造越来越多的投融资机遇。依托“一带一路”建设，在沿路各国贸易发展和金融合作的基础上推动人民币国际化，据此构建沿路人民币贸易圈和人民币货币区，符合沿路各国利益，也是区域经济一体化发展的必然趋势。如果没有一个互联互通的基础设施为保障，中国与沿路国家和经济体之间的商品流通规模与速度、要素配置范围与效率、使用人民币进行交易和结算的成本都必然受约束。

第一，海路港口与贸易通道建设创造的人民币国际化投融资机遇。海上丝绸之路沿路各国之间的海路贸易通道建设是海上丝绸之路建设的基础领域，主要包括对沿路的贸易港口和交通干线进行投资，提供港口的吞吐能力和交通干线的物流运输能力，在中国与东南亚、南亚、西亚非洲和欧洲之间形成便捷的商品运输网络。沿路的贸易港口和交通干线建设将产生巨大的投融资需求，为人民币国际化投融资创造机遇。

第二，陆路交通基础设施建设创造的人民币国际化投融资机遇。涉及两个领域，一是陆上丝绸之路经济带沿路各国之间的交通基础设施和贸易通道建设，二是海上丝绸之路沿路各国之间的陆路贸易通道建设。丝绸之路经济带沿路各国之间的陆路互联互通，主要是中国与中亚、南亚、西亚和东欧各国之间的陆上互联互通。海上丝绸之路沿路各国，除了斯里兰卡、马尔代夫等少数岛屿国家外，大多数国家或者经济体在陆地上联为一片，陆路贸易通道、交通及通信基础设施建设是海上贸易通道与基础设施建设的重要补充。如果没有沿路各国的陆路的互联互通，则海路互联互通也不可能发挥最大的贸易通道效应。陆路交通基础设施建设需要大规模的投资和人民币投融资业务。

第三，沿路各国内部陆港、空港、海港城市与经济中心城市的互联互通必然产生大规模的人民币的国际化投融资业务。丝绸之路经济带沿路各国的陆路和航空枢纽城市并不都是各国的经济中心城市。海上丝绸之路沿路各国的主要贸易港口虽然大多也是该国的重要经济中心，但除了新加坡、文莱、马尔代夫等较小规

模的经济体以外，大多数沿路国家都呈现出多中心特征。仅仅依靠交通枢纽城市之间的经济合作与贸易发展，不可能真正形成沿路各国之间的区域经济合作与贸易发展。

第四，沿路各国交通枢纽城市、经济中心城市与经济腹地、欠发达地区之间的互联互通需要大量的基础设施投资。推动沿路各国的交通枢纽城市、经济中心城市与广大经济腹地之间的互联互通，增加交通枢纽城市与经济中心城市对广大经济腹地的辐射带动作用，在较大的空间范围内实现生产要素的集聚配置，获得贸易发展导致的规模经济效应，是“一带一路”建设的一个重要功能。沿路各国内部交通枢纽城市经济中心城市与经济腹地之间的交通、通信和贸易基础设施网络建设，也将对人民币投融资产生巨大的需求。

第五，“一带一路”沿路国家与非沿路国家之间的互联互通所需的基础设施投资，也创造了人民币国际化投融资机会。事实上，“一带一路”建设是一个动态的过程，不仅将对沿路国家之间的贸易与合作产生影响，也必然影响到沿路国家与非沿路国家之间的贸易与合作。“一带一路”沿路国家与邻近国家之间的互联互通，有利于推动中亚、西亚、东南亚、南亚、北非和东欧各国之间的双边与多边区域经济合作，发挥“一带一路”建设的影响和扩散效应。

简言之，在“一带一路”建设过程中，沿路国家之间贸易的海路通道、陆路通道、交通枢纽与内地城市的互联互通、中心城市与经济腹地之间的互联互通、沿路国家与毗邻国家之间的互联互通，不仅为“一带一路”沿路各国及毗邻地区之间的贸易发展、为以人民币为主要贸易结算单位的贸易圈的形成创造公共产品供给与基础设施条件，同时，也为人民币国际化创造了更多的投融资机遇。

二、“一带一路”建设为人民币国际化创造良好的国际分工与合作条件

随着“一带一路”沿路各国之间海路贸易通道与陆路贸易通道的建设和完善，在沿路各国、各个经济区域之间形成分工合作关系，将为沿路人民币贸易圈的形成创造国际分工与跨国合作条件。“一带一路”沿路各国在资源禀赋、人口

规模经济发展程度、经济结构、历史文化背景等多个方面都存在着差异，“一带一路”建设为各国各经济区域充分发挥本国、本地区的比较优势，特别是禀赋比较优势，创造了基础设施条件，不仅扩大了各国的商品流通范围，也扩大了各国要素的市场化配置范围，更大的市场规模和要素配置空间范围则为各国之间的专业化分工合作创造条件，也为沿路人民币国际化创造了国际分工与合作的条件。

第一，沿路各国之间的专业化分工市场网络日益稠密，为人民币国际化创造了市场网络条件。“一带一路”沿路各国可以充分利用贸易通道建设带来的区域内部商品流动便利化条件，充分发挥自身比较优势，构建具有本国比较优势的特色产品与特色产业体系，参与沿路各国之间的产业分工，获得国际分工的比较经济效益。在其他条件不变的情况下，一个国家或者一个地区内部的分工网络稠密程度受到该国所拥有的市场规模制约。市场规模越大，意味着各国之间的分工网络越稠密，来自国家之间的专业化分工收益和规模报酬收益也越为显著。

第二，沿路各国之间的专业化分工地理空间范围日益广阔，为人民币国际化创造了广阔的地理空间。“一带一路”的建设过程，就是一个沿路各国之间的市场融合与市场一体化过程，也是各国专业化分工的空间扩散过程。丝绸之路经济带沿路各国分布在亚欧大陆核心地带，特别是中亚五国、外高加索三国和东欧各国的地理区位和战略地位在整个欧亚大陆中居于核心枢纽地位。海上丝绸之路沿路各国跨越太平洋西岸、印度洋北岸和西岸、红海和地中海沿岸。通过贸易通道及相关基础设施的建设，沿路各国的商品流通的地理空间范围将不断扩大：由于商品跨国流通速度提高和成本下降，各国商品流通的地理空间范围将沿“一带一路”进一步延伸；随着沿路各国贸易通道和交通通信基础设施的完善和体系化，一些原先只在各国国内流通的商品将进入国际市场，一些非市场化产品将实现市场化，使得各国之间专业化分工的地理空间范围不断扩大。

第三，沿路各国之间的产业分工程度日益深化，为人民币国际化创造了国际分工环境。海上丝绸之路各国在贸易通道建设的影响下，能够形成各具特色的沿路各国之间的产业分工体系，不同产业之间的跨国分工和同一产业内部上下游生产部门之间的分工会不断深化。海上丝绸之路各国的地理区位、经济发展基础、禀赋条件、社会文化环境存在着较大差异，各国在产业发展和同一产业的不同流程方面的比较优势各不相同。海上丝绸之路建设能够打破一些国家或者经济体内部的封闭式产业发展和低水平产业发展循环，推动各国之间的产业分工，促进沿路各国之间的产业分工体系的形成，同时也促进各国在同一产业链条中的产业内分工。海上丝绸之路各国之间产业分工体系的形成与产业内分工程度的提高，为沿路各国之间的区域内贸易与产业内贸易创造了难得的产业分工条件。

简言之，“一带一路”建设有利于沿路各国之间的专业化分工体系的形成和深化，而且也为沿路各国之间的区域合作创造了基础设施条件和相关制度工具，为“一带一路”沿线人民币贸易圈的形成和发展准备了市场专业化分工与区域合作条件，为人民币国际化创造了良好的国际分工合作环境。中国是“一带一路”建设的主要发起国、出资国和“一带一路”上最重要的经济大国与贸易大国，作为中国为沿路各国提供公共产品服务的重要内容，为沿路各国专业化分工与区域合作提供人民币交易和投融资工具与平台，将有力地推动人民币的国际化进程。

三、“一带一路”建设给人民币国际化带来风险及其分布

我国在推动“一带一路”建设过程中，能否充分发挥人民币投融资及国际化的比较优势，还面临着多种因素的影响和制约，也面临着各种类型的风险。如何有效控制风险，是我国面临的一个重要挑战和课题。本文中的风险是指“一带一路”建设过程中面临的各种阻碍因素和不确定性的统称，涉及经济、政治、安全、环境、文化等多方面内容。具体而言，“一带一路”建设给人民币国际化带来的风险主要涉及六方面内容。

第一，经济增长不确定性与市场竞争为人民币国际化带来的不确定性市场竞争风险。丝绸之路沿路各国的资源禀赋、经济发展水平、产业及市场结构存在着显著差异，我国企业进入这些国家从事基础设施建设和其他经济活动时，如果不能够适应当地的市场环境，则有可能面临经营风险。各国政府之间的合作是丝绸之路经济带建设的重要制度保障，但各国政府行政效率和信用能力存在着显著的差异，有的国家不仅政府办事效率低，而且信誉与信用水平不高，必然给进入这些国家的中国企业经营活动带来消极影响和风险。丝绸之路经济带建设面临的经

济风险主要涉及两个领域：一是参与建设的企业面临的市场经营风险。丝绸之路沿路各国，特别是中亚和西亚的一些内陆国家，市场发育程度低，市场监管能力弱，必然增加参与丝绸之路经济带建设企业的市场风险。二是违约风险，包括企业违法风险与政府违约风险，也就是参与建设的国家的企业与政府违反合约导致的成本损失和不确定性风险。

第二，政治稳定性与政策变动可能为人民币国际化带来的政治风险。所谓政治风险，是指丝绸之路经济带建设过程中，由于各国政治制度、政治活动导致的不确定性及其相关成本。“一带一路”沿路各国，特别是中亚、西亚的一些国家，政治制度多样，政治稳定性相对低，政党政治不规范，时有政治事件和政治骚乱发生，必然影响各国之间的经济合作与经济发展。政治风险在六类地区表现较为显著：一是中亚五国，即哈萨克斯坦、乌兹别克斯坦、塔吉克斯坦、吉尔吉斯斯坦和土库曼斯坦。该五国与我国地理毗邻，是古丝绸之路的战略要冲。中亚五国的政治制度以强势总统制为突出特点，政治强人政策偏好变化对政治经济活动的影响较大，如果出现政治强人更替，很可能导致相关政策的变化。例如吉尔吉斯斯坦曾经出现的颜色革命就对中吉两国的双边合作产生了消极影响。二是外高加索三国，即格鲁吉亚、亚美尼亚和阿塞拜疆。格鲁吉亚与俄罗斯之间存在的边界和意识形态冲突，亚美尼亚与阿塞拜疆之间存在的飞地领土冲突，很可能对双边和多边经济合作产生消极影响。三是南亚地区的印度、巴基斯坦和阿富汗三国。印度和巴基斯坦之间存在着克什米尔领土争端，阿富汗有美国驻军且政局不稳，也给跨国区域合作带来较大的政治风险。四是西亚地区的伊朗、伊拉克、叙利亚和土耳其四国。该四国内部和外部都不同程度存在着各种教派和民族冲突，增多了跨国区域合作的政治风险和成本。五是东欧地区乌克兰与俄罗斯的领土冲突和战争，欧盟和北约成员国与俄罗斯之间的外交与地缘政治矛盾。六是东南亚、南亚、西亚和北非地区的航行安全与海盗风险。

第三，生态变迁与环境破坏给人民币国际化带来的环境风险。丝绸之路经济带由欧亚大陆上处于不同地理区位、自然环境各异的多个经济体组成，生态环境差异较大，不少地方是生态环境脆弱地区，例如中亚和西亚存在大量的沙漠和干旱缺水地区，生态环境保护的压力较大。丝绸之路经济带建设涉及道路与通信系统、贸易网络和能源通道建等基础设施建设，还涉及矿产资源、能源与原材料资源的开发利用，必然对当地的生态环境产生消极影响。“一带一路”建设面临的环境风险包括三个方面：一是生态脆弱地区的经济开发风险，例如中亚沙漠和干旱地区的能源开发导致的水资源短缺、环境承载力下降等风险；二是能源开发的环境约束，例如中亚和西亚地区作为全球重要的化石能源基地，以石油、天然气为重点的能源开发受到环境的约束，大规模开发会对本地区的生态环境产生破坏性影响；三是原材料和矿产资源开发面临的环境约束，中亚、南亚和西亚地区是重要的矿产地区，以铁矿、铜矿和贵金属为重点的矿产资源开发也面临着生态环境约束。

第四，安全与利益冲突给人民币国际化带来的安全冲突风险。“一带一路”沿路各国都不同程度受到暴力恐怖主义、民族分裂主义和宗教极端思想的影响，存在着各种类型的恐怖组织和宗教极端组织，对沿路各国的政治稳定和社会安全构成威胁，也直接影响到丝绸之路经济带的形成和发展。丝绸之路沿路各国的安全风险突出表现在四个方面：一是暴力恐怖主义威胁沿路多国民众生活和经济建设。例如阿富汗地区持续多年的暴力恐怖活动，中亚地区费尔干纳盆地存在的暴力恐怖活动，对当地的经济活动和投资具有明显的消极影响。二是极端民族分裂势力威胁沿路各国的国家统一与民族团结，成为制约当地经济发展的障碍。例如，2014 年 2 月巴基斯坦俾路支民族分裂主义武装分子炸毁了三条由俾路支省输往人口密集的旁遮普省的天然气管道，导致数百万居民的天然气供应中断；俄罗斯外高加索的车臣地区持续多年的民族分裂运动成为阻碍该地区经济建设力量；我国南疆地区外部存在的民族分裂势力的破坏性影响，等等。三是极端宗教思想蔓延成为阻碍本地区经济发展的重要制约因素。例如中亚地区存以泛伊斯兰主义和泛突厥主义为突出表现的“双泛”极端宗教思想和势力，是影响本地区各国之间及各国与中国之间区域合作的重要破坏性力量。阿富汗、巴基斯坦和西亚地区也活跃着各种各样的宗教极端势力，阻碍本地区发展与进步。四是传统文化和意识形态冲突对本经济带经济造成的消极影响。“一带一路”各国分布着具有不同历史文化传统和意识形态的民族，有的民族之间存在着历史恩怨、文化与意识形态冲突，例如伊斯兰文化民族和基督教、东正教文化民族之间的差异和冲突，阿拉伯文化民族与波斯文化民族、突厥文化民族之间的差异和冲突，都成为影响本地区安全与稳定的消极因素。

第五，货币与金融不稳定给人民币国际化带来的金融市场波动风险。“一带一路”沿路各国，除了中国、印度、俄罗斯、土耳其作为较大的新兴经济体经济发展水平相对较高外，大多数国家的经济发展水平有待进一步提高，货币币值不稳定，金融机构抗风险能力弱，容易产生货币信用与金融风险。丝绸之路经济带建设中面临的货币与金融风险在三个领域最为显著：一是汇率波动风险。中亚西亚和东欧的一些经济规模小、产业结构单一的经济体，容易受到世界经济与国际金融市场波动的影响，本币汇率波动频繁，容易产生汇率波动风险。二是信贷违约风险。大规模的基础设施建设需要大量的资本投入和良好的信用保证，在形成良好信用担保制度以前，丝绸之路经济带沿路各国的政府和企业都可能出现信用违约现象，导致一系列的违约风险。三是货币贬值风险。小规模经济体的货币很容易受到本国经济增长变化和国际金融市场波动的影响，也更容易成为国际流动资金的投机对象。

第六，外部力量干预可能给人民币国际化带来的系统性与非系统性风险。“一带一路”建设必然影响到欧亚地区的地缘政治经济格局调整，影响到全球主要大国权力与利益配置，导致主要大国和利益集团的利益博弈。实际上，在2013年习近平总书记提出建设丝绸之路经济带倡议以前，已经有日本、美国、俄罗斯、印度、欧盟、伊朗、哈萨克斯坦等国提出了与丝绸之路经济带相关的发展战略和构想。例如，1997年，日本提出了丝绸之路外交战略；2002年，俄罗斯、伊朗和印度提出了北南走廊计划；2009年，欧盟提出了新丝绸之路计划；2011年，美国提出了新丝绸之路战略；2011年，伊朗提出了铁路丝绸之路计划；2012年，哈萨克斯坦提出了新丝绸之路项目。丝绸之路经济带建设面临各种政治经济力量的战略与政策博弈态势。当前，中亚地区作为丝绸之路经济带建设的关键地区，已经成为全球主要大国和政治经济力量的战略博弈之地。美国和北约以反恐战争名义深度介入阿富汗事务并长期驻留军事力量，俄罗斯作为前苏联遗产的主要继承者，始终把中亚地区视为自己的特殊利益区，欧盟试图通过能源战略介入中亚事务，土耳其和伊朗则凭借民族、宗教和地理区位优势积极介入中亚事务，巴基斯坦、印度、日本等也积极介入该地区政治经济事务。外部力量的干预，加上本地区各国的政治经济利益的不完全一致性，必然增加丝绸之路经济带建设的外部干预风险。

简言之，“一带一路”建设面临着市场竞争的不确定性、政治稳定性与政策变动、生态变迁与环境破坏、安全与利益冲突、货币与金融、外部力量干预等多方面的风险，这些都直接对人民币国际化产生影响并增加人民币国际化投融资的风险。

四、结论

“一带一路”建设是一个长期的历史过程，涉及大国关系和地缘政治的调整与重构，还涉及沿路各国、各地区的民族、宗教和传统文化的适应和调整问题，使得依托于该区域的人民币国际化面临着市场竞争的不确定性、政治稳定性与政策变动、生态变迁与环境破坏、安全与利益冲突、货币与金融、外部力量干预等多方面的风险。如何有效控制面临的各种系统性与非系统性风险，需要沿路各国相互协调与配合，推动本地区的互联互通与一体化发展。随着“一带一路”建设的推进和人民币国际化程度的不断提高，我国需要积极倡导和推动亚洲自由贸易区（Asia Free Trade Area，AFTA）和亚洲经济共同体（Asia Economic Community，AEC）建设，在适当时期启动中非自由贸易区（Free Trade Area of the China – Africa；FTACA）和中欧自由贸易区（Free Trade Area of the China – Europe，FTACE）的谈判进程，进一步推动“一带一路”建设和人民币国际化迈向更高的层次和水平。

“一带一路”人文交流：重大意义、实践路径和建构机制

孙存良　李宁

两千多年前，中国汉代张骞两次出使西域，开辟出横贯东西、连接欧亚的陆上丝绸之路。此后，随着古代航海业的不断发展，中外之间的海上贸易运输日益兴起，又逐渐形成海上丝绸之路。这两条丝绸之路不仅是古代东西方商贸往来的重要通道，也是古代东西方文化交流的重要纽带。诞生于中国的四大发明为欧洲文明的发展作出了贡献；印度的佛教、西方的基督教、中亚的伊斯兰教等也在中国落地开花。西域文化对唐朝产生了很大影响，唐玄奘“西天取经”，推动了唐朝与西域和印度的交流。明代郑和七下西洋则传播了中华文化，通过海上丝绸之路与南亚、西亚、欧洲和北非进行经济和文化交流。丝绸之路促进了多种宗教的传播和交流。佛教、琐罗亚斯德教、基督教、摩尼教和道教都曾在丝绸之路沿线地区进行传播。2013 年 9 月，国家主席习近平访问中亚时，首次提出共建地跨欧亚大陆的“丝绸之路经济带”；随后，又在访问印度尼西亚时，提出共建“21 世纪海上丝绸之路”，这即是“一带一路”战略（“丝绸之路经济带”和“21 世纪海上丝绸之路”的简称）的发轫。“一带一路”是世界上跨度最长的经济大走廊，发端于中国，贯通中亚、东南亚、南亚、西亚乃至欧洲部分区域，东牵亚太经济圈，西系欧洲经济圈。习近平主席提出的这一战略构想，借用古代“丝绸之

孙存良、李宁，国防大学马克思主义教研部、国防大学研究生院。本文载于《国际援助》2015 年第 1 期。

路”的历史符号，高举和平发展的旗帜，积极主动地发展与沿线国家的经济合作伙伴关系，共同打造政治互信、经济融合、文化包容的利益共同体、命运共同体和责任共同体，得到了相关国家的高度重视和积极响应，赢得了广泛的共鸣。党的十八届三中全会《决定》，明确提出了这一战略构想。中央经济工作会议等其他重要会议和政府工作报告也作了具体部署。人文交流无疑是建构国家间关系的一项长期的基础性工作，其本身也是“一带一路”发展倡议的主要内容之一。党的十八大报告把人文交流放在更高的战略地位，明确提出扎实推进公共外交和人文交流。在“一带一路”进一步深化合作的大背景下，为了实现各个领域的密切合作，“必须得到沿线各国人民的支持，必须加强人民友好往来，增进相互了解和传统友谊，为开展区域合作奠定坚实民意基础和社会基础”①。通过人文先行，争取民心，增强沿线国家的命运共同体意识，夯实双方关系的社会土壤，深入推进“一带一路”建设的务实合作。

一、“一带一路”人文交流的重大意义

古代陆上、海上丝绸之路传递的不仅有中国的丝绸和瓷器、西域的苜蓿和葡萄、南亚和东南亚的奇珍异宝、欧洲的玻璃和雕塑，还有各地的音乐、绘画、舞蹈、宗教，以及甘英出使大秦、马可波罗访问元朝、郑和下西洋等中外交流创举，为当时不同种族、不同民族、不同国家之间的经济互通、人文沟通交流创造了条件。我国的“一带一路”合作倡议将丝绸之路延续千年的经济、文化、商贸友好交流传统继承下来并赋予新的时代含义，为各国间的人文交流提供了一个广阔的舞台。

“一带一路”将推动参与国家和地区的科技资源共享和智力支持。中亚地区拥有苏联时期航空航天、精密机械等方面丰富的科技文化遗产，时至今日某些技术装备仍位居世界先进行列，但中亚地区自身工业结构、市场需求等因素使这些技术装备长期处于尘封状态，而“一带一路”将东亚至欧洲的广大地区联系起来，巨大的市场空间和技术合作潜力必将使这些科技遗产重新焕发活力；欧洲城

① 《习近平谈治国理政》，外文出版社 2014 年版，第 290 页。

镇化建设经验、生态技术、精密制造等方面对我国经济建设的推动作用较大，但目前欧洲先进技术、优秀人才进入中国还存在不少障碍，“一带一路”为中欧技术交流合作提供了广阔的中间过渡地带；中东国家的节水农业、印度的信息产业等技术优势也比较明显，合作交流的潜力巨大。另外，随着“一带一路”经贸往来的频繁，各类高校、研究机构、企业间的学术交往、人才交流、技术合作等也将日益加强，为科技创新和人才培养提供了丰富的土壤。

“一带一路”将推动我国和沿线国家宗教和思想文化的传播。“一带一路”沿途是多民族、多宗教聚集区域。古代“四大文明古国”诞生于此，佛教、基督教、伊斯兰教、犹太教等也发源于此。“一带一路”将通过经贸合作来带动宗教传播，必将在各民族、宗教文化相互碰撞、融合中扮演重要角色。借助于“一带一路”理念并通过华人在沿线国家的流动间接进行着中国儒家思想的民间传播，我国的文化传统始终坚持“己所不欲，勿施于人”“以礼相待”等为人处世的基本道德原则，因而平等友好、互惠互利是古代陆上、海上丝绸之路对外交往活动的主旋律，“一带一路”的构建必将使以“己所不欲，勿施于人”为代表的中国优秀传统文化更大范围地走向世界，使之与和平共处五项原则一样，成为增强各国互信、维护世界持久和平的重要原则。

“一带一路”将推动欧亚大陆的文明多维交融。塞缪尔·亨廷顿在其著作《文明的冲突与世界秩序的重建》中提到，“西方国家的普世主义日益把它引向同其他文明的冲突，最严重的是同伊斯兰和中国的冲突；在区域层面的断层线上的战争，很大程度上是穆斯林同非穆斯林的战争，产生了‘亲缘国家的集结’和更广泛的逐步升级的威胁，并因此引起核心国家努力地制止这些战争”①。看看近期以美国为首的西方世界与伊斯兰世界的冲突，再回想一下盛唐时期穿梭于丝绸之路的汉人、胡客、西域僧侣、大食客人等，那种多元文明的融洽与共生，勾勒出一幅全球多民族友好交流的盛卷。从这一点，也可以看出儒家思想的包容精神。今天，“一带一路”欧亚大陆沿线或周边国家多信奉伊斯兰教，但近些年

① ［美］塞缪尔·亨廷顿著：《文明的冲突与世界秩序的重建》（周琪等译），新华出版社 2010 年版。

来，中亚出现了极端宗教势力、民族分裂势力和国际暴力恐怖势力等“三股势力”，不仅造成伊斯兰文明与西方文明的直接冲突，也间接影响到中国国内的伊斯兰宗教信仰，造成“疆独”分裂势力的猖狂。“一带一路”理念的倡导与实践，将通过贸易的互通寻求精神世界的和解。在促进经济交流过程中实现天下大同的中国儒家理念，倡导多元文化并存、和而不同的世界文明格局，这将是中华文明对世界多维文明融合的积极贡献，再次恢复古丝绸之路文明多元共荣共生的世界景观，从而在实践上证明中华文明传播倡导和而不同、海纳百川、有容乃大的精神境界，与塞缪尔·亨廷顿所说的“文明的冲突”形成鲜明对比。

二、“一带一路”人文交流的实践路径

2013 年 10 月，习近平在周边外交工作座谈会上指出，为“巩固和扩大我国同周边国家关系长远发展的社会和民意基础……要全方位推进人文交流”①。吉尔吉斯斯坦文化、信息和旅游部原部长苏尔丹拉耶夫认为，没有人文合作的发展，很难实现经济合作的进步，希望通过人文桥梁，促进丝绸之路国家间合作的复兴。中国与“一带一路”沿线各国的人文交流既要秉承传统，又要围绕全球共融的时代和人类文明发展潮流突出自身特色，另辟路径，打开欧亚人文“丝绸之路”交流的新局面。“一带一路”沿线各国将进一步加强和丰富在人文领域的合作，内容包括志愿者服务，体育交流，互办艺术节、电影展和图书展，共建联合实验室及研究中心等，帮助缓解这些国家青年人的就业和创业压力。

一是文化合作与交流。除了文艺展演、影视交流、新闻出版合作等传统文化领域交流外，还要围绕“一带一路”功能特点，发挥中央主导和地方作为两个作用，共同推动“一带一路”文化合作与交流。加强顶层设计和战略部署，推动政府间文化交流与合作深入发展。发挥现有丝路品牌工作成果优势，精心打造新的文化交流品牌。整合中西部省区的独特资源，形成建设“一带一路”的合力。要组织系列“丝绸之路”文物展活动，深入挖掘丝绸之路的灿烂文化和宝

① 《习近平：让命运共同体意识在周边国家落地生根》，参见新华网，http：//news.xinhuanet.com/2013－10/25/c_117878944.htm。

贵精神，传承丝绸之路友谊，弘扬丝绸之路精神，促进不同种族、不同文化的国家共享和平、共同发展。发挥地方政府作用，对地区的文化交流资源进行深度挖掘，并围绕丝路历史上的人文事件进行资源整理，举办丝路文化联展，加深彼此国家民众对古代双方文化交流的全面了解。深化地方政府同沿线国家、地区文化互访、交流，举办文化活动，发展文化贸易，实现文化资源互通共享。

二是教育合作与交流。要完善中国同沿线国家人文教育交流合作平台，加强人文和教育互联互通，建设软环境平台。建立长期稳定的教育人文合作机制，并使其机制化，而且要官民并举，促进人文教育交流合作长期稳定发展。完善配套政策，投入保障资金，特别是在学生和学者的学习交流方面。大力开展外语教学、双语教学和多语种教学，促进文化交流和理解。继续在沿线国家开办有“一带一路”特色文化标识的孔子学院。扩大对外教育交流的力度，通过实施各项“留学中国计划”，扩大外国学生来华留学规模。比如，中方倡议建立中国—东盟留学生联谊会，双方要落实2020年把互派留学生规模扩大到10万人的双十万计划，让更多青年参与到地区合作交流中来，使中国—东盟睦邻友好薪火相传。积极开展各种类型的职业技术教育和培训项目，大力促进人力资源能力建设。积极开展校际交流和联合科研，共建实验室和研究机构。

三是打造“一带一路”智库。智库交流是中国与“一带一路”沿线国家人文交流的重要组成部分，同时又在推动各方人文交流中发挥作用。可建立各类“丝绸之路研究院”的智库，为政府“一带一路”合作决策提供建议，在有争议的问题上提供建设性的方案；运用智库间合作机制不断促进相互交流，在这一框架下，开展定期互访，共同举行研讨会，派遣人员进行访问研究。特别要加强青年研究人员的互动与交往，对于维系和加强“一带一路”人文交流意义更大。智库还可利用专业知识引导媒体发挥积极作用，引领社会思考，在增进民众对“一带一路”国家间关系与政策选择的理解方面发挥重要的作用，夯实国家间人文交流的民众基础。

四是华人华侨的独特作用。华侨华人是推动“一带一路”建设不可或缺的独特力量，能在其中发挥独特作用。“一带一路”建设，特别是海上丝绸之路建设，与东南亚各国的华侨华人息息相关。“一带一路”建设不拘泥于经济领域，在教育、文化等方面，华侨华人都能发挥独特作用，国务院侨办可在博鳌亚洲论坛框架内举办华商和华人智库圆桌会，参与“一带一路”建设。此外，国务院侨办还可举办“世界华侨华人工商高峰会”，以及参加在印尼举行的世界华商大会等，通过此类平台，宣传、推介“一带一路”发展构想。

五是丝绸之路特色旅游。2015 年 1 月 8 日，“美丽中国—2015 丝绸之路旅游年”在古丝绸之路起点陕西西安启动。旅游业作为开放性、综合性产业，再一次走在国家战略的前沿，凭借先联先通的独特优势，为“一带一路”的落地营造氛围，积聚人气。2014 年 11 月 8 日，习主席在加强互联互通伙伴关系会上进一步指出，“应该发展丝绸之路特色旅游，让旅游合作和互联互通相互促进。”为此，国家旅游局将 2015 年中国旅游主题年确定为“美丽中国—2015 中国丝绸之路旅游年”，口号确定为“游丝绸之路，品美丽中国”，“新丝路、新旅游、新体验”。丝绸之路是中国旅游最具有代表性的品牌之一，拥有很高的国际知名度和影响力，其沿线地区历史悠久，文化灿烂，旅游资源富集。人人都能参与其中的精神体验和经济消费活动，它在营造社会氛围，达成发展共识方面，有着无可替代的催化作用。

六是通过民间外交讲好“中国故事”。党的十八大报告指出：“要扎实推进公共外交和人文交流，加强民间团体的对外交流，夯实国家关系发展社会基础。”民间外交作为“一带一路”国际交流的一种重要补充形式，是一种立足长远、积极主动的行为。打好“特色牌”，“请进来”展示成果，讲好“中国故事”，“走出去”开展交流，有效推进地方民间外交。在交往过程中，通过高级别人员会见，组织相关业界人士座谈，参观地域性特产业、教育、文化、医疗、卫生等，以事实为依据把真实、蓬勃发展的新气象全方位、多角度地展示给世界，让世界更好地了解中国和中国特色。

三、“一带一路”人文交流的构建机制

充分调动中国所具备的软实力资源，通过机制化的形式构建有效的人文交流机制成为新形势下对外发展的必然，通过机制化的手段提升人文交流的能力和水平，也是更好地实现并维护“一带一路”利益共同体的方式。

一是建立文化教育部门相关领导定期会晤机制。举办“一带一路”各国的文化交流论坛，从制度和政策层面把握文化交流合作的态势及走向；同时在中国建立专门的丝绸之路文化交流中心，并设置专门研究多边文化交流合作问题的机构，为彼此的文化交流合作给予理论上的指导。

二是建立“一带一路”高级别人文交流对话机制。在高级别人文交流对话机制会议上，双方可就沿线国家教育、科技、文化、体育以及媒体和青年等领域的合作进行商讨，签署谅解备忘录、联合公报等协议、文件。通过扩大双方人员经常性往来，循序渐进，为双方各层次、各领域相互理解、相互学习创造更多机会和条件。通过更系统和制度化的规划，双方人文交流的内容将更加丰富，交流层次和质量效果也会进一步提升，我国和“一带一路”沿线国家关系将得到进一步深化和拓展。

三是建立中外智库交流合作长效机制。智库是“二轨外交”的重要推动者，在对外关系中发挥着巨大作用，作为一个独立于政府之外的政策研究机构，它通过影响议程设置，传播政策理念，从而对国内、国际政策具有重大影响力。我们应进一步明确智库在推动“一带一路”人文交流上所发挥的巨大作用，增强双方智库之间的沟通与了解。强化中国智库同世界各国相关智库之间的沟通与合作，并积极探索各国智库间交流合作的长效机制，从而使我们在人文交流合作中更具主动性、策略性和有效性。

四是加强人文交流高层磋商机制的建设。“一带一路”人文交流涉及的领域广泛，内容具体，时效性长，对所系国家人民影响深远。因此，应将人文交流高层磋商机制纳入到中国与“一带一路”沿线国家战略对话的机制中，从而使中国与所系各国沟通协商的基础更加广泛与深厚，实现真正意义上的互信互通。这需要将这一机制以常态化的形式延续下去，甚至可以考虑通过法律法规的形式加以保障。“一带一路”人文交流磋商可能会涉及双方的核心价值观以及意识形态上的一些问题，我们在这方面不应该采取避而不见、与之抗争等过于消极的或激进的态度。而是应该更好地利用这种机制，发挥它的能动性，在合作交往中争取更大的主动权。

五是建立多层次、多渠道、全方位的旅游合作交流机制。通过举办“丝绸之路”旅游年，进一步深化“丝绸之路”沿线国家旅游合作。以“丝绸之路”为纽带和桥梁，集中推广“丝绸之路”沿线悠久的历史、灿烂的文化和丰富的旅游资源，有利于形成密集强大的宣传攻势，强化聚合效应，可以进一步推动中国与东南亚、南亚、中亚、东北亚等众多区域交流与合作，激发国际旅游业界和入境游市场对“丝绸之路旅游”的向往和热情，建立互联互通的旅游交通、信息和服务网络，加强区域性客源互送，实践旅游合作与互联互通建设相互促进，让世界更好地了解“美丽中国”。对此，各地区要加快推进多层次、多渠道、全方位的旅游合作交流机制建设。

人文交流：海上丝绸之路建设不可或缺的内容

赵明龙

人文是指人类社会的各种文化现象，是人类文化中的核心部分。我们通常所说的人文，大体可包括科技、教育、文化、卫生、旅游、新闻出版、学术交流民族民间文化交流等。中国与东盟人文交流历史悠久，共同为创造世界文明做出了重要贡献。面对21世纪共建海上丝绸之路，双方应充分发挥人文交流作用，进一步加强和扩大中国与东盟人文交流与合作，为推进海上丝绸之路建设提供人文支撑。

一、加强和扩大中国与东盟人文交流的作用和意义

1. 加强人文交流有利于增强丝绸之路文化自信和复兴

早在汉代以前，发端于中国的陆上和海上丝绸之路，成为承载中国与东盟经贸人文往来的友谊之桥，海上丝绸之路的开通，对世界文明做出了重大贡献。中国南方沿海通过海上丝绸之路和西南、中南半岛陆路丝绸之路与中国和东南亚国家的人文交流，催生了中国和东南亚国家的古老文明，丝绸之路不仅成为推进中国与东盟商贸繁荣的纽带，而且也是播种友谊，传承文明的重要桥梁。当今在构建21世纪海上丝绸之路中，人文交流充当了当代中国—东盟的文明在国际政治舞台上自信和复兴的有效途径，并成为中国与东盟国家和平崛起所依托的文化基

赵明龙，广西社会科学院民族研究所所长、研究员。本文载于《东南亚纵横》2014年第11期。

础。从某种意义上说，21 世纪海上丝绸之路能否建成，关键在于人文交流与合作能否取得突破。

2. 加强人文交流有利于中国与东盟国家及民众增信释疑

缺乏互信缘于双方缺少沟通和相互猜疑。当今世界，中国和东盟都是亚洲经济发展最具活力的地区，同时也是热点敏感问题频发的地区，尤其是南海问题，已成为影响中国和东盟共同推进 21 世纪海上丝绸之路建设的障碍。如何妥善解决双方彼此间的争议和矛盾，是我们面临的重大课题和难题。而要破解这一课题，关键在于坚持相互尊重求同存异、面向未来合作共赢的原则，用东方智慧来化解矛盾，解决问题，促进和谐。而要实现这一目标，需要人文的力量。因为双边人文交流，是促进双方互相了解的重要纽带，也是沟通感情的重要渠道，更是缩小中国与东盟民族心灵间的距离的重要途径。只有双方多沟通，才能消除误解；只有双方多交流，才能化解矛盾。因此，加强和扩大中国与东盟国家的人文交流，在构建 21 世纪海上丝绸之路中显得非常重要和迫切。

3. 加强人文交流可为中国与东盟经济合作搭台唱戏

国际间的文化交流，是促进交流双方或多方文化发展的重要动力，是解放生产力的有力的手段，是推动社会前进的动力，其意义极其重大。就中国与东盟而言，人文交流可为中国与东盟多边的互联互通、物流、商贸、旅游、投资产业合作等注入文化基因，沟通人心，培育人文精神，为开展海上丝绸之路合作扫清思想障碍，铺设新法律新政策新制度。当前，东盟一些国家对中国提出的构建新世纪海上丝绸之路产生怀疑，对中国的和平崛起产生怀疑，影响经济合作和共建海上丝绸之路。在这种情况下，双方更应该通过加强和扩大人文交流，研究古代海上丝绸之路对东盟国家的影响及世界文明的影响，以史为鉴，就构建海上丝绸之路的可行性建设目标和实施方案等开展相互讨论磋商，求同存异，以增强投资合作共谋发展互利共赢的信心，携手共建新世纪海上丝绸之路，推进中国东盟自由贸易区升级版建设进程。

4. 加强人文交流有利于中国与东盟相互学习与借鉴现代文明

中国与东盟各国不仅在古代的历史长河中创造了各自传统优秀文化，丰富了世界文明，而且在当今也创造了多彩的新文明，共存于全球化世界文明当中。这些文明不仅是中国和东盟国家人民共同的重要精神财富，而且也是世界文明的重要成果。当今，在全球一体化中，各种文明在相互影响中相互融合演进，各类文明因多样才有交流互鉴出彩的价值，这些文明是推动世界发展的精神动力，中国与东盟应珍惜各自创造的文明，并应继续学习借鉴世界先进经验。同时，中国与东盟之间也应该相互学习借鉴各自的文明，相互学习相互借鉴相互促进，摒弃文明冲突的思维，促进文化交流交融，传承和发扬讲信修睦的文化传统，坚持相互尊重协商一致照顾各方舒适度，鼓励不同国家文化交流互鉴，和谐共存，以文化互鉴凝聚理念共识，为推进世纪海上丝绸之路建设，构建和平繁荣的亚洲注入新智慧新动力。

二、努力推进中国与东盟的人文交流与合作

改革开放以来，特别是20世纪90年代以来，中国与东盟在许多领域建立了合作机制，人文交流与合作取得了显著的成效。但是，与中国东盟经济交流相比，人文交流与合作相对滞后，领域仍然较窄，交流深度也不够。因此，在共建21世纪海上丝绸之路中，中国东盟应将人文交流列为合作的重要内容，并继续加大推进双边的人文交流合作力度，扩大双边交流领域和影响。

1. 继续推进双边教育交流与合作

教育交流是人文交流的重要载体。10年来，中国与东盟以双方高等院校教育合作为主渠道，以学生流动为教育交流合作的中心，积极通过加强顶层设计政策引导和设立奖学金等措施，不断提升中国—东盟教育交流规模和质量，取得了显著的成效：搭建交流平台，交流合作领域已涵盖各级各类教育；推动落实双方领导人提出的双十万计划，中国在东盟国家留学生总数已超过11万人，率先提前实现了目标；开展人力资源开发，为东盟培养大批人才，教育交流为中国东盟合作打造“黄金十年”、实现跨越式发展提供了强力支撑，为该地区经济社会发展以及双边贸易往来奠定了坚实的人才基础。展望未来，中国与东盟教育交流正面临新的发展机遇，中国将进一步深化与东盟各国的教育交流与合作，双方教育

部门和机构将继续共同努力，为中国与东盟教育合作注入新的活力，为创造中国东盟关系未来新的钻石十年做出贡献。一是扩大双方留学人员名额、鉴于目前东盟国家在华留学生增长速度大大滞后于中国在东盟的留学生，今后中国应提高给予东盟国家留学生的政府奖学金名额，以顺应东盟国家的教育需求。二是科学安排课程设置针对当前双方留学生掌握对方国家语言弱化的情况，高校应调整课程和课时，保证留学生有足够的课时学习语言课，以熟悉掌握对方国家语言历史和文化。只有真正学习和了解对方国家的语言历史和文化，才能为将来的合作发展打下坚实的基础。三是积极推进双边学历学位互认，使中国与东盟教育实现一体化。四是将教育交流纳入一带一路建设。中国政府已初步决定将中国东盟教育交流周纳入中国政府一带一路发展战略中，从而将会促进中国东盟教育交流快速发展，再上一个新台阶。

2. 着力推进中国东盟科技交流与合作

科技进步和创新在经济社会发展中的支撑和引领作用日益凸显，也是中国与东盟合作的重要内容之一。在过去 10 年里，通过中国东盟合作基金，东盟 10 国与中国开展了 33 个以人文交流为主的科技项目合作，平均每年有 3 个科技合作项目启动。同时，中国已经和东盟 10 国中的 8 个国家签订政府间科技合作协定，并与印度尼西亚、马来西亚、菲律宾、新加坡、泰国、越南等 6 国建立双边科技合作联委会机制。在双边联委会机制下，中国科技部与各国科技主管部门一起，实施了逾千个长期合作研究项目和短期交流考察项目，涉及农业、海洋、能源、减灾防灾、医疗卫生环境等众多领域。自 2009 年建立中国东盟科技论坛以来，中国已在云南省成功举办了 3 届中国东盟科技论坛，主题分别为新能源与可再生能源开发利用、太阳能与建筑一体化技术推广运用、种业技术和贸易等。在共建 21 世纪海上丝绸之路中，双边应继续加强科技交流与合作，围绕全球性具有挑战的重要领域开展合作，比如粮食安全、能源安全、环境管理、气候变化、贫富差距等。特别是国际陆路大通道项目建设技术问题、非传统安全的技术检测与监控卫星数据资源共享平台科技、如何支持经济发展等，将是中国—东盟互联互通、通关便利化区域经济一体化迫切需要解决和攻坚的科技重大问题。

3. 积极推进中国东盟青少年交流

青少年是国家的未来，民族的希望，是中国—东盟人文交流的主力军。10年来，中国—东盟青年交流取得了较大的成果，中国积极为东盟国家培训了一大批青年干部官员，建立了青年交流合作机制，举办青年企业家论坛，举办各种青年交流活动。今后，中国与东盟将继续推进中国—东盟青少年交流，既要轰轰烈烈地举行各种大联欢活动，更要扎扎实实推进原有的常态化交流合作机制。一是继续加强对东盟国家青年干部的培训工作。除了加大培训规模和力度，应针对东盟青年干部对中国汉语言基础薄弱，短期培训只能蜻蜓点水的不足，加大东盟青年干部汉语教育，以提高他们中国语言文化水平，为未来的交流打下良好的基础。二是青年交流活动要走向务实。未来10年，中国将通过举办各种形式的活动，邀请东盟国家万名青年来华交流，促进相互了解，深化传统友谊，增进相互信任，夯实民意基础。为了办好东盟青年来华交流，今后在推进中国东盟青年各项交流活动中，从内容到形式都要实实在在，不搞花样，不图虚名，使交流双方扎实推进，获得好的成效。三是继续推进中国与东盟青年交流基地建设。就广西而言，今后除了办好广西国际青年交流学院，还要努力推进中国东盟青少年交流活动中心（扶绥空港经济区内，占地500亩）建设，为承接区域性国际青少年交流活动提供服务设施。创新中国—东盟青年产业园合作机制，抓好建设吸引青年企业家投资，发挥中国东盟青年产业园示范合作。四是创办中国东盟青少年历史知识竞赛活动，让中国与东盟青少年客观地了解对方国家的历史变迁，面向未来，增强团结。

4. 扩大和活跃中国东盟文化交流

中国—东盟文化交流是双方人文交流的重头，内容十分丰富。当前，应围绕建设21世纪海上丝绸之路这一主题。加强中国与东盟文化交流首先，要加强中国东盟影视交流合作充分发挥影视文化传播快覆盖广的优势，有计划地制作一批高质量的政论性强生动形象的历史文化片，通过电视频道音像制品等，向东盟正面宣传中国与东盟传统友好合作的历史，解读中国与东盟历史发展变迁，让年轻人科学看待历史，珍惜传统友谊，增加正能量。2014年5月5日，由中越泰三方共同合作的“海上丝绸之路”之《海道传奇》电视剧在南宁举行开机仪式。这部电视剧将填补电视剧作品中“海上丝绸之路”这一题材的空白，将让世人了解到21世纪海上丝绸之路的历史故事和文化内涵。此外，应积极办好海上丝绸之路国际电影节，推动建设海上丝绸之路国际文化交流基地。其次，加强新闻出版业的国际交流、创建中国东盟出版社，编纂出版大型中国—东盟系列丛书。当前，急需设立中国东盟海上丝绸之路丛书，出版和翻译一批具有中国与东盟特色的海上丝绸之路优秀人文读物向海内外推介。组织举办中国—东盟图书展览会，推介宣传中国与东盟优秀文化充分利用现代传媒，开辟广播电视东盟频道，增加报刊版面，加大对东盟国家宣传力度，使文化交流深入东盟国家普通民众。再次，继续加大中国与东盟文化、艺术、杂技、文物、非物质文化遗产等交流活动。根据双方交流需求，不断创新交流形式，丰富交流内容，推陈出新，使中国文化深入东盟，东盟文化融入中国，共享双方文明。当前，应结合海上丝绸之路建设，组织海上丝绸之路文物精品赴东盟国家进行巡展，联合东盟国家申请海上丝绸之路相关文化遗产，以保护和传承传统优秀文化遗产。

5. 加强中国东盟学术交流与合作

以学术交流促进人文交流与合作。10年来，中国东盟学术交流合作有序推进，广西云南等省区智库与越南老挝泰国等国家智库开展了壮泰族群跨境民族及经济研究合作取得成效，出版了一批有分量的研究专著。2004年以来，中国—东盟智库战略对话论坛、中国东盟旅游合作论坛、中国—东盟教育论坛等一系列论坛相继落户南宁昆明和贵阳，并逐步常态化，对推动中国与东盟人文交流合作起到重要的作用。为了进一步加强中国与东盟学术交流合作，建议：一是创建中国东盟学术交流中心。其功能是学术交流、政策研究、咨询研究、资料中心、援外培训、人才培养、研究生实习、博士后流动等，使之成为中国东盟学术交流的中心和殿堂。中国东盟学术研究资料网络中心培养学术型人才的摇篮学术、人才进修实习流动的基地，为中国—东盟合作提供智力和人才支撑。二是积极提供咨询决策服务。随着中国东盟双方企业双向投资的增多，各国智库应积极为双方企业提供咨询服务，包括对外投资可行性研究、绩效评估、风险评估、移民安置、资源开发利益分配、社会公益和环保等，帮助企业树立良好形象；合作开展跨国海上丝绸之路建设项目的减轻贫困、产业合作、民族发展、环境保护、非传统安全等问题研究，为双方国家决策部门提供服务。三是开展中国东盟人文社会科学课题研究合作。根据中国东盟重点问题开展社会科学研究课题合作。目前，可根据共建21世纪海上丝绸之路，开展一批海上丝绸之路课题研究，既要研究海上丝绸之路历史文化，也要研究当下合作共建海上丝绸之路的应用性课题，为共建海上丝绸之路提供理论支撑为此，建议国家社科规划办公室设立中国东盟专项课题研究项目，鼓励西南边疆省区和东盟国家合作申报研究课题。

6. 积极开展中国东盟民族民间交流

中国与东盟国家有450多个民族，其中有几十个跨境民族。历史上，中国与东盟民族民间交流十分活跃。近10年来，双方民族民间交流也日趋活跃。在构建21世纪海上丝绸之路中，应继续加大双方民族民间交流。首先，鼓励双边民众相互参加双方民间节庆活动传统节庆活动，民间庙会等，是聚焦人气、影响大、展示民族民间文化的重要平台，如中越凭祥—同登庙会、靖西—高平庙会、中老泰宋干节（泼水节）等，每年数十万上百万人参加。通过这一平台，可以促进双方民族民间文化交流。其次，联合创办中越壮族侬族岱族“侬垌节（歌圩节）”。中国壮族与越南侬族、岱族共有的侬垌文化（即歌圩文化）资源丰富，历史悠久，每年可联合轮流在中越边境地区举行侬垌节，以丰富两国边民的文化生活，增强民族民间传统友谊。再次，加强民间社会团体交流与合作。仅广西，现有社会科学学术团体（各种学会）和民间科研机构130多家，聚焦了五六千人各人文学科的精英，是一支重要的民间智库力量，政府应鼓励他们“走出去”，与东盟相关组织建立各种层次的合作，积极开展学术交流和咨询服务，发挥民间智库外交。第四，设立各种人文交流合作平台。如中国文化中心、孔子学院、壮泰族群研究中心、瑶学、苗学等研究中心、丝绸之路研究中心等，搭建文化交流合作平台，在广阔平台上加强协作，延展友谊。

推动中国民间组织积极参与“一带一路”建设

胡昊　王栋

在实施“一带一路”构想的过程中，中国民间组织应作为公共外交的主体之一，扮演好民间友谊使者的重要角色，引导沿线国家的民意和舆论，承担好培育沿线国家知华友华的重要任务，把“一带一路”建设成一条“民心之路”。中国民间组织在围绕“一带一路”开展公共外交中具有发挥重要作用的有利条件，同时也存在着诸多问题和不适应。开展“一带一路”公共外交需加强不同主体之间的协调配合和规划部署，合理吸收借鉴其他国家开展公共外交的成熟做法和先进经验，注重公共外交和民间外交人才的培养，发挥沿边省份、自治区的优势作用。

2013 年 9 月和 10 月，中国国家主席习近平分别在访问哈萨克斯坦和印度尼西亚两国期间，提出了建设“丝绸之路经济带”和“21 世纪海上丝绸之路”的构想。“一带一路”的宏大构想一经提出，就在国际上引起积极反响，得到沿线国家的热烈响应，但在不少国家表示出参与意愿的同时，疑虑和猜忌声也不断传出。

在全面分析和思考“一带一路”建设面临的风险和挑战时，“民意的沟通和引导”应该被重视，“民心相通”作为政策沟通、贸易畅通、道路联通、货币流通的重要保障，应先行于“一带一路”建设的具体项目尽早开展。应通过公共

胡昊，当代世界研究中心副主任。王栋，当代世界研究中心副研究员。本文载于《公共外交季刊》2014 年冬季号第 7 期。

外交做好沿线国家政党、议会、企业、媒体、民众等不同社会群体的工作，使“一带一路”成为文明交流、国家合作的和平通道、友谊桥梁。在这个过程中，民间组织应作为公共外交的主体力量，扮演好民间友谊使者的重要角色，承担好培育沿线国家知华友华的重要任务，为把“一带一路”建设成一条“民心之路”发挥积极作用。

民间组织在开展“一带一路”建设中的角色和作用

民间组织可以发挥促进共识、影响舆论的作用

“一带一路”建设是一个宏大的系统工程，是21世纪区域一体化、经济全球化的一个重大倡议。这一战略设想的推进，一方面需要沿线国家、政府和企业的积极认同和参与，另一方面也需要各国市民社会和公众舆论的广泛参与。当今时代，各国社会都存在着利益多元、观念分化的普遍态势，经济社会的重大发展变化，会相应地带来社会利益的重新分配和社会结构的重新组合。在这个过程中，重要的公共事件，需要各个社会群体的广泛参与和协商讨论，否则，就会为未来的社会分裂、社会矛盾埋下隐患。例如，在许多重大建设项目中涉及的征地问题、拆迁补偿问题、工业项目对环境的污染问题，都会不同程度地引起民间抗议，甚至酿成社会冲突，这些未经充分沟通和取得民众理解的做法可能会导致社会矛盾的出现和激化。因此，“一带一路”建设必须要先疏通民意、营造舆论氛围。特别是重大的建设项目在实施之前，应该通过相关的民间组织同民众进行充分沟通，而民间组织也应该发挥向上反映普通百姓意见，向下解释政策设计，缓和不同社会利益诉求等作用。在“一带一路”建设中，各国应鼓励民间组织参与讨论相关事宜，使得“一带一路”建设的具体构想能够成为从地区和国家层面到社会和民间层面都得到广泛认可的理念，使得其建设能够顺利得到实施。

民间组织可以发挥公益引领、服务民众的作用

在现代社会中，民间组织在教育、扶贫、医疗、救灾和环保等多个领域，发挥着对政府的补充作用，承担着为普通民众提供公益服务和公共产品的重要功能。“一带一路”沿线还有很多相对落后的欠发达国家和地区，需要在加快经济

发展的同时推动教育、医疗、扶贫等社会各领域的进步。我们应该秉持“互利共赢”的精神，一方面开展政府间重大项目合作，同时，也要鼓励中国有能力、有意愿、有丰富对外活动经验的民间组织“走出去”，对外开展文化交流和公益活动。例如，中国扶贫基金会在非洲援建妇幼保健医疗体系，有效降低了当地的婴儿死亡率，得到了非洲国家的高度赞誉。中国和平发展基金会在缅甸开展“光明行”活动，组织医疗专家帮助缅甸的白内障患者重见光明，受到当地民众的广泛欢迎。诸如此类的公益活动有效帮助了相对落后的欠发达国家的普通百姓，在医疗、教育、扶贫等领域发挥了突出的积极作用。上述民间组织的有益做法也应该扩展到“一带一路”的沿线国家，特别是欠发达国家的公益事业中来，使得“一带一路”建设能够惠及沿线国家的普通民众，同时也促使沿线国家民众对“一带一路”建设有更加积极的认识，支持这项事业的长期发展。

民间组织应该发挥疏通民意、增进理解的作用

“国之交在于民相亲”，沿线国家稳定的政治、安全和经贸关系是“一带一路”建设的基础和前提，若要夯实这一基础，沿线国家之间良好的民间关系是必不可少的，民间组织的作用亦不可或缺。丝绸之路经济带横跨亚欧大陆，沿线国家分属不同文化圈，宗教、民族、国家类型各异；海上丝绸之路从南海延伸至印度洋，直通中东和非洲，沿线国家亦国情各异、风俗相殊。上述情况和各国之间存在的双边或地区问题也使得区域合作开展很难一帆风顺，要使沿线国家突破各自的视野和利益框架，共同参与到区域一体化建设中来，就需要加强包括民间友谊在内的人文交流来增进关系、化解矛盾。因此，民间组织应该通过积极开展各类公共外交、民间外交活动，推动沿线国家的文化交流和民间友谊，为“一带一路”建设和“丝路精神”的凝聚创造条件、烘托氛围、发挥作用。沿线国家有着复杂的历史和地缘政治因素，当国家间存在矛盾和分歧时，民间组织应该积极发挥作用，促进双方的相互谅解，通过学术界、媒体和经济界的密切联系和沟通，逐渐化解分歧、增进共识。在人文交流方面，民间组织更是要突出自身特色、发挥重要作用，成为文化交流和民间友谊的使者，开展文明对话，推动不同文化属性的社会之间的相互了解与亲近。

民间组织参与公共外交的现状和主要问题

改革开放后，中国民间组织“走出去”的势头越来越突出，参与国际活动的热情越来越高，也逐渐摸索出一些成熟的经验和做法，这些都是中国的民间组织在推动“一带一路”建设的公共外交中发挥重要作用的有利条件。但同时，也要看到中国民间组织在开展公共外交活动中仍然存在着诸多问题和不适应。

中国民间组织对外开展公共外交和民间外交日趋活跃，但综合能力需要进一步提升。工会、青年团体、妇女组织等社会团体是中国一类重要的社会团体，但这类组织的国际交往多数仍然囿于双边互访、考察和参与国际会议等，官方色彩较浓；很多官办的民间组织和 NGO 较少在对象国长期扎根、深入开展工作，缺少与所在国社会保持长期密切的有机联系，特别是同对方普通老百姓和社会基层的联系相对较少。而与此同时，一些 NGO 与交往对象国家的社会和民间虽然建立起了较为密切的有机联系，但他们往往筹措资金的能力有限，规模较小，而且通常没有意识，不知道如何配合国家整体利益或参与公共外交。上述两类民间组织的活动能力和活动方式都需要进一步提升和改善。

政府、企业和社会缺少对民间组织活动的有力支持，对民间组织参与公共外交的重要性认识不足。总的来看，在开展公共外交活动中，中国民间组织和企业之间缺少足够协调，难以得到企业资助，反过来也没有用公共外交的成果回馈企业，这是影响中国在国际社会开展公共外交和民间外交可持续性的一个重要问题，亟待解决。随着我国企业“走出去”的步伐加快，中国企业开展海外项目的一个重要问题就是如何同项目所在国家的民间社会打交道，维护企业的形象和履行企业社会责任。一些企业由于没有处理好与项目所在地民众的关系，建设项目被迫遭到搁置或干扰。我国在缅建设的大型水电项目，就曾因民间抗议而被迫停工。企业要提升自身形象、同项目所在地民众处理好关系，需要积极开展公共外交，这其中也包括支持民间组织的活动，通过民间组织对外传达企业行为的积极作用，公布和宣传企业履行社会责任的情况。另外，政府也应该认识到民间组织的重要性，积极帮助中国的民间组织在海外开展有关活动，建立起相应的机制来管理、服务和协调民间组织参与国际活动，推动其为双边关系的发展发挥积极作用。

民间组织的国际活动缺少协调配合，没有形成规模、梯次与合力。长期以来，中国的对外援助习惯于同对方国家的政府合作，习惯于上马大项目，援建大工程，结果钱没少花，但却未必达到预期效果。反观一些西方国家，虽然投入有限，但是由于项目设计精心，开展项目的人员长期扎根对象国基层，加上利用媒体充分放大，反而通过一些花费少、有亲和力、吸引眼球的项目，取得了更好的效果。这些也是我们在开展公共外交时需要反思和总结的，如何通过动员社会力量，形成立体的民间组织方阵，有组织、有规划、有设计，有整有零、有分工配合，既在宏观层面和理念层面保持一致，又在行动上相互补充、各有专攻地去开展公共外交。同时，公共外交如何和政府外交既相互支持、相互配合，又互有分工，同企业的商业行为相互促进，又各有侧重，都是中国民间组织在“走出去”的过程中需要认真思考的。中国草根民间组织的资金目前主要来自国际机构，很少来自中国政府和企业的资助，这一点需要有所反思，没有资金支持保障，很难推动中国的民间组织真正“走出去”。

推动中国民间组织发展，服务“一带一路”建设

开展“一带一路”公共外交要加强不同主体之间的协调配合，加强规划部署。应通过 NGO 和企业活动，加强同对象国广大公众的有机联系、直接联系。可设立相应的机制或平台，帮助政府、企业、媒体和 NGO 之间开展良性互动，从而与对象国构建全方位、多领域的立体关系。可由政府出面，组织企业设立相应的公共外交专项基金，由各个 NGO 来申请项目，出资方共同评估，各方面共同参与设计，通过 NGO 活动为双边商业合作做好民意铺垫工作，帮助企业提升形象、督促企业履行社会责任。从政府的角度来说，我国政府，特别是驻各国使领馆应该重视民间组织和 NGO 在所在国家的交流活动，对于有能力、有意愿和有热情的草根 NGO 也要给予扶持和帮助，同其建立畅通的联系。

中国民间组织的活动方式和项目开展应该去官方化，对对象国草根工作要深入细致、长期开展。对于官办社会团体和社会组织来说，应该发挥自身优势特色，以更灵活、更务实的方式开展公共外交，更多地同交往对象国的民众直接打

交道。比如说针对对方的小额援助和贷款，是否可以不由对方政府或代理机构转交，而由项目开展方直接发放到对方贷款人手中，以建立起直接的人际联系和交流。

中国民间组织和NGO的国际活动应该有意识地推广中国文化，提升国家形象和亲和力。长期来看，为了有效推动“一带一路”建设，应该推动并加强同社会在各个领域的交流与合作，扩大汉语和中国文化的吸引力，进而提升我国对沿线国家社会和民间的影响力。民间组织和NGO应该有长远眼光，推动中国文化“走出去”，提升对象国社会对中国文化的了解和兴趣，提高国家的总体形象。

国家应该大力培育能够参与“一带一路”建设公共外交的人才和队伍。公共外交和民间外交的开展离不开一个有能力的工作队伍。我国目前的公共外交和民间外交人才比较匮乏，也没有相应的培养机制和鼓励机制，对这方面的人才重视程度不够，没有吸收有能力的人才参与到这项工作中来。

我们应该从上到下形成共识，重视民间组织的作用，重视公共外交和民间外交人才，在资金、政策等方面给予其一定支持。应该鼓励沿边省份发挥自身优势，推动地方民间组织发展和开展国际活动。沿海、沿疆省份在开展“一带一路”建设的公共外交、民间外交方面具有独特优势，同邻近国家的区位关系、特殊的文化、宗教和民族纽带，使得地方省份在这项工作中扮演着重要角色。因此，应该鼓励地方省份、自治区发展本地的民间组织，引导和支持已经开展活动的民间组织，鼓励他们走出去，加强同相关国家民间社会的联系，开展服务于“一带一路”建设的公共外交和民间外交活动。

应合理吸收借鉴其他国家开展公共外交的成熟做法和先进经验。西方国家的市民社会出现较早，开展国际活动的经验更为丰富，活动方式和机制较为成熟。其通过鼓励民间组织和NGO开展的各类活动非常活跃，一些项目效果很好，有效影响了对象国的社会舆论，提升了相关国家或者国际组织的影响力。我们的民间组织在开展国际活动，开展公共外交和民间外交的过程中，可吸收借鉴这些国家好的做法和经验，积极提升中国民间组织开展国际活动，参与公共外交、民间外交的能力。

推动共建丝绸之路经济带和21世纪海上丝绸之路的愿景与行动

国家发展改革委　外交部　商务部（经国务院授权发布）

2015年3月

目录

前言

2000多年前，亚欧大陆上勤劳勇敢的人民，探索出多条连接亚欧非几大文明的贸易和人文交流通路，后人将其统称为“丝绸之路”。千百年来，“和平合作、开放包容、互学互鉴、互利共赢”的丝绸之路精神薪火相传，推进了人类文明进步，是促进沿线各国繁荣发展的重要纽带，是东西方交流合作的象征，是世界各国共有的历史文化遗产。

进入21世纪，在以和平、发展、合作、共赢为主题的新时代，面对复苏乏力的全球经济形势，纷繁复杂的国际和地区局面，传承和弘扬丝绸之路精神更显重要和珍贵。

2013年9月和10月，中国国家主席习近平在出访中亚和东南亚国家期间，先后提出共建“丝绸之路经济带”和“21世纪海上丝绸之路”（以下简称“一带一路”）的重大倡议，得到国际社会高度关注。中国国务院总理李克强参加2013年中国—东盟博览会时强调，铺就面向东盟的海上丝绸之路，打造带动腹地发展的战略支点。加快“一带一路”建设，有利于促进沿线各国经济繁荣与区域经济合作，加强不同文明交流互鉴，促进世界和平发展，是一项造福世界各国人民的伟大事业。

“一带一路”建设是一项系统工程，要坚持共商、共建、共享原则，积极推进沿线国家发展战略的相互对接。为推进实施“一带一路”重大倡议，让古丝绸之路焕发新的生机活力，以新的形式使亚欧非各国联系更加紧密，互利合作迈向新的历史高度，中国政府特制定并发布《推动共建丝绸之路经济带和21世纪海上丝绸之路的愿景与行动》。

一、时代背景

当今世界正发生复杂深刻的变化，国际金融危机深层次影响继续显现，世界经济缓慢复苏、发展分化，国际投资贸易格局和多边投资贸易规则酝酿深刻调整，各国面临的发展问题依然严峻。共建“一带一路”顺应世界多极化、经济全球化、文化多样化、社会信息化的潮流，秉持开放的区域合作精神，致力于维护全球自由贸易体系和开放型世界经济。共建“一带一路”旨在促进经济要素有序自由流动、资源高效配置和市场深度融合，推动沿线各国实现经济政策协调，开展更大范围、更高水平、更深层次的区域合作，共同打造开放、包容、均衡、普惠的区域经济合作架构。共建“一带一路”符合国际社会的根本利益，彰显人类社会共同理想和美好追求，是国际合作以及全球治理新模式的积极探索，将为世界和平发展增添新的正能量。

共建“一带一路”致力于亚欧非大陆及附近海洋的互联互通，建立和加强沿线各国互联互通伙伴关系，构建全方位、多层次、复合型的互联互通网络，实现沿线各国多元、自主、平衡、可持续的发展。“一带一路”的互联互通项目将推动沿线各国发展战略的对接与耦合，发掘区域内市场的潜力，促进投资和消费，创造需求和就业，增进沿线各国人民的人文交流与文明互鉴，让各国人民相逢相知、互信互敬，共享和谐、安宁、富裕的生活。

当前，中国经济和世界经济高度关联。中国将一以贯之地坚持对外开放的基本国策，构建全方位开放新格局，深度融入世界经济体系。推进“一带一路”建设既是中国扩大和深化对外开放的需要，也是加强和亚欧非及世界各国互利合作的需要，中国愿意在力所能及的范围内承担更多责任义务，为人类和平发展作出更大的贡献。

二、共建原则

恪守联合国宪章的宗旨和原则。遵守和平共处五项原则，即尊重各国主权和领土完整、互不侵犯、互不干涉内政、和平共处、平等互利。

坚持开放合作。“一带一路”相关的国家基于但不限于古代丝绸之路的范围，各国和国际、地区组织均可参与，让共建成果惠及更广泛的区域。

坚持和谐包容。倡导文明宽容，尊重各国发展道路和模式的选择，加强不同文明之间的对话，求同存异、兼容并蓄、和平共处、共生共荣。

坚持市场运作。遵循市场规律和国际通行规则，充分发挥市场在资源配置中的决定性作用和各类企业的主体作用，同时发挥好政府的作用。

坚持互利共赢。兼顾各方利益和关切，寻求利益契合点和合作最大公约数，体现各方智慧和创意，各施所长，各尽所能，把各方优势和潜力充分发挥出来。

三、框架思路

“一带一路”是促进共同发展、实现共同繁荣的合作共赢之路，是增进理解信任、加强全方位交流的和平友谊之路。中国政府倡议，秉持和平合作、开放包容、互学互鉴、互利共赢的理念，全方位推进务实合作，打造政治互信、经济融合、文化包容的利益共同体、命运共同体和责任共同体。

“一带一路”贯穿亚欧非大陆，一头是活跃的东亚经济圈，一头是发达的欧洲经济圈，中间广大腹地国家经济发展潜力巨大。丝绸之路经济带重点畅通中国经中亚、俄罗斯至欧洲（波罗的海）；中国经中亚、西亚至波斯湾、地中海；中国至东南亚、南亚、印度洋。21 世纪海上丝绸之路重点方向是从中国沿海港口过南海到印度洋，延伸至欧洲；从中国沿海港口过南海到南太平洋。

根据“一带一路”走向，陆上依托国际大通道，以沿线中心城市为支撑，以重点经贸产业园区为合作平台，共同打造新亚欧大陆桥、中蒙俄、中国—中亚—西亚、中国—中南半岛等国际经济合作走廊；海上以重点港口为节点，共同建设通畅安全高效的运输大通道。中巴、孟中印缅两个经济走廊与推进“一带一路”建设关联紧密，要进一步推动合作，取得更大进展。

“一带一路”建设是沿线各国开放合作的宏大经济愿景，需各国携手努力，朝着互利互惠、共同安全的目标相向而行。努力实现区域基础设施更加完善，安全高效的陆海空通道网络基本形成，互联互通达到新水平；投资贸易便利化水平进一步提升，高标准自由贸易区网络基本形成，经济联系更加紧密，政治互信更加深入；人文交流更加广泛深入，不同文明互鉴共荣，各国人民相知相交、和平友好。

四、合作重点

沿线各国资源禀赋各异，经济互补性较强，彼此合作潜力和空间很大。以政策沟通、设施联通、贸易畅通、资金融通、民心相通为主要内容，重点在以下方面加强合作。

政策沟通。加强政策沟通是“一带一路”建设的重要保障。加强政府间合作，积极构建多层次政府间宏观政策沟通交流机制，深化利益融合，促进政治互信，达成合作新共识。沿线各国可以就经济发展战略和对策进行充分交流对接，共同制定推进区域合作的规划和措施，协商解决合作中的问题，共同为务实合作及大型项目实施提供政策支持。

设施联通。基础设施互联互通是“一带一路”建设的优先领域。在尊重相关国家主权和安全关切的基础上，沿线国家宜加强基础设施建设规划、技术标准体系的对接，共同推进国际骨干通道建设，逐步形成连接亚洲各次区域以及亚欧非之间的基础设施网络。强化基础设施绿色低碳化建设和运营管理，在建设中充分考虑气候变化影响。

抓住交通基础设施的关键通道、关键节点和重点工程，优先打通缺失路段，畅通瓶颈路段，配套完善道路安全防护设施和交通管理设施设备，提升道路通达水平。推进建立统一的全程运输协调机制，促进国际通关、换装、多式联运有机衔接，逐步形成兼容规范的运输规则，实现国际运输便利化。推动口岸基础设施建设，畅通陆水联运通道，推进港口合作建设，增加海上航线和班次，加强海上物流信息化合作。拓展建立民航全面合作的平台和机制，加快提升航空基础设施水平。

加强能源基础设施互联互通合作，共同维护输油、输气管道等运输通道安全，推进跨境电力与输电通道建设，积极开展区域电网升级改造合作。

共同推进跨境光缆等通信干线网络建设，提高国际通信互联互通水平，畅通信息丝绸之路。加快推进双边跨境光缆等建设，规划建设洲际海底光缆项目，完善空中（卫星）信息通道，扩大信息交流与合作。

贸易畅通。投资贸易合作是“一带一路”建设的重点内容。宜着力研究解决投资贸易便利化问题，消除投资和贸易壁垒，构建区域内和各国良好的营商环境，积极同沿线国家和地区共同商建自由贸易区，激发释放合作潜力，做大做好合作“蛋糕”。

沿线国家宜加强信息互换、监管互认、执法互助的海关合作，以及检验检疫、认证认可、标准计量、统计信息等方面的双多边合作，推动世界贸易组织《贸易便利化协定》生效和实施。改善边境口岸通关设施条件，加快边境口岸“单一窗口”建设，降低通关成本，提升通关能力。加强供应链安全与便利化合作，推进跨境监管程序协调，推动检验检疫证书国际互联网核查，开展“经认证的经营者”（AEO）互认。降低非关税壁垒，共同提高技术性贸易措施透明度，提高贸易自由化便利化水平。

拓宽贸易领域，优化贸易结构，挖掘贸易新增长点，促进贸易平衡。创新贸易方式，发展跨境电子商务等新的商业业态。建立健全服务贸易促进体系，巩固和扩大传统贸易，大力发展现代服务贸易。把投资和贸易有机结合起来，以投资带动贸易发展。

加快投资便利化进程，消除投资壁垒。加强双边投资保护协定、避免双重征税协定磋商，保护投资者的合法权益。

拓展相互投资领域，开展农林牧渔业、农机及农产品生产加工等领域深度合作，积极推进海水养殖、远洋渔业、水产品加工、海水淡化、海洋生物制药、海洋工程技术、环保产业和海上旅游等领域合作。加大煤炭、油气、金属矿产等传统能源资源勘探开发合作，积极推动水电、核电、风电、太阳能等清洁、可再生能源合作，推进能源资源就地就近加工转化合作，形成能源资源合作上下游一体化产业链。加强能源资源深加工技术、装备与工程服务合作。

推动新兴产业合作，按照优势互补、互利共赢的原则，促进沿线国家加强在新一代信息技术、生物、新能源、新材料等新兴产业领域的深入合作，推动建立创业投资合作机制。

优化产业链分工布局，推动上下游产业链和关联产业协同发展，鼓励建立研发、生产和营销体系，提升区域产业配套能力和综合竞争力。扩大服务业相互开放，推动区域服务业加快发展。探索投资合作新模式，鼓励合作建设境外经贸合作区、跨境经济合作区等各类产业园区，促进产业集群发展。在投资贸易中突出生态文明理念，加强生态环境、生物多样性和应对气候变化合作，共建绿色丝绸之路。

中国欢迎各国企业来华投资。鼓励本国企业参与沿线国家基础设施建设和产业投资。促进企业按属地化原则经营管理，积极帮助当地发展经济、增加就业、改善民生，主动承担社会责任，严格保护生物多样性和生态环境。

资金融通。资金融通是“一带一路”建设的重要支撑。深化金融合作，推进亚洲货币稳定体系、投融资体系和信用体系建设。扩大沿线国家双边本币互换、结算的范围和规模。推动亚洲债券市场的开放和发展。共同推进亚洲基础设施投资银行、金砖国家开发银行筹建，有关各方就建立上海合作组织融资机构开展磋商。加快丝路基金组建运营。深化中国—东盟银行联合体、上合组织银行联合体务实合作，以银团贷款、银行授信等方式开展多边金融合作。支持沿线国家政府和信用等级较高的企业以及金融机构在中国境内发行人民币债券。符合条件的中国境内金融机构和企业可以在境外发行人民币债券和外币债券，鼓励在沿线国家使用所筹资金。

加强金融监管合作，推动签署双边监管合作谅解备忘录，逐步在区域内建立高效监管协调机制。完善风险应对和危机处置制度安排，构建区域性金融风险预警系统，形成应对跨境风险和危机处置的交流合作机制。加强征信管理部门、征信机构和评级机构之间的跨境交流与合作。充分发挥丝路基金以及各国主权基金作用，引导商业性股权投资基金和社会资金共同参与“一带一路”重点项目建设。

民心相通。民心相通是“一带一路”建设的社会根基。传承和弘扬丝绸之路友好合作精神，广泛开展文化交流、学术往来、人才交流合作、媒体合作、青年和妇女交往、志愿者服务等，为深化双多边合作奠定坚实的民意基础。

扩大相互间留学生规模，开展合作办学，中国每年向沿线国家提供 1 万个政府奖学金名额。沿线国家间互办文化年、艺术节、电影节、电视周和图书展等活动，合作开展广播影视剧精品创作及翻译，联合申请世界文化遗产，共同开展世界遗产的联合保护工作。深化沿线国家间人才交流合作。

加强旅游合作，扩大旅游规模，互办旅游推广周、宣传月等活动，联合打造具有丝绸之路特色的国际精品旅游线路和旅游产品，提高沿线各国游客签证便利化水平。推动 21 世纪海上丝绸之路邮轮旅游合作。积极开展体育交流活动，支持沿线国家申办重大国际体育赛事。

强化与周边国家在传染病疫情信息沟通、防治技术交流、专业人才培养等方面的合作，提高合作处理突发公共卫生事件的能力。为有关国家提供医疗援助和应急医疗救助，在妇幼健康、残疾人康复以及艾滋病、结核、疟疾等主要传染病领域开展务实合作，扩大在传统医药领域的合作。

加强科技合作，共建联合实验室（研究中心）、国际技术转移中心、海上合作中心，促进科技人员交流，合作开展重大科技攻关，共同提升科技创新能力。

整合现有资源，积极开拓和推进与沿线国家在青年就业、创业培训、职业技能开发、社会保障管理服务、公共行政管理等共同关心领域的务实合作。

充分发挥政党、议会交往的桥梁作用，加强沿线国家之间立法机构、主要党派和政治组织的友好往来。开展城市交流合作，欢迎沿线国家重要城市之间互结友好城市，以人文交流为重点，突出务实合作，形成更多鲜活的合作范例。欢迎沿线国家智库之间开展联合研究、合作举办论坛等。

加强沿线国家民间组织的交流合作，重点面向基层民众，广泛开展教育医疗、减贫开发、生物多样性和生态环保等各类公益慈善活动，促进沿线贫困地区生产生活条件改善。加强文化传媒的国际交流合作，积极利用网络平台，运用新媒体工具，塑造和谐友好的文化生态和舆论环境。

五、合作机制

当前，世界经济融合加速发展，区域合作方兴未艾。积极利用现有双多边合作机制，推动“一带一路”建设，促进区域合作蓬勃发展。

加强双边合作，开展多层次、多渠道沟通磋商，推动双边关系全面发展。推动签署合作备忘录或合作规划，建设一批双边合作示范。建立完善双边联合工作机制，研究推进“一带一路”建设的实施方案、行动路线图。充分发挥现有联委会、混委会、协委会、指导委员会、管理委员会等双边机制作用，协调推动合作项目实施。

强化多边合作机制作用，发挥上海合作组织（SCO）、中国—东盟“10+1”、亚太经合组织（APEC）、亚欧会议（ASEM）、亚洲合作对话（ACD）、亚信会议（CICA）、中阿合作论坛、中国—海合会战略对话、大湄公河次区域（GMS）经济合作、中亚区域经济合作（CAREC）等现有多边合作机制作用，相关国家加强沟通，让更多国家和地区参与“一带一路”建设。

继续发挥沿线各国区域、次区域相关国际论坛、展会以及博鳌亚洲论坛、中国—东盟博览会、中国—亚欧博览会、欧亚经济论坛、中国国际投资贸易洽谈会，以及中国—南亚博览会、中国—阿拉伯博览会、中国西部国际博览会、中国—俄罗斯博览会、前海合作论坛等平台的建设性作用。支持沿线国家地方、民间挖掘“一带一路”历史文化遗产，联合举办专项投资、贸易、文化交流活动，办好丝绸之路（敦煌）国际文化博览会、丝绸之路国际电影节和图书展。倡议建立“一带一路”国际高峰论坛。

六、中国各地方开放态势

推进“一带一路”建设，中国将充分发挥国内各地区比较优势，实行更加积极主动的开放战略，加强东中西互动合作，全面提升开放型经济水平。

西北、东北地区。发挥新疆独特的区位优势和向西开放重要窗口作用，深化与中亚、南亚、西亚等国家交流合作，形成丝绸之路经济带上重要的交通枢纽、商贸物流和文化科教中心，打造丝绸之路经济带核心区。发挥陕西、甘肃综合经济文化和宁夏、青海民族人文优势，打造西安内陆型改革开放新高地，加快兰州、西宁开发开放，推进宁夏内陆开放型经济试验区建设，形成面向中亚、南亚、西亚国家的通道、商贸物流枢纽、重要产业和人文交流基地。发挥内蒙古联通俄蒙的区位优势，完善黑龙江对俄铁路通道和区域铁路网，以及黑龙江、吉林、辽宁与俄远东地区陆海联运合作，推进构建北京—莫斯科欧亚高速运输走廊，建设向北开放的重要窗口。

西南地区。发挥广西与东盟国家陆海相邻的独特优势，加快北部湾经济区和珠江—西江经济带开放发展，构建面向东盟区域的国际通道，打造西南、中南地区开放发展新的战略支点，形成21世纪海上丝绸之路与丝绸之路经济带有机衔接的重要门户。发挥云南区位优势，推进与周边国家的国际运输通道建设，打造大湄公河次区域经济合作新高地，建设成为面向南亚、东南亚的辐射中心。推进西藏与尼泊尔等国家边境贸易和旅游文化合作。

沿海和港澳台地区。利用长三角、珠三角、海峡西岸、环渤海等经济区开放程度高、经济实力强、辐射带动作用大的优势，加快推进中国（上海）自由贸易试验区建设，支持福建建设21世纪海上丝绸之路核心区。充分发挥深圳前海、广州南沙、珠海横琴、福建平潭等开放合作区作用，深化与港澳台合作，打造粤港澳大湾区。推进浙江海洋经济发展示范区、福建海峡蓝色经济试验区和舟山群岛新区建设，加大海南国际旅游岛开发开放力度。加强上海、天津、宁波—舟山、广州、深圳、湛江、汕头、青岛、烟台、大连、福州、厦门、泉州、海口、三亚等沿海城市港口建设，强化上海、广州等国际枢纽机场功能。以扩大开放倒逼深层次改革，创新开放型经济体制机制，加大科技创新力度，形成参与和引领国际合作竞争新优势，成为“一带一路”特别是21世纪海上丝绸之路建设的排头兵和主力军。发挥海外侨胞以及香港、澳门特别行政区独特优势作用，积极参与和助力“一带一路”建设。为台湾地区参与“一带一路”建设作出妥善安排。

内陆地区。利用内陆纵深广阔、人力资源丰富、产业基础较好优势，依托长江中游城市群、成渝城市群、中原城市群、呼包鄂榆城市群、哈长城市群等重点区域，推动区域互动合作和产业集聚发展，打造重庆西部开发开放重要支撑和成都、郑州、武汉、长沙、南昌、合肥等内陆开放型经济高地。加快推动长江中上游地区和俄罗斯伏尔加河沿岸联邦区的合作。建立中欧通道铁路运输、口岸通关协调机制，打造“中欧班列”品牌，建设沟通境内外、连接东中西的运输通道。支持郑州、西安等内陆城市建设航空港、国际陆港，加强内陆口岸与沿海、沿边口岸通关合作，开展跨境贸易电子商务服务试点。优化海关特殊监管区域布局，创新加工贸易模式，深化与沿线国家的产业合作。

七、中国积极行动

一年多来，中国政府积极推动“一带一路”建设，加强与沿线国家的沟通磋商，推动与沿线国家的务实合作，实施了一系列政策措施，努力收获早期成果。

高层引领推动。习近平主席、李克强总理等国家领导人先后出访20多个国家，出席加强互联互通伙伴关系对话会、中阿合作论坛第六届部长级会议，就双边关系和地区发展问题，多次与有关国家元首和政府首脑进行会晤，深入阐释“一带一路”的深刻内涵和积极意义，就共建“一带一路”达成广泛共识。

签署合作框架。与部分国家签署了共建“一带一路”合作备忘录，与一些毗邻国家签署了地区合作和边境合作的备忘录以及经贸合作中长期发展规划。研究编制与一些毗邻国家的地区合作规划纲要。

推动项目建设。加强与沿线有关国家的沟通磋商，在基础设施互联互通、产业投资、资源开发、经贸合作、金融合作、人文交流、生态保护、海上合作等领域，推进了一批条件成熟的重点合作项目。

完善政策措施。中国政府统筹国内各种资源，强化政策支持。推动亚洲基础设施投资银行筹建，发起设立丝路基金，强化中国—欧亚经济合作基金投资功能。推动银行卡清算机构开展跨境清算业务和支付机构开展跨境支付业务。积极推进投资贸易便利化，推进区域通关一体化改革。

发挥平台作用。各地成功举办了一系列以“一带一路”为主题的国际峰会、论坛、研讨会、博览会，对增进理解、凝聚共识、深化合作发挥了重要作用。

八、共创美好未来

共建“一带一路”是中国的倡议，也是中国与沿线国家的共同愿望。站在新的起点上，中国愿与沿线国家一道，以共建“一带一路”为契机，平等协商，兼顾各方利益，反映各方诉求，携手推动更大范围、更高水平、更深层次的大开放、大交流、大融合。“一带一路”建设是开放的、包容的，欢迎世界各国和国际、地区组织积极参与。

共建“一带一路”的途径是以目标协调、政策沟通为主，不刻意追求一致性，可高度灵活，富有弹性，是多元开放的合作进程。中国愿与沿线国家一道，不断充实完善“一带一路”的合作内容和方式，共同制定时间表、路线图，积极对接沿线国家发展和区域合作规划。

中国愿与沿线国家一道，在既有双多边和区域次区域合作机制框架下，通过合作研究、论坛展会、人员培训、交流访问等多种形式，促进沿线国家对共建“一带一路”内涵、目标、任务等方面的进一步理解和认同。

中国愿与沿线国家一道，稳步推进示范项目建设，共同确定一批能够照顾双多边利益的项目，对各方认可、条件成熟的项目抓紧启动实施，争取早日开花结果。

“一带一路”是一条互尊互信之路，一条合作共赢之路，一条文明互鉴之路。只要沿线各国和衷共济、相向而行，就一定能够谱写建设丝绸之路经济带和21世纪海上丝绸之路的新篇章，让沿线各国人民共享“一带一路”共建成果。